U0120672

人文社科
名著导读

王　峰◎主编

华东师范大学出版社
·上海·

图书在版编目（CIP）数据

人文社科名著导读 / 王峰主编. —上海：华东师范大学出版社，2023
ISBN 978-7-5760-4197-2

Ⅰ. ①人… Ⅱ. ①王… Ⅲ. ①社会科学—著作—介绍—世界 Ⅳ. ①Z835

中国国家版本馆CIP数据核字（2023）第193600号

人文社科名著导读

主　　编　王　峰
策划编辑　许　静
责任编辑　乔　健
特约审读　徐思思
责任校对　姜　峰　时东明
装帧设计　卢晓红

出版发行　华东师范大学出版社
社　　址　上海市中山北路3663号　邮编 200062
网　　址　www.ecnupress.com.cn
电　　话　021-60821666　行政传真 021-62572105
客服电话　021-62865537　门市（邮购）电话 021-62869887
地　　址　上海市中山北路3663号华东师范大学校内先锋路口
网　　店　http://hdsdcbs.tmall.com

印 刷 者　苏州工业园区美柯乐制版印务有限责任公司
开　　本　890毫米×1240毫米　1/32
印　　张　9.5
字　　数　236千字
版　　次　2023年11月第1版
印　　次　2023年11月第1次
书　　号　ISBN 978-7-5760-4197-2
定　　价　48.00元

出 版 人　王　焰

（如发现本版图书有印订质量问题，请寄回本社客服中心调换或电话021-62865537联系）

前　言

这本文集是在一个特殊的情况下产生的。2022 年 3 月，上海突然暴发了大规模疫情，居民困守家中，无法外出，大中小学生一律改为居家上网课。大学生们几个人挤在一个小小的房间里，很容易产生心理焦虑。因此，我们组织了这个“读书散疫，爱在华东师大”的云端读书会。初衷很简单，高校是读书的地方，无论情况有多艰苦，读书都是师生的本业，也是高校的精神。读书会由华东师范大学传播学院发起，思勉人文高等研究院、中文系、历史系、哲学系、政治与国际关系学院、外语学院、国际汉语文化学院、社会主义历史与文献研究院共九个院系联合举办。每个院系请一位或几位老师领读一本好书，或者讨论一篇好文章，或者介绍一部优秀的电影。自 3 月 19 日开始，云端读书会正式启动，主讲人、听众汇聚云端，传播学院和华东师大直播公众号的老师为读书会提供技术支持，克服了各种磕磕绊绊的小麻烦，推动读书会顺利进行。

一开始，我们预期十天左右疫情就差不多能够过去。但随着时间推移，我们后面又持续做了两轮，除了前面九个院系，图书馆和中国现代思想文化研究所也来友情支持。在海报上，各院系一字排开，向同学传达出这样的心声：我们都在这里，和大家一起进入那些伟大的书籍，与世界上最深刻的思想对话，与那些最优雅的心灵交流。我们不会被消极的情绪打倒。读书看似无用，乃至无力，但人生最大的光华可以从书中获得，书籍可以最大程度地提振我们的精神，使我们在痛苦的境况中依然保持精神的优雅。这不正是读书的意义吗？

三四月的上海春光渐浓，然而没人注意。街头植物绚烂，只有几个快递小哥在曾经的车水马龙中奔忙。在与书籍为伴中，我们度过了那个特殊的时期。读书会的影响不断扩大，不仅在校的学生来听讲座，一些社会听众看到读书会的预告，也准时来参加。我们很高兴，校园读书会跨过学院高墙，传播到社会各界。在那个特殊的时期，依靠书籍，我们度过了。

时间已到 2023 年年初，回望十个月前的时光，恍如隔世，然而，那些书籍还在，各位老师精彩的领读还在，我们将此收集起来，汇编成册。话语中有我们的过往，记录着一段历史。

王　峰

2023 年 2 月

目　录

书信里的沈从文与张兆和

——读《从文家书》

凤　媛　华东师范大学中文系教授

今天我想带大家一起读的是沈从文和他的妻子张兆和之间的书信集《从文家书》。《从文家书》不是一部严格意义上的文学作品，而是书信集。对于我们做现代文学研究，特别是做沈从文研究的人来说，它是一份非常重要的资料。为什么呢？因为从题材、文体的性质上看，家书其实是有私密性质的。它不是一部小说或者散文，是有虚构性质的。至少在写作大部分的书信的时候，沈从文和张兆和并没有意识到将来可能要公之于众，家书中的很多信息只是沈从文和张兆和夫妻之间的私密话，不是一个公开性的流通性的文本。所以相比于一般的文学作品，它更加具有史料的真实性。当然，这里也存在一个问题，当这样私密性的文本变成了作品，进入市场流通的环节，你很难说它还保留了夫妻之间书信往来的原貌，当它在变成一种面向公众的作品时，一定是经过了编辑者的加工和筛选。最典型的例子就是鲁迅和许广平的《两地书》，这本书结集出版时出于各种考虑经过了一些删减，《从文家书》也不例外。当然这只是我们今天讲座的一个题外话，暂且按下不表。

首先我想给大家介绍一下这本书的基本背景，它其实是一本蛮老的书，1996 年由上海远东出版社出版，收录在当时非常有影响力的一套丛书“火凤凰文库”中。丛书是复旦大学的陈思和老师和著名作家李辉先生两位一起策划的，《从文家书》就是其中的一部。它由沈虎雏先生编纂——虎雏先生是沈从文先生的小儿子，沈从文的夫人张兆和最终审核并且撰写了这本书的后记。

《从文家书》的副标题是“从文兆和书信选”，其中收录了沈从文和张兆和两人从 1930 年年初最初的交往到 1960 年年初的往来通信，收录了 1930—1931 年的“劫余情书”、1934 年的“湘行书简”、1937—1938 年的“飘零书简”、1948 年的“霁清轩书简”、1949 年的“呓语狂言”、1951 年的“川行书简”、1956—1957 年的“南行通信”、1957—1961 年的“跛者通信”等。这里可以稍微提及的是“劫余情书”。为什么要叫“劫余”呢？这一辑书信主要收录的是两人开始交往时张兆和所写的日记，两人之间的几百封通信都毁于抗战初期的战火中，而张兆和不满 20 岁时所写的日记却机缘巧合地被保存下来，其中竟然完整地抄录了三封沈从文当时写给她的情书。张兆和在 20 岁不到的时候，正备受情感困扰，写了很多日记。这个日记突然被发现，可以说是对当时两人情感状态的一个非常宝贵和真实的记录，也让我们真切地体会到了两人在那个时期情感上的矛盾和纠结。大家还可以再关注一下 20 世纪 40 年代末期到 1961 年这一时期所收录的几辑书信，包括“呓语狂言”“川行书简”“南行通信”和“跛者通信”，可以以此作为重要资料，帮助我们解析沈从文为何在新中国成立之后放弃小说创作，转向文物研究，也就是学界经常讨论的“沈从文转业之谜”。

我今天想着重讲的是1934年的“湘行书简”。大家都知道沈从文有一部非常著名的散文集叫《湘行散记》，是他在1934年年初，在写作《边城》的时候写的。那时新婚不久的沈从文接到家信，被告知母亲病重。1月7日，沈从文冒着严寒匆匆从北京赶回湖南常德，再从常德坐车到桃源，后转为包船溯沅江而上，且行且泊，1月22日最终回到家乡凤凰。这也是沈从文在1924年离开湖南之后首次返乡。在临行之前，沈从文和张兆和约定，每天给她写信，报告归乡途中的见闻。沈从文因为发表过对国民党政府不满的文章，被当局认为是“危险人物”，加之当时国共两党战事吃紧，湖南形势较为紧张，他在家乡只停留了四天就返回北京。之后以这些书信为基础，整理出单篇散文在报刊上发表，这11篇散文后来结集为《湘行散记》，由商务印书馆在1936年年初版，1943年开明书店又出版了改订本。这些书信在沈从文生前并没有发表，直到1991年由沈虎雏先生编辑整理成《湘行书简》，编入《沈从文别集·湘行集》，由岳麓书社在1992年出版。《湘行书简》正是《湘行散记》的素材。

我们现在看到的《从文家书》，选择的篇目还是非常有限的，但是如果作为一本面向普通读者的读物，我觉得这本书可以作为一个窗口。由此，我们可以看到两个那么不同又如此交融的灵魂，虽然那是一种非常复杂、非常难以言说的交融。关于沈从文和张兆和的感情经历，不管学界，还是普通读者群，都有很多的讨论和说法，我这里并不想去做揭隐私的工作，而是希望通过细读这些书信、这些切切实实又非常独到的文本，感受这两个人之间微妙又复杂的关系，体会这两个独特又有趣的灵魂。

那么我们应该怎么去读这些书信呢？这些被沈从文称为“三三专利读物”的书信，确实充满了彼时他对新婚妻子的无比眷恋，笔端的百汇万物也变得极其温柔。但它们是简单意义上的夫妻之间互诉衷肠的“情书”吗？答案显然是否定的。

首先这些书信是一种典型的知识分子的“返乡”叙事。前面已经提到，沈从文是在离开故乡十年之后首次返回故乡，此时的沈从文和十年前的那个乡下军爷相比，境遇已是天壤之别。他不仅成了大学教授、著名作家，跻身于绅士阶层，而且赢得了梦寐以求的爱情和婚姻，可以说是到达了人生的一个非常圆满的阶段。当他于匆忙中返回阔别多年的故乡，这返乡之路又如此辗转辛苦，一路的舟车劳顿激发起的是始终萦绕在他心头的湘西的故人旧事，而眼前现实湘西的景象又是如此异样，可以说他的眼光是带有审视意味的，心境是极其复杂的。

沈从文对于湘西的重新审视，在学界已经有很多讨论了。我们说，当他再次回到湘西的时候，对于原来这样一种近乎神土世界的湘西，他在一开始是抱有期待的。为什么抱有期待呢？这就必须联系沈从文当时在都市的生活了。虽然他那是已经在文坛立稳脚跟，且声名如日中天，在多所大学担任教授，还担纲了影响很大的《大公报·文艺》副刊的主编，按理说已经进入都市的精英知识分子阶层，但他在很多时候有一种“身在曹营心在汉”的感觉。他对都市中人与人之间关系的虚伪、复杂、一律受金钱的控制，无法理解，更不能认同。那些原本看起来体面的绅士淑女到底只有华丽的皮囊，灵魂则是荒芜而空洞的，那只是生命的一种畸形。而他自己也逐渐被这种虚伪的生活牢牢揪住，无从挣扎，渐趋委顿。“血管里流着你们民族血液的我，二十七年的生命，有一半为都市生活所吞噬。……所有值得称为高贵的性格，如像那热情，与勇敢，与诚实，早已完全消失殆尽。”（沈从文：《写在〈龙朱〉一文之前》）。所以沈从文久被压抑的“乡下人”的情感取向和价值态度如魂兮归来般在他这一时期的创作中一再呈现，比如《龙朱》《月下小景》等小说。在这些作品中，我们能看到沈从文对这些来自荒蛮之地的少数民族所具有的无羁的野性、元气淋漓的生命形态的由衷歌颂。

当然，这些都是身在都市的沈从文在回望故土时的一种想象，也可以说是在都市病的诊断之下对湘西形象的一种重构。而当他在 1934 年年初那一个多月的时间里真正深入现实的湘西世界后，他发现现实的一切都跟之前的想象大不相同，那个元气淋漓的神土世界也无可避免地被现实实利所侵蚀，这也导致了《边城》创作中内部断裂的问题。沈从文在 1934 年年初就写完了《边城》的第一章和第二章，接到家信之后他匆忙回到湘西，从湘西回到北京接着写完了《边城》。我们在读完这个故事之后，常常会有这样的感觉，茶峒小城那么一个近乎世外桃源的地方，民风淳朴，人性良善，为什么会发生翠翠和二老这样爱而不能的悲剧呢？为什么小说前两章渲染的人情人性之美，连妓女“也常常较之知羞耻的城市中人还更可信任”，到了后面还会出现那个狡诈的中寨人，他的从中作梗直接导致了祖父心理防线的崩溃以及最后的悲剧发生。我以为，这样一个前后情节逻辑的断裂，跟他这次湘西之行有着非常密切的关系。他回到湘西，发现不仅物是人非，而且原来那些美好的人情人性好像都不太有了，原来淳朴的人也开始为了金钱和实利而堕落了，原来想象当中的一个高悬的人性理想，希腊的人性小庙这样的东西，在经过这次现实的湘西之行后，一下子就崩塌了。

当然这只是问题的一个方面。如果我们仔细去读沈从文的这些文字，会感到这个人在情感上、心理上是多么细腻，多么感性，多么丰富！舟行水上，他听到远处有歌声传来，还有羊的叫声、妇女的锐叫声、鞭炮声、小锣声，他的眼睛都会湿润，这些音色声响都能给他带来无穷的感动，他会把这种感动的情绪凝结在笔端，传递给张兆和。我们说，这种感动和沈从文作为一个“自然之子”对百汇万物的天然感应和细腻体悟是密不可分的。这可以说是沈从文作为一个天才作家的禀赋使然。

同时，我们也能看到，沈从文作为一个接受了五四新文化教养的现代知识分子，他对故乡的百汇万物是有一种重新观照的。但是这种审视并不是像五四乡土小说中的那些归乡知识分子，采取自上而下的批评视角，与其说沈从文是在批判这些故人故事，不如说他通过对它们的重审，重新发现了自己，这是一种自我的发现，或者说自我的一种精神洗礼。我觉得这一点可能要比前面的批判更加重要。为什么这样说呢？我们可以来看一下《夜泊鸭窠围》，这也是其中非常有名的一篇。你看他写道：“我欢喜那些在半天上的楼房。这里木料不值钱，水涨落时距离又太大，故楼房无不离岸卅丈以上，从河边望去，使人神往之至。我还听到了唱小曲声音，我估计得出，那些声音同灯光所在处，不是木筏上的簰头在取乐，就是有副爷们船主在喝酒。妇人手上必定还戴得有镀金戒子。多动人的画图！提到这些时我是很忧郁的，因为我认识他们的哀乐，看他们也依然在那里把每个日子打发下去，我不知道怎么样总有点忧郁。”沈从文为什么会有这样的忧郁？这个忧郁的内容层级其实是很复杂的，像鲁迅的归乡一样，回到故乡之后，当他看到这些人、这些事还跟几十年前一样，甚至跟几百年前都一模一样，他们的生活如死水一般，这个忧郁就是很典型的启蒙者对于被启蒙者的一种由上而下的观照和审视，这是一种忧郁。那么在沈从文这里还有没有其他的一些忧郁？当他看到这样一些人和事的时候，他还想到了什么？有没有一点同情心和共情？如果是一个启蒙者的视角的话，他是会把自己抛却在这样的一个空间之外的，是置身事外的。

但我读了《湘行书简》，感觉沈从文实际上是把自己的情感完全倾注在了这样的一个空间当中，他把自己完全扎进去了，跟他们有一种共情。他说："三三，木筏上的火光真不可不看。这里河面已不很宽，加之两面山岸很高（比劳山高得远），夜又静了，说话皆可听到。羊还在叫。我不知怎么的，心这时特别柔和。"读到这里的时候，作为读者的我，心里是一阵阵发紧的，我不知道大家读下来有没有这个感觉，为什么他的心在此时会特别地柔和？可以想象一个远在外地的游子辗转颠簸了那么久，特别是想到沈从文在北京最开始的那几年是非常不顺利的，在他的窄而霉斋中忍受着饥寒写作，还备受冷眼，最后实在混不下去了，要找郁达夫求助等。当他现在回到故乡，可以说是衣锦还乡，他看到这些人事的时候，他这种柔和的情绪我觉得不能仅仅用启蒙那一套批判性的思路去解释，里面还掺杂了很多复杂的情绪。这一点大家可以在静下心来阅读的时候仔细揣摩。

在另外一篇书信中，他写道，"这个人为什么而活下去，他想不想过为什么活下去这件事情"，这其实写的是一个老水手，这个水手已经年纪很大了，"牙齿已脱，白须满腮"，沈从文说他活脱脱就是一个托尔斯泰，为了多挣 100 文钱，他和船主一直争执不下。沈从文看到他的时候，就开始思考上面的问题。这是很典型的启蒙主义的思路，就是说你们这些草民怎么老是为这些蝇头小利争吵，怎么不想想自己为什么要这样活？

但是他的思路很快就发生了变化，就在同一天——1934 年 1 月 18 日的下午，他紧接着写了第二封信，他把它命名为《历史是一条河》。

他写到自己坐在船头，看着山头的夕阳，看着水底的各色的圆石子，觉得特别感动，对河水、对夕阳、对拉船的人，他是那么温暖地爱着。他说这条河才是真的历史，他这样写道：“从那日夜长流千古不变的水里石头和砂子，腐了的草木，破烂的船板，使我触着平时我们所疏忽了若干年代若干人类的哀乐！”我觉得这其实是沈从文非常重要的一种历史观的凸显。就如同我们讲中国的史传传统中，绝大部分记录的都是帝王将相的历史，是对社会发生影响力的人物的历史，但是对于这些草民、芸芸众生，他们的历史在哪里呢？他们的绝大部分都不会进入到“历史”（这里指的是被撰写出来的历史）中，他们永远都是沉默的大多数。

但是在沈从文这里，我们看到他在这条千百年来从未止息的河流中发现了历史，这不是帝王将相、金戈铁马的历史，它就是祖祖辈辈、世世代代生活在这条河边的芸芸众生的生活。最初沈从文还在思考这些老百姓为什么这样活，而到了这时，他说这些人不需要我们来可怜，而是我们应当来尊敬他们来爱他们。为什么呢？因为“他们那么庄严忠实的生，却在自然上各担负自己那份命运，为自己、为儿女活下去。不管怎么样活，却从不逃避为了活而应有的一切努力”。你可以说他们是顽冥不化，也可以说是愚昧麻木，但是他们始终是尽着自己的那一份天命，为生活而努力而打拼。显然沈从文在这些最底层的水手、妓女、小商贩的生活当中感受到了一种生命的庄严与郑重。在我看来，这正是沈从文对以往正统的精英主义历史观的一种反驳，他看到了正是这些生如蝼蚁，但却异常坚韧的草民构成了人类社会得以延续下去的重要力量。所以我认为《湘行书简》是一个非常复杂的文本，其中因为掺杂了沈从文重返故乡后的很多复杂的情绪和感受，显出了含混多义的复调式结构。

接下来，我再讲第二个大问题。我们在讲沈从文的时候，常常会忽略掉沈从文背后的女性张兆和，而且但凡提到张兆和的时候，都可能会有一些偏见。我们都知道沈从文在20世纪40年代末期50年代初期的时候，经历过精神上极度痛苦的阶段，乃至自杀的经历。很多人认为这是张兆和对他的不理解所导致的，但是在我看来，这样的判断未必完全妥当。我们讲婚姻是如鱼饮水，冷暖自知，置身在婚姻当中，特别是置身在和沈从文的婚姻关系当中的张兆和，她很大程度上是被沈从文的身影遮盖掉的。张兆和到底是怎么想的？或者说张兆和在这个过程当中，在沈从文精神的发展、裂变，包括最后做出那样一种选择的过程当中，到底起到什么样的作用？这个问题还是有待大家去挖掘去思考。

有一张照片是1935年沈从文和张兆和的第一个孩子龙朱，旁边是沈从文的九妹沈岳萌的一张合照。接下来我们着重要讲的“飘零书简”差不多是在这个时期，它的产生有什么样的背景呢？1937年抗日战争全面爆发，沈从文在教育部和杨振声、朱自清从事教科书的编纂，但随着北平沦陷，重要的大学包括文化机构全部要向西南大后方撤离。沈从文就只身一人跟随着北大清华的老师逃出了沦陷区，一路辗转飘零，最后到达昆明。张兆和当时刚刚生下他们的第二个儿子虎雏，身体非常虚弱。于是两人约定好，沈从文一个人先走，家眷留在北平，后面再寻找机会团聚。“飘零书简”就是沈从文离家之后，两人之间的书信往来。这段过程持续并不长，1938年11月，张兆和拖着两个儿子，包括沈从文的九妹一起，辗转到达昆明，和沈从文相聚。《从文家书》中选的“飘零书简”以张兆和的书信居多，从中也可以看到张沈二人在真正的婚姻生活中到底是一种什么样的关系。1937年10月5日，他们刚刚分开不久，因为分隔两地，又处在沦陷区的战时北平，作为家庭主妇，张兆和要考虑一家人的吃穿用度，内心的焦虑可想而知，而她更担心孤身一人在外的沈从文。在信中，她忧心忡忡地写道："我想着你那性格便十分担忧，你是到赤手空拳的时候还十分爱好要面子的，不到最后一个铜子花掉后不肯安心做事。希望你现在生活能从简，一切无谓虚糜应酬更可省略，你无妨告诉人家，你现在不名一文，为什么还要打肿脸充胖子？我这三四年来就为你装胖子装得够苦了。你的面子糊好了，我的面子丢掉了，面子丢掉不要紧，反正里外不讨好，大家都难过。"

看得出来，这里面是有张兆和的一点小抱怨的，这两人本身的出身背景、成长经历差异就很大：张兆和虽然系出名门，但在生活的磨砺下，养成了对待家用处处精打细算的习惯，而沈从文从一个一文不名的"北漂"青年进阶到绅士阶层，他的生活习惯和生活态度也随着环境的变化而改变。再来看 10 月 25 日这封信，她写道："你有你的本色，不是绅士而冒充绅士总不免勉强，就我们情形能过怎样日子就过怎样日子。我情愿躬持井臼，自己操作不以为苦，只要我们能够适应自己的环境就好了。……切实从内里面做起，不在表面上讲求，不许你再逼我穿高跟鞋、烫头发了，不许你用因怕我把一双手弄粗糙为理由而不叫我洗东西做事了，吃的东西无所谓好坏，穿的用的无所谓讲究不讲究，能够活下去已是造化，我们应该怎样来使用这生命而不使他归于无用才好。"紧接着她又说："一个写作的人，精神在那些琐碎外表的事情上浪费实在可惜，你有你的本来面目，干净的，纯朴的，罩任何种面具都不会合式。你本来是好人，可惜的给各种不合式的花样给 spoil 了……"这几封信都由张兆和之口透露出一个非常重要的细节，那就是已经跻身绅士阶层的沈从文在外面应酬比较多，也会比较沉迷于一些形式上的东西，比如让太太穿高跟鞋、烫头发等。我前面已经讲过，沈从文从一个湘西的小军爷，到北京做了卖文为生的“北漂”，到最后跻身进和胡适、徐志摩成为朋友的精英知识分子阶层，其实非常不容易。那么沈从文对于自己努力打拼而获得的地位和身份又是怎么看待的？就像很多学者提出的，为什么他一方面不停地追求社会身份的进阶，一方面又不断地强调自己始终是一个乡下人？这里可以提供一个细节，陈西滢在关于“新月社”的回忆文章中曾回忆说：“我与志摩说话时，一个人开了门，又不走进来，脸上含笑，但是很害羞，这就是从文，他只是站在房门口，与我们说话，不走进来。”（陈西滢：《关于“新月社”》）这段描写相当形象地呈现了沈从文在他们的绅士圈子当中若即若离的态度，“在而不属于”的边缘性，一种游离的状态。张兆和作为沈从文身边最亲近的人，她在书信中对沈从文的这些抱怨，或多或少也佐证了沈从文的这种矛盾，为我们认识沈从文的多维度、多面相的人格提供一些材料。

“飘零书简”中还有一封信也很有意思，这是沈从文在1937年11月6日的时候给张兆和写的，他在信中表现出明显有些生气的情绪。为什么呢？因为张兆和迟迟没有南下和他到昆明去会合。当时的情形是：一方面小儿子虎雏还很小；另一方面沈从文收藏的很多古玩文物还有他们的书信都在家里，如何安排取舍，张兆和觉得非常困难；加之当时战事非常紧张，一路凶吉难料，所以她很犹豫。沈从文则一再来信催促，希望她能够赶快到昆明来，两人就因为这个问题争执不下，所以沈从文在这封信中就说：“你即或是因为北平有个关心你，你也同情他的人，只因为这种事不来，故意留在北京，我也不妒忌，不生气。我这些地方顶明白道理，顶明白个人的分际。我近来因为读了些书，读了些关于生理学和人生哲学的书籍，反省自己，忽然产生了些谦卑情绪，对于我们的关系，增加了些义务感觉，减少了些权利感觉，这谦卑到极端时且流于自卑，好像觉得自己一切已过去了，只有责任在身。……我觉得爱你，但不必需因此拘束你。正因为爱你，若不能够在共同生活上给你幸福，别的方面我的牺牲能成全你幸福时，我准备牺牲。有痛苦，我忍受痛苦。”这里面显然是有沈从文在和张兆和的婚姻关系中因为无法把控，也无法达到一种一致与和谐而产生的意难平，所以沈从文和张兆和这样一对人人艳羡的神仙眷侣，实际上并非是我们所想象的水乳交融、琴瑟和谐的关系，而是有很多的摩擦和分歧、鸡毛蒜皮、油盐酱醋。而且两个人不同的出身背景、不同的个性，乃至不同的看待世界万物的方式，都导致了这种摩擦的必然发生。而我们看到，两人在书信中的这种交流，充满着各种真实的情绪，这正是对沈从文另外一种精神面相的勾勒和说明。

读《从文家书》我觉得还有一点不能被忽视，那就是张兆和的另外一重女作家的身份。张兆和的文笔清雅优美，这有赖于她自幼养就的良好的国学功底和五四新文学的教养。她在20世纪30年代的时候出版过一本小说集叫《湖畔》，1999年上海古籍出版社推出了一套“民国女作家书系”，张兆和的这本小说集和庐隐、林徽因、张爱玲等人的作品并列其中。这本小说集收录的几篇小说都是以农村或城市少年的青春成长为主题，情节的细密铺排中浸润着成长过程中浅浅淡淡的悲乐。1933年，张兆和还创作过一篇小说《男人》，和沈从文的一篇小说《女人》同时发表在1933年的《现代》杂志上，张兆和用的笔名是“叔文”，这也可以看出当时张兆和与沈从文在文学创作上的一种呼应，尽管这种呼应在不少学者看来恰恰是两人文学旨趣不同的体现。我们在读《从文家书》时，会发现沈从文的称呼以及张兆和的落款都有很多种，包括“三三”“三”“三妹”“兆”，还有一个很重要的称呼就是“叔文”。我前段时间还看到瑞士汉学家冯铁教授写的一篇文章，讨论了作为“管理沈从文文学遗产的女作家张兆和”，文章用了不少《从文家书》里的材料，并对张沈两人的小说创作进行了一种对读，对他们文学创作之间的互相影响和制约的关系进行了有趣的分析，大家不妨读一读。

尽管张兆和的创作并不多，但她是有自己的一套坚执的文学观的，而且和沈从文的文学观非常不同。张兆和晚年的时候，北京师范大学的刘洪涛老师曾经有过一个对她的访谈，她就坦言，沈从文早年写的那些作品，写下层生活、两性关系的，有很多很不成熟，但也发表出来了，她是不喜欢的。在《从文家书》中，张兆和也很多次跟沈从文讲应该写什么和如何写，特别是在新中国成立后的“跛者通信”辑中，张兆和常常以自己的一套习得的“标准”给在创作上试图重新学步的沈从文以建议。这种建议显然收效甚微，但也可见出两人在文学创作观念上的差异。张兆和作为一个女作家的身份和意识长期以来因为各种原因是被埋没了的，特别是将其置于和沈从文创作的关系中去看时，这个问题会更加复杂，也更加值得研究。

最后我想说的是，张兆和在整理沈从文遗稿，也就是编辑这本书的时候所表现出来的那种坦荡和真诚。在《从文家书》的后记中，张兆和这样写道：“从文同我相处，这一生，究竟是幸福还是不幸？得不到回答。我不理解他，不完全理解他。后来逐渐有了些理解，但是真正懂得他的为人，懂得他一生承受的重压，是在整理编选他遗稿的现在。”我觉得这段话写出来，是张兆和在痛定思痛之后的一种彻悟，是字字锥心的。我特别欣赏的是她不为亲者避讳，也不为自己避讳的态度，她坦承她和沈从文之间确实是有非常多的隔阂和分歧，很多不和谐的声音，而真正地了解了他的痛苦和价值，却是在斯人已逝之后。

所以从这个角度来说，张兆和也是一个认真地面对生活，赤诚地面对自己和他人、面对爱情和婚姻的女性。“星斗其文，赤子其人”，这是张充和与傅汉思给沈从文的挽辞中的一句话，我觉得同样可以把这句话送给张兆和先生。

文明的冲突，还是政治的冲突？

——《文明的冲突》导读

王　锐　华东师范大学历史系副教授

1993年夏天，亨廷顿在美国《外交》季刊上发表了著名的《文明的冲突》一文，指出苏联解体之后国际政治极有可能呈现以文明为单位的彼此新冲突。[1] 几年以后，亨廷顿将此文扩充为一本专著，更为详细地论证了这一问题，并对美国应如何在这一新的国际格局之下确立政治战略提出了自己的设想。近30年来，对于亨廷顿所提出的这个问题，世界各国不同学科、不同价值立场、不同身份的学者热烈讨论，认为其戳穿了美国政界在苏联解体与东欧剧变之后的盲目乐观情绪，道出了后冷战时代国际纷争的本质者有之；认为其继承了西方政治传统，揭示出政治的本质，提出了政治思想当中“普遍性”与“特殊性”的辩证关系者有之；认为其刻意夸大了世界各国之间的纠纷，无视全球化时代世界各地联系越发紧密、“地球村”美梦不久就会实现者有之；认为其继承了美国的霸权主义传统，无视文明之间应该多元并存，

1　这篇文章发表不久之后就有了中译本。参见［美］S. P. 亨廷顿：《文明的冲突》，张林宏译，《国外社会科学》，1993年第10期，第18—23页。

互相交流，将一己之愿强加于世人者有之。而从中国的历史传统出发，也有不少论者认为相比于亨廷顿所秉持的基督教传统，儒家思想更强调“和而不同”，主张文明之间应互相包容、互相借鉴，因此更有助于实现世界的和平发展。总之，一个具有政治分析色彩的学术命题能产生如此深远的影响，无论各家是否同意其具体结论，已经显现出作为政治学家的亨廷顿对于时势颇为犀利的洞察。

而在亨廷顿自己看来，“为什么我的文章在世界上引起了这么大的兴趣并刺激了这么多的讨论，为什么我的著作至今已被翻译成22种不同文字，并具有相应的影响？我认为，答案是，人们正在寻求并迫切需要一个关于世界政治的思维框架”[1]。可见，亨廷顿并非在抽象地谈论文明与文明冲突问题，而是在政治的维度上讨论该问题。因此，离开了对于文明与政治关系的思考，离开了对于政治问题的高度自觉，离开了对于现代政治所包含的各种要素的整体把握，将很难真正理解他所论述的文明问题。所谓“冲突”，是建立在对文明的内涵与外延的界定基础上的。而这一定义又具有极强的政治意涵，象征着历史与现实互动过程中的政治状况。所以，只有理解到了这一点，才能在处于百年未有之大变局下的今天，更深入地理解以美国为代表的近代西方资本主义力量的一些本质特征，才能将亨廷顿的观点作为一面镜子，照清楚中华文明的核心根底与价值，为思考构建人类命运共同体提供历史借鉴与理论参考。

一、敌与我：文明的视角还是政治的视角

在谈论文明问题时，亨廷顿毫无温情脉脉、文质彬彬之态。在

---

1 [美]塞缪尔·亨廷顿：《文明的冲突》，周琪等译，北京：新华出版社，2017年，序言第1—2页。

《文明的冲突》一书的开篇，他援引小说《死亡环礁湖》里的对话："如果没有真正的敌人，也就没有真正的朋友。除非我们憎恨非我族类，我们便不可能爱我族类。"亨廷顿引申此意，指出："政治家和学者们不能忽视蕴含在这些古老真理中的不幸的真理。对于那些正在寻求认同和重新创造种族性的人们来说，敌人是必不可少的，而潜在的最危险的敌人会出现在世界各主要文明之间的断层线上。"[1] 亨廷顿担心，冷战之后的美国，面对新的国际形势，将分不清敌我，不知用怎样的尺度来衡量自己的战略利益。此时将文明纳入分析框架，则能为后冷战时代的美国国际利益确立一个比较可靠的衡量标准。

亨廷顿的这番话，不禁让人想起施米特的著名论断，政治的本质就是区分敌我。一个政治体拥有完整主权的重要体现之一就是它能够自主地判断敌我。如果国家陷入日常的行政事务与经济行为不能自拔，忽视了对于敌我问题的敏感度，那么就是政治的缺失。[2] 因此，亨廷顿在这本讨论文明的著作里，一开始就将敌我问题揭示出来，可见他充分意识到了文明问题中更深层次的要素是政治问题。

也正是因为这样，在亨廷顿看来，分析文明兴衰，离不开对于政治以及政治的核心要素——权力的探讨：

> 文化在世界上的分布反映了权力的分布。贸易可能会、也可能不会跟着国旗走，但文化几乎总是追随着权力。历史上，一个文明权力的扩张通常总是同时伴随着其文化的繁荣，而且这一文明几乎总是运用它的这种权力向其他社会推行其价值观、实践和

---

1 ［美］塞缪尔·亨廷顿：《文明的冲突》，周琪等译，第 4 页。

2 ［德］卡尔·施米特：《政治的概念（增订本）》，刘宗坤、朱雁冰等译，上海：上海人民出版社，2018 年，第 7—98 页。

体制。一个普世文明需要普世的权力。罗马的权力在古典世界的有限范围内创造出了一个近乎普世的文明。19 世纪以欧洲殖民主义为表现形式的西方权力和 20 世纪美国的霸权把西方文明推广到了当代世界的大部分地区。欧洲殖民主义已经结束，美国的霸权正在衰落。随着本土的、植根于历史的习俗、语言、信仰及体制的自我伸张，西方文化也受到侵蚀。现代化所带来的非西方社会权力的日益增长，正导致非西方文化在全世界的复兴。[1]

可见，亨廷顿对于文明兴衰的梳理，主要并不着眼于不同文明之间的交流，而是直接从文明背后的政治力量之消长入手。在他看来，“不同文明国家和集团之间的冲突的根源在很大程度上是那些总是产生集团之间冲突的东西：对人民、领土、财富、资源和相对权力的控制，也就是相对于另一个集团对自己所能做的而言，将自己的价值、文化和体制强加于另一个集团的能力”[2]。在这个意义上，他之所以会在以美国为代表的西方资本主义力量看上去独霸全球之时著书立说，大显“忧患意识”，说到底是对后冷战时代非西方国家随着经济增长而提升综合国力深感焦虑，担心这些国家将不再遵从由美国所主导的政治与经济秩序。正是由于在现实政治博弈中出现了有可能与美国匹敌的非西方国家，亨廷顿才会将这种现状上升至文明的高度来进行分析。因此，如果仅从文化比较或者文明互鉴的角度去谈所谓中西文明之优劣，将很难抓住亨廷顿此论的基本前提与内在逻辑。

亨廷顿用这样的方式来理解文明问题，其实符合西方历史进程当中关于文明问题的主流认知。关于欧洲文明内部特征的形成，麦金德

1 ［美］塞缪尔・亨廷顿：《文明的冲突》，周琪等译，第 91 页。

2 同上书，第 137 页。

认为："正是在外来野蛮人的压力下，欧洲才实现它的文明。因此，我请求你们暂时地把欧洲和欧洲的历史看作隶属于亚洲和亚洲的历史，因为在非常真实的意义上说，欧洲文明是反对亚洲人入侵的长期斗争的成果。"[1] 在这里，他把亚洲"他者化"，将其描绘成一个时刻威胁文明的欧洲的"外来野蛮人"，为了凝聚欧洲内部的共识，必须时刻警惕这个"外来野蛮人"。正如萨义德所分析的，在西方历史上，从古希腊时代开始，西方学者就不断从西方内部所谓"我们"的角度出发去描绘东方，将其叙述为一个野蛮的、异样的、停滞的、落后的、令人恐惧又令人蔑视的存在，借此凸显西方自身的优越性，以及为了维持这种优越性而不断抗击、侵略、征服东方的必要性。[2] 这是理解西方历史进程当中关于"文明"问题思考的重要维度。

在西方思想史上，"文明"一词的初始含义指的是具有一定规模与组织结构的城市或国家，它和野蛮、粗野相对。在历史进程中，"文明"象征着城市或国家的产生，象征着脑力劳动与体力劳动的分离，象征着出现了文字、法律典章、政治制度等体现复杂而有秩序的社会活动的事物。因此，到了近代早期，"文明"就代表着有秩序的社会，以及生活于这一有秩序社会里的公民。及至启蒙运动时期，"文明"体现的是启蒙主义的基本精神，即社会是进步的、世俗的。与之相对的，就是被视为停滞的、落后的、迷信的"不文明"社会。从"不文明"到"文明"，是处在一个线性的历史进化论序列里的。"文明"的内涵除了社会风俗，还包括法律、科学、艺术等。而启蒙运动的主旨

---

1 ［英］哈·麦金德：《历史的地理枢纽》，林尔蔚、陈江译，北京：商务印书馆，2016 年，第 52 页。

2 ［美］爱德华·W. 萨义德：《东方学》，王宇根译，北京：生活·读书·新知三联书店，2007 年，第 38—149 页。

之一，就是要让“文明”秩序进一步普及，以此来消灭“不文明”，这彰显出“进步”的必然性。具体到近代的盎格鲁—撒克逊思想脉络里，亚当·弗格森在著名的《论文明社会史》一书里基于对当时英国资本主义发展的认识，强调文明即象征着以商业活动为主的经济生产方式，以及为商业活动提供保障的政治制度、法律制度与财产制度，因频繁的商业活动而形成的伦理道德。[1] 相似地，约翰·密尔认为文明象征着商业与农业活动的蓬勃发展，人与人之间具有极强的联合与协作能力，以及为保障经济私有制而形成的政治制度。[2]

与此相关的是，“文明”的概念在近代早期的西方历史当中，并非只是简单作为一个描述某种社会状态与社会阶段的名词，而是有着较为明确的政治意涵。伴随着西班牙、葡萄牙等国家进行海外殖民扩张活动，宗教势力与政治势力结合，以是否属于“基督教文明”为标准来划分世界，凡是不属于信仰基督教的地方，都可以由基督徒进行占有与殖民。在著名的《大地的法》一书里，施米特指出了这样划分的政治意图：凡是被划分为非基督教的地区，“这里不存在战争的法律限制，所行的只有弱肉强食的丛林法则”[3]。在这些地区，作为海外扩张主力的基督徒们享有充分的“自由”。而这种自由的本质，“是因为这条线划定了一个可以肆意使用暴力的区域。该界线的潜台词是，只有基督教欧洲的诸侯和子民，才能成为参与新全球占取的协约伙伴”[4]。可

1　［英］亚当·弗格森：《论文明社会史》，康子兴译，北京：商务印书馆，2021年，第77—107页。

2　［英］约翰·密尔：《文明——时代的征兆（1836）》，载约翰·密尔：《密尔论民主与社会主义》，胡勇译，长春：吉林出版集团，2008年，第52—57页。

3　［德］卡尔·施米特：《大地的法》，刘毅、张陈果译，上海：上海人民出版社，2017年，第64页。

4　同上书，第64页。

见，在这样的话语体系下，那些非基督教地区在政治上是属于“非文明”的，可以被视作“无主地”——因为那里的人不懂合理开发利用土地，不知私有财产观念，缺乏成熟的政治组织（当然，这些事项的具体标准都是由西方人定的），因此规范欧洲国家之间行为的法律在那里不起作用，为了传播基督教的义务，为了建立一种高级文明的秩序，象征着“文明”的基督徒可以对那些地方任意进行殖民活动。[1]

在近代早期，与对外扩张相伴而行的，是欧洲国家内部之间持续不断的战争。为了在欧洲国家内部创建某种约束战争行为的规则，在17世纪异常激烈的欧洲三十年战争之后，欧洲各国签订《威斯特伐利亚和约》，国际法开始在国与国关系上发生效力。按照此条约，国际法只在基督教国家之间通用，其背后的逻辑就是只有基督教国家才是“文明国家”，非基督教国家则不能享此待遇。国际法秩序内部的形式平等，是以用“文明”与“不文明”对世界政治版图重新划分，将此作为支配与被支配关系之理由为前提的。因此，国际法及其背后的文明观就成为近代西方国家进行殖民扩张的意识形态支撑。那些非西方、非基督教国家想要成为国际法大家庭的一分子，就必须接受“文明国家”的“指导”与“教化”，然后通过自身的改变来获取“文明国家”的承认。在这个意义上，有论者甚至认为从历史角度来看，“文明的冲突”就产生于国际法背后的“文野之别”：“所谓‘文明的冲突’及其产生的后果并不会出现在平等主权国家之间，而是出现在欧洲主权国家和非主权或准主权的美洲印第安人及世界上其他世居民族之间。一旦殖民世界被认为缺乏文明，也会被认为缺乏主权。国际法将承担‘一项伟大的救赎任务，即把边缘化带入主权范围内、教化不文明地区

1 ［美］沃格林：《政治观念史稿卷五：宗教与现代性的兴起（修订版）》，霍伟岸译，上海：华东师范大学出版社，2019年，第148页。

并发展必要的司法手段及机构'，这几乎是无法回避的。”[1]

及至19世纪，随着资本主义的发展，西方国家为了拥有固定的生产原料获取地与本国商品倾销地，开始进一步展开全球范围内的殖民扩张活动。先是完成了工业革命的英帝国在19世纪中期以前一枝独秀，将英国本土与殖民地连为一个完整的政治与经济体系，以炮舰开路，以宗主国与殖民地之间的贸易获利，成为名副其实的“海洋帝国”。[2]在这之后，德国、美国等国家通过工业革命实现了经济快速发展，也加入了争夺殖民地的队伍当中。而从资本主义自身发展的逻辑来看，到了19世纪后期，金融资本开始膨胀，资本输出日渐盛行，西方列强需要拥有能保证本国金融资本进行投资的地区，遂加紧对非西方国家与地区的控制和瓜分。

在西方资本主义列强明显处于强势地位的背景下，“文明”成为它们进行全球殖民扩张的绝佳说辞。“在整个19世纪，基督教的与非基督教的民族的区别被世俗化，变成了文明的与不文明的和半文明的民族之间的区别。与这种文明的、半文明的和不文明的民族之间的区别相对应的是19世纪欧洲帝国主义的国际法概念和方法，尤其是保护国与殖民地的构成：对半文明民族，人们使用保护国的形式进行帝国主义统治，而不文明者则被作为殖民地对待。”[3]

“文明”不仅是国际法秩序的重要潜台词，还表现于文学书写、历史研究、新兴社会科学话语之中。即论证非西方国家与地区为什么长

---

1 ［澳］布雷特·鲍登：《文明的帝国：帝国观念的演化》，杜富祥等译，北京：社会科学文献出版社，2020年，第157页。

2 强世功：《文明终结与世界帝国：美国建构的全球法秩序》，香港：三联书店（香港）有限公司，2021年，第79页。

3 ［德］卡尔·施米特：《论断与概念》，朱雁冰译，上海：上海人民出版社，2006年，第163页。

期处于“半文明”或“不文明”的境遇；西方资本主义国家的发展史，就是一部文明不断生成与壮大的历史；想要定义何谓“文明”，离不开将自由贸易、宪政体制等资本主义国家的政治与经济实践作为主要标准；从“人种学”与“博物学”这样的科学话语来看，为什么非西方地区的民众难以达到文明标准，需要被文明国家进行统治与规训。

而从实际的历史进程来看，西方资本主义国家的现代化，离不开对广大亚非拉地区的殖民与掠夺。因此，其关于文明与现代的话语虽然自诩为具有普遍性，但真正能享用其果实的却经常只限于西方资本主义国家内部的中上层人士，以及殖民地与半殖民地的少数亲西方精英。殖民地与半殖民地的大多数民众，则沦为这类意识形态说辞背后的牺牲者。正像曾经亲历英国殖民的尼赫鲁所论，殖民地印度社会力量强弱对比的正常关系之所以难以自行调整而取得均衡，主要是因为所有的力量都集中在一个外国权威手中，这个权威是将自身建筑在武力之上的，并且有意扶持那些已经失去任何真正意义的集团和阶级。这些人在历史上的任务早已完结，如果他们没有得到外国人的庇护，恐怕早就被新的力量推翻了。正是由于殖民者的有意扶持，这些人才能长期占据统治地位，妨碍当地的现代化进程。[1] 也正因为如此，同样亲身经历了西方列强在近代中国的一系列侵略行为的梁启超，在著名的《灭国新法论》里警示国人：“近二百年来，所谓优胜人种者，其灭国之手段，略见一斑矣。莽莽五洲，被灭之国，大小无虑百数十，大率皆入此彀中，往而不返者也。由是观之，安睹所谓文明者耶？安睹所谓公法者耶？”[2]

---

1 ［印］贾瓦哈拉尔·尼赫鲁：《印度的发现》，齐文译，北京：世界知识出版社，1956 年，第 672—673 页。

2 梁启超：《灭国新法论》，吴松等点校，载《饮冰室文集点校》第二集，昆明：云南人民出版社，2001 年，第 727 页。

值得注意的是，即便在19世纪至20世纪初西方资本主义国家国力如此兴盛之际，它们依然没有忘记在其利益受到威胁时建构起西方文明的敌人。彼时曾经甚嚣尘上的“黄祸论”就是典型案例。以美国与德国为代表的资本主义国家，宣扬一旦中国庞大的人口大规模涌入西方国家，将会“玷污”西方文明的“高贵性”，破坏西方人种的“纯洁性”。其一面运用各种手段在孱弱的中国捞取更大的利益，另一面却十分惊恐中国有朝一日强大起来，会对西方世界造成冲击，担忧会出现所谓的“白人衰退论”。[1]虽然“黄祸论”的主要目的之一是西方政客以此来渲染中国廉价劳动力对本国劳工阶层的威胁，让后者更认同本国政府的对外扩张，但这背后却体现出西方文明的思维方式，即习惯于通过寻找敌人、制造敌人，在类似于零和游戏的政治敌我关系之中确立自身文明的优越性与合法性。

当然，真正让西方资本主义国家产生极大恐慌的，当属二战之后社会主义阵营一度蒸蒸日上，第三世界的反帝反殖运动风起云涌。在冷战期间，为了从理论上与宣传上对抗以苏联、中国为代表的社会主义国家，美国政学两界开始将19世纪的文明论改头换面，再次抛出。他们宣称马克思主义、苏联与其他社会主义国家是“邪恶”的，对抗社会主义阵营就是保卫西方文明，马克思主义将会威胁到所谓“美国生活方式”。[2]而所谓西方文明的核心特征之一就是资本主义私有制。[3]冷战时期，基于资本主义私有制而产生的美式现代化理论，强调第三

1　罗福惠：《非常的东西文化碰撞：近代中国人对“黄祸论”及人种学的回应》，北京：北京大学出版社，2018年，第1—124页。

2　胡欣：《美国帝国思想的对外政策含义：对国家身份、意识形态和国际秩序观的历史解读》，南京：江苏人民出版社，2017年，第351—358页。

3　这一点在哈耶克的著作里表现得尤为明显。参见弗里德里希·奥古斯特·哈耶克：《自由宪章》，杨玉生等译，北京：中国社会科学出版社，1999年，第27—43页。

世界国家要想实现发展，必须遵循以美国为代表的资本主义国家的路径，成为西方阵营的附庸，依靠美国顾问的指导来进行本国内部政治与经济领域的改造，清除与现代化不相符合的“痼疾”，实现国家发展。[1]这一论述逻辑，表面上是以经济学理论为支撑，实际上是19世纪“文明等级论”的翻版，即将后者所蕴含的文明国家对不文明国家的教化，变成了现代化国家对欠发达国家的指导。名词虽然变了，但其中的支配与被支配关系却未曾改变。

通过以上简单的梳理，可以比较清晰地看到，亨廷顿在《文明的冲突》中的论述逻辑，基本并未自外于西方政治传统，即将政治问题视为文明问题的核心内容，文明冲突背后是政治冲突。而要想树立有效的政治视野，则离不开在不同的时势下进行新的敌我划分。也正是因为这样，亨廷顿在书中对东亚复兴、伊斯兰国家复兴的担忧，与其说是对这些文明有可能冲击西方文明的极度不确定，不如说是对这些地区能否成为由美国主导的后冷战秩序里“安分守己”的一分子的极度不确定。因此，仅从全球文明交流史的角度强调不同文明之间长期有着商品贸易、人员往来、学说互动等，其实并不能真正回应文明冲突论。因为亨廷顿对文明的认知，归根结底是建立在对现实国际关系的把握之上的。

二、文明：普遍的还是特殊的

在《文明的冲突》一书里，亨廷顿认为：“在正在显现的世界中，属于不同文明的国家和集团之间的关系不仅不会是紧密的，反而常常会是对抗性的。”[2]他用颇显悲观的语调提醒世人：“不同文明集团之间

1 ［美］雷迅马：《作为意识形态的现代化：社会科学与美国对第三世界政策》，牛可译，北京：中央编译出版社，2003年，第97—100页。

2 ［美］塞缪尔·亨廷顿：《文明的冲突》，周琪等译，第203页。

的关系几乎从来就不是紧密的，它们通常是冷淡的并且常常是充满敌意的。不同文明国家之间从历史上继承的联系，例如冷战时期的军事同盟，可能减弱或消失。”一言以蔽之，文明之间的“信任和友谊将是罕见的”。[1]

要想理解亨廷顿为什么强调文明之间的冲突宛如人类的宿命一样不可避免，除了要将政治的维度纳入进来，还必须注意到近代以来西方资本主义国家对于自身文明普遍性的反复宣扬。在著名的《德意志意识形态》一书里，马克思与恩格斯写道：“在贵族统治时期占统治地位的概念是荣誉、忠诚，等等，而在资产阶级统治时期占统治地位的概念则是自由、平等，等等。一般说来，统治阶级总是自己为自己编造出诸如此类的幻想。所有的历史编撰家，主要是 18 世纪以来的历史编纂家所共有的这种历史观，必然会碰到这样一种现象：占统治地位的将是越来越抽象的思想，即越来越具有普遍性形式的思想。因为每一个企图取代旧统治阶级的新阶级，为了达到自己的目的，不得不把自己的利益说成是社会全体成员的共同利益。就是说，这在观念上的表达就是：赋予自己的思想以普遍性的形式，把它们描绘成唯一合乎理性的、有普遍意义的思想。”[2]

正如其言，在西方近代的历史进程当中，随着西方资本主义国家整体国力的提升，随着资产阶级成为各国的政治与经济主导阶级，那些本来旨在彰显其阶级利益与国家利益的意识形态话语，被打造成具有普遍性意义的思想与学说。尤其是它与诞生于启蒙运动时期的进步主义思潮相结合，使这些意识形态话语不但具有空间意义上的普遍性，

1　[美]塞缪尔·亨廷顿：《文明的冲突》，周琪等译，第 232、233 页。

2　马克思、恩格斯：《德意志意识形态（节选本）》，北京：人民出版社，2018 年，第 45—46 页。

还具有历史时间轴线上的正当性，它既塑造了历史的起源，又规定了历史的目标。如此一来，西方资本主义国家就可以时常打着为“全人类”、为“普世价值”的名号来进行对外扩张，将自己的利益等同于全人类的利益。从 19 世纪英帝国的全球扩张，到后冷战时代美国频繁在世界各地用兵，都能比较明显地看到这一思维印记。正如施米特所揭示的，“当一个国家以人类的名义与其政治敌人作战时，这并不是一场为人类而战的战争，而是一场某个具体国家试图篡取这个普世概念以反对其军事对手的战争。以损害对手为代价，这种国家把自己等同于人类，这与人们对和平、正义、进步和文明的滥用如出一辙，其目的无非是把这些概念据为己有,而否认敌人同样拥有它们”[1]。亨廷顿自己也承认：“西方赢得世界不是通过其思想、价值观或宗教的优越（其他文明中几乎没有多少人皈依它们），而是通过它运用有组织的暴力方面的优势。”[2]

就美国而言，由于其不断宣称自己是受到宗教启示的“山巅之国”，象征着人类的光明理想，因此它有极强的冲动去将自己的理念与价值传播到世界其他地区，并在世界各地推行自己的政治制度。[3]不过从事实层面来看，这种传播很多时候并非温情脉脉的文化交流，而是与美国的军事扩张行动密不可分。换言之，美国版本的“普世价值”离不开美军的坚船利炮来保驾护航。在 19 世纪末到 20 世纪初，美国在美洲实行门罗主义，借助自己军事上的绝对优势，一方面确保美洲大陆不受欧洲列强干涉，另一方面确保美国对该地区有绝对的控制权。

---

1 ［德］卡尔・施米特：《政治的概念（增订本）》，刘宗坤、朱雁冰等译，第 68 页。

2 ［美］塞缪尔・亨廷顿：《文明的冲突》，周琪等译，第 39 页。

3 ［美］罗伯特・卡根：《危险的国家：美国从起源到 20 世纪初的世界地位》，袁胜育等译，北京：社会科学文献出版社，2016 年，第 8—13 页。

他人没有权力干预、影响美国的外交决策，可是美国却可以利用门罗主义的原则来干涉美洲国家的内政。

在冷战时期，不少美国战略家建议让美国政府强调以美国为代表的西方文明及其生活方式的普遍性与优越性，以此来对抗社会主义阵营。比如乔治·凯南于1946年在著名的“长电报”里就说：“我们必须为其他国家描绘和展现出一幅我们所希望看到的、比过去更加积极和更具建设性的世界图景。只是敦促别人采用与我们类似的政治发展模式是不够的。很多国家的人民，至少是欧洲国家的人民，已经对过去的警力感到厌倦和恐惧，更关心安全，而不那么在乎抽象的自由。他们需要的是指导，而不是责任。我们应该比俄国人更有能力给他们提供指导。”[1] 一年以后，在著名的《苏联行为的根源》一文里，凯南再次强调，要想战胜以苏联为代表的社会主义阵营，美国应当时刻注意“美国可以在多大程度上给世界各国人民留下这样的印象：它知道自己的目标是什么，它能够成功地解决国内生活中的问题，并且可以承担起一个世界大国的责任。它具有在当下主要意识形态潮流中坚持自己信念的精神活力”[2]。基于对其政治与经济组织形态优越性的判断，冷战时期美国利用军事、货币、区域组织等要素，构建了一个“自由主义

1 ［美］乔治·凯南：《美国驻苏大使代办（凯南）致国务卿》，张小明译，载张小明：《乔治·凯南遏制思想研究（增订本）》，北京：世界知识出版社，2021年，第288页。

2 ［美］乔治·凯南：《苏联行为的根源》，张小明译，载张小明：《乔治·凯南遏制思想研究（增订本）》，第303页。案：凯南之所以希望美国制定有效的战略来遏制苏联，根源于他对苏联的社会主义实践的极端反感，以至于他认为如果苏联的军事实力有赶超美国之势，那么用核武器来毁灭苏联也是可以的，不必因此而有什么道德上的愧疚。相似地，他也颇为欣赏萨拉查这样的右翼独裁者，认为在他身上体现了“开明专制”的好处。关于这些，参见［英］佩里·安德森：《美国外交政策及其智囊》，李岩译，北京：金城出版社，2017年，第29、33页。

利维坦”，担负起所谓自由世界领导者的重任，试图用美式自由主义秩序的普遍性，来对抗国际共产主义运动的普遍性。[1]

如果说冷战时期美国政学两界关于西方文明优越性的论调是为了应战，那么随着苏联解体与东欧剧变，美国国内不少人士认为此乃以美国为代表的西方文明的里程碑式胜利，体现了西方文明确实具有普遍性的意义。1990 年，美国总统老布什在国会联席会议上强调要建立所谓“世界新秩序”，即让世界上不同国家共同致力于实现人类的普遍理想，包括和平、安全、自由、法治等。但正如相关研究所指出的，这一“世界新秩序”，究其实，“由于美国强调只有自身具有领导世界的资格，而且为了推行新秩序，必须扫除阻碍民主制度的各种障碍，这实际上是要求世界各国承认美国的全球领导地位，并且将清除异己作为扩大冷战战果的重要内容。在实际政策操纵中，这意味着霸权主义、干涉主义和强权政治。表面上看‘世界新秩序’为多元化世界勾勒了和谐共处的蓝图，实质上只有那些奉行美国制度、服从美国领导的国家，才有资格成为新秩序中的合法成员。这种世界秩序，虽然缺少‘帝国’的正统模式，但它蕴含的等级制度和意识形态标准，抵触多极化格局下国际社会的多元共存，要求一切均统一于美国的帝权之下”[2]。对于美国这一国家战略最有代表性的政治哲学诠释,莫过于亨廷顿的学生福山的“历史终结论”。福山乐观地宣称，在社会主义遭遇危机的情形下，未来已经没有任何其他的道路能与美国的政治经济体制相竞争了，人类历史发展也就没有其他的可能性存在，美国主导的全球秩序将会无远弗届，世界上的常态就是科耶夫所说的“普遍同质国

1 ［美］约翰·伊肯伯里：《自由主义利维坦：美利坚世界秩序的起源、危机和转型》，赵明昊译，上海：上海人民出版社，2013 年，第 141—184 页。

2 胡欣：《美国帝国思想的对外政策含义》，第 429 页。

家”。未来的人们要想实现自己的人生价值，就只好投身于全球自由市场笼罩下的商业与法律活动之中。[1] 福山的“历史终结论”，就是一套关于西方文明普遍性的政治叙事。在此情形下，美国时常打着维护全球正义的旗号在世界各地进行军事活动。按照这样的逻辑，甚至美国对别国的干涉也不再被视为国与国之间的冲突，而是变成了由美国主导的世界秩序的内部事务，是带有维持治安性质的警察活动。[2]

因此，亨廷顿担忧文明的冲突，就是在重新审视西方文明的普遍性能否成立。在他看来，文明是一个民族全面的生活方式，其中包括价值观、世界观、社会准则、政治体制、语言文字等内容，是不同人群用来树立自我认同的最为核心的要素。[3] 而在人类历史上出现过的文明当中，西方文明有强烈的将自身视为“普世文明”的冲动。在他看来：

> 普世文明的概念是西方文明的独特产物。19 世纪，“白人的责任”的思想有助于为西方扩大对非西方社会的政治经济统治作辩护。20 世纪末，普世文明的概念有助于为西方对其他社会的文化统治和那些社会模仿西方的实践和体制的需要作辩护。普世主义是西方对付非西方社会的意识形态。[4]

正如前文提到的那样，冷战结束之后，美国政学两界一度相信由美国主导的政治秩序与文明秩序将会普及全球，一种以西方文明为核

---

1 ［美］弗朗西斯・福山：《历史的终结与最后的人》，陈高华译，桂林：广西师范大学出版社，2014 年，第 213—221 页。

2 ［美］麦克尔・哈特、［意］安东尼奥・奈格里：《帝国——全球化的政治秩序》，杨建国、范一亭译，南京：江苏人民出版社，2003 年，第 190 页。

3 ［美］塞缪尔・亨廷顿：《文明的冲突》，周琪等译，第 24—25 页。

4 同上书，第 58 页。

心内容的普世文明将会出现。世界其他国家和地区在融入由美国主导的全球秩序过程中，必然会不断吸收西方文明的内容，比如私有制、自由市场、美式宪政体制，甚至包括基督教。经济全球化带来的将是西方文明的普遍化。而所谓的地方性文明，则如福山所设想的那样，“民族群体可以保留各自的语言和身份感，但这种身份主要表现在文化领域而不是政治领域”。说得更直白一点，它们“只限于私人生活领域”。[1]

相比于那些美国的乐观主义者，亨廷顿冷静地指出，这种西方文明实现普遍性的场景未必会出现。首先，就西方文明本身而言，它的核心内容并非在世界各地拥有大量簇拥的流行音乐、流行电影与美式快餐，而是与基督教传统一脉相承的政治与经济体制。一种文明要想实现普遍性的效果，必须是这一核心内容能够广泛地被接受、被实践。但现实是，西方文明的核心内容很难被非西方国家与地区完全接受与复制，因为那些国家和地区的文明也有各自不可被替代的核心内容。就此而言，西方文明虽然有强烈的实现普遍性的冲动，但其核心内容却是特殊性的。“西方文明的价值不在于它是普遍的，而在于它是独特的。”[2]也正是因为有其特殊性存在，西方文明才能彰显其优越性。对此，亨廷顿形象地指出：“西方文明的本质是大宪章（Magna Carta）而不是‘大麦克’（Magna Mac‘巨无霸’）。非西方人可能接受后者，但这对于他们是否接受前者来说没有任何意义。”[3]

其次，东欧剧变之后，不少人认为随着全球化的展开，世界各国联系会越来越紧密，加之美国成为后冷战时代世界秩序的主导者，包

1　［美］弗朗西斯·福山：《历史的终结与最后的人》，陈高华译，第281页。

2　［美］塞缪尔·亨廷顿：《文明的冲突》，周琪等译，第368页。

3　同上书，第47页。

括英语在内的英美文化将会成为世界各国民众日常生活中的组成部分，如此一来，文明之间的隔阂与差异将会被祛除，一个整体的世界文明将会慢慢出现。亨廷顿则认为，从表面上看，全球化确实是一个趋势，在世界各地也确实能见到外观上高度相似的大众文化符号，但越是这样，各国民众越需要树立新的标识来显现自我认同，开始越来越重视自己的传统。换言之，全球化、现代化带来的并非文明的趋同，而是人们开始重新追问我是谁，我从哪里来，我的基本特征是什么。文明成为区分我者与他者的最主要因素。就此而言，表面上看是美国赢得了冷战，社会主义运动在世界范围内陷入低潮，但很多人忽视了一点，就是社会主义与资本主义虽然在发展道路上截然不同，但都属于现代性的组成部分，二者之间其实有很多共享的名词与概念，因而是可以互相对话与交流的。可当全球社会主义运动遭遇困境之时，人们突然无法再用社会主义与资本主义来区分彼此，于是就将各不相同的、有着悠久历史的文明作为身份标识与彼此界限。也正是因为各国民众不断地从传统文明之中寻找自我认同，实现西方文明的普遍性效果将越来越渺茫。[1]

最后，亨廷顿通过回溯世界近代史，强调如果一个国家为了实现现代化，或者出于地缘政治的考虑抛弃自己的传统文明，那么随着时间的推移，将会变成“无所适从的国家”——既不被周边其他国家真正接受，又因贸然抛弃自己的传统而造成本国内部文化与社会的撕裂。亨廷顿以土耳其为例，认为在凯末尔时代土耳其以西方资本主义国家为样板来改造本国文化，试图祛除长期存在的穆斯林传统，以此与现代西方文明接轨。但随着苏联的解体，用土耳其来牵制苏联的意图已

1 ［美］塞缪尔·亨廷顿：《文明的冲突》，周琪等译，第 147—148 页、第 154 页。

不复存在，北约其他信奉基督教的成员国便开始强调土耳其的非西方性，而土耳其国内关于恢复本国传统的呼声也越来越高，虽然土耳其政治精英还抱有与西方国家同一阵营的念想，但这样的关系已经越来越难以延续下去。通过土耳其的例子，亨廷顿揭示相比于短时期内的政治与经济考虑，传统文明对于一个国家的巨大影响是不容忽视的。反过来说，即便是非西方国家政治精英想让本国融入西方文明，从结果来看也很难奏效。[1]

因此，只有理解了亨廷顿对于西方文明是否能够实现普遍性持较为悲观态度，才会理解他为何花了大量篇幅来假设未来的世界将会发生不同文明之间的冲突。面对世界其他国家和地区的文明大有复兴之势，亨廷顿认为，对于美国而言，比较现实的应对方案是加强西方国家之间的团结与协作，保持西方国家在技术与军事力量相对于其他文明的优势，让拉丁美洲与日本成为西方国家的同路人。更为重要的是，对于西方国家而言，要“认识到西方对其他文明事务的干预，可能是造成多文明世界中的不稳定和潜在全球冲突的唯一危险的因素”[2]。换言之，他劝告西方国家政治家要暂时放弃追求西方文明普遍性的冲动，承认西方文明只是世界各种文明中的一种。当然，这并不意味着亨廷顿同时承认文明之间应多元并存与彼此平等。在他眼里，西方文明之所以有独特性，是因为它有优越性。其他文明之所以值得重视，不是因为它们值得被欣赏，而是因为它们是西方文明的挑战者。说到底，之所以会有文明的冲突，就是因为非西方文明在后冷战世界里极不安分。所谓“建立在多文明基础上的国际秩序是防止世界大战的最可靠

1 ［美］塞缪尔·亨廷顿：《文明的冲突》，周琪等译，第156—163页。

2 同上书，第369页。

保障”[1]，本质上就是设想以美国为代表的西方文明通过保持军事实力与确立正确战略，让非西方文明知难而退，不去动摇其优越地位，这样世界也就“和平”了。在这一点上，如果说19世纪以降西方文明自我宣称的普遍性是建立在对非西方文明的“他者化”（包括污名化）之上的，那么亨廷顿此处的逻辑其实和前者并无不同。

三、内战：从文明冲突到文化多元主义

在于冷战结束之后不久出版的《大棋局》一书里，布热津斯基虽然颇为傲慢地认为“在今后一段时间里，或者说在一代人以上的时间内，不可能有任何单个国家向美国的世界首要大国地位提出挑战”[2]，他却担心美国内部出现导致美国国力下降的因素，这就是美国的文化问题。他强调：“美国文化上的变化也可能与其在国外持续行使真正的帝国性力量不相协调。这种力量的运作要求有强烈的意识形态动因、理念上的承诺和爱国主义的满足。然而，这个国家的主导文化已经变得日益定位在大众娱乐上，极大地受控于个人享乐和逃避社会责任的主题。日积月累的结果是，美国更难为长期保持有时代价很高的海外领导地位而激发必要的政治共识。”[3]与之相似，在《文明的冲突》一书里，颇具忧患意识的亨廷顿向西方国家政治人物这样喊话：“西方文明与其他文明的不同之处，不在于发展方式的不同，而在于它的价值观和体制的独特性。”因此，在后冷战时代其他文明大有崛起之势的背景下，“西方领导人的主导责任，不是试图按照西方的形象重塑其他文

1 ［美］塞缪尔·亨廷顿：《文明的冲突》，周琪等译，第381页。

2 ［美］兹比格纽·布热津斯基：《大棋局：美国的首要地位及其地缘战略》，中国国际问题研究所译，上海：上海人民出版社，2015年，第159页。

3 同上书，第172页。

明，这是西方正在衰弱的力量所不能及的，而是保存、维护和复兴西方文明独一无二的特性。由于美国是最强大的西方国家，这个责任就不可推卸地主要落在了美利坚合众国的肩上”。[1] 在他看来，应对即将到来的文明冲突，制定正确的对外战略固然重要，但更关键的是西方国家内部要实现政治、经济与文化整合，重新激活西方文明自身的生命力。这体现出作为“现实主义的保守主义者”，亨廷顿既坚守西方文明，特别是新教主义的基本价值，又能较为冷静地审视美国所面临的政治与文化挑战。[2]

也正因为这样，在《文明的冲突》一书里，亨廷顿敏锐地察觉到以美国为代表的西方文明正遭遇颇为严峻的内部危机，即文化多元主义对西方文明核心价值的冲击。他指出：

> 在历史上，美国的民族认同在文化上是由西方文明的遗产所界定的，在政治上则是由美国信条的原则所界定的。……20 世纪末，美国认同的这两个组成部分受到了为数不多但极有影响的知识分子和国际法专家集中而持久的攻击。他们以多元文化主义的名义攻击美国对西方文明的认同，否认存在着一个共同的美国文化，提倡种族的、民族的和亚民族的文化认同和分类。……正如我们已经看到的，另一些国家的领导人有时企图摈弃本国的文化遗产，使自己国家的认同从一种文明转向另一种文明。然而迄今为止，他们非但没有成功，反而使自己的国家成为精神分裂的无所适从的国家。美国的多元文化主义者同样拒绝接受本国的文

1 ［美］塞缪尔·亨廷顿：《文明的冲突》，周琪等译，第 368 页。

2 欧树军：《亨廷顿：一个现实主义的保守主义者》，《文化纵横》，2019 年第 3 期，第 128—129 页。

化遗产。然而，他们并非要美国认同另一种文明，而是要建立一个拥有众多文明的国家，即一个不属于任何文明的、缺少一个文化核心的国家。历史表明，如此构成的国家不可能作为一个具有内聚力的社会而长期存在。一个多文明的美国将不再是美利坚合众国，而是联合国。……摈弃美国信条和西方文明，就意味着我们所认识的美利坚合众国的终结。实际上这也意味着西方文明的终结。……多元文化主义者与西方文明和美国信条维护者之间的冲突，用詹姆斯·库尔思的话来说，是西方文明美国部分之中的"一场真正的冲突"。美国人无法回避这样的问题：我们是西方人，还是其他什么人？美国和西方的未来取决于美国人再次确认他们对西方文明的责任。[1]

亨廷顿指陈的这一现象，在布卢姆的《美国精神的封闭》一书里有更为详实的描述。布卢姆强调，自从 20 世纪 70 年代文化多元主义在美国大学内兴盛起来开始，高等教育领域就流行用一种道德相对主义或价值相对主义的立场去进行教学，让学生觉得许多被奉为人文经典的著作都是带有特定价值偏见的文本，需要从多元主义的立场予以解构。大学生不再对经典的神圣性产生认同，不再顺着经典所启示的路径去思考深刻的政治问题，而是一面主张以自我为中心去衡量一切，一面将本来属于政治领域的问题变为经济问题或文化问题。布卢姆警告人们，在这样的教育风气下，"祖国、宗教、家庭、文明的观念，处于茫茫宇宙和个人之间、为人提供在整体中的位置感的一切情感因素和历史因素，都被理性化了，从而也失去了强制力。人们不觉得美国

1　[美]塞缪尔·亨廷顿：《文明的冲突》，周琪等译，第 360—361 页。

是一项共同的事业，它只是个框架，里边的人民全然是孑然一身的个体。如果说存在着一项事业的话，那就是让那些据说处境不利的人也过上舒心的生活”[1]。在这个意义上，文化多元主义的兴起，堪称一场不断损耗、侵蚀美国核心价值观的文化内战。

之所以会这样，和第二次世界大战之后美国文化左派的兴起极有关系。二战结束之后，美国进入一个经济高速发展的繁荣时期，人均收入有明显的提高，中产阶级的体量不断增加，新的科学技术不断被应用到资本主义生产之中，制造出许多新的消费品，一个喧嚣而热闹的消费时代由此降临。表面上看起来，美国社会显得繁荣而富足。但与此同时，美国的文化领域却变得越来越保守与僵化，科技发达带来了人的信仰与认同层面的严重危机，不少青年人感到异化与孤独，道德虚无化的思想开始在社会上蔓延；资本主义垄断集团和金融寡头运用新技术来控制美国社会的能力越来越强；作为极具实力的“军事—工业综合体”的美国在世界范围内不断干涉他国内政，不惜运用武装颠覆的手段对付不合自己心意的政权，最终却在越南战争中深陷泥沼；美国国内愈发突出的种族矛盾也让美国极力标榜的政治理念黯然失色；在资本主义经济一片大好的表象下，有大量民众处于贫穷无告的境遇，分配不公、贫富悬殊的现象依然普遍存在。

在此背景下，以大学生和青年知识分子为主要参与者的文化左派运动开始在美国社会出现。他们抨击教育领域的僵化、不平等与其他制度性弊病；批判美国种族主义歧视，支持黑人解放运动；抗议美国在世界各地，特别是在越南的军事行动，同情第三世界国家的革命运动；揭示在资本主义意识形态的规训之下，尽管大多数美国人满足于

1　[美]艾伦·布卢姆：《美国精神的封闭》，战旭英译，南京：译林出版社，2011年，第40—41页。

物质生活上的享受，但精神与道德层面却极为空虚。他们先是集会游行，发表宣言，然后罢课上街，组织抗议示威，最终越来越激烈化，走向暴力行动。与此同时，他们也越来越难以获得美国一般劳工大众的支持。

从理论来源上看，美国文化左派的重要理论来源之一是德国的法兰克福学派，后者的一个基本理论预设是资本主义发展到了新的阶段，传统的革命动力工人阶级被以不同的方式整合进现存的资本主义体制当中，成为这一体制的受益群体，因此，批判者们唯一能坚守的就是保持自身理论的批判性，他们的着力点也就从传统马克思主义的政治经济学分析转变为对文化问题与哲学问题的高度关注，体现出极强的知识分子色彩。[1] 在参与者的家庭背景与社会阶级方面，正如约瑟夫·迪昂在《为什么美国人恨政治》一书里所分析的，“新左派始终主要是一场中产阶级运动，甚至是中产阶级上层的激进主义运动。它在工人阶级中的根基并不稳固，甚至并不存在。即便在它最民主的时刻，即《休伦港宣言》发表时，新左派也显示出对其他美国人的某种蔑视。”因此，“年轻左派分子把工人阶级一笔勾销的同时，工人阶级也把年轻左派分子一笔勾销了。警察和建筑工人觉得他们完全有理由挥舞拳头和警棍教训这些纨绔子弟。1960 年代末理查德·尼克松和乔治·华莱士所代表的政治右派，则很高兴把工人阶级从马尔库塞的垃圾堆里捡回来，收获他们的选票”。[2]

因此，这些人除了抨击前文提及的美国社会诸弊政，还强调在文

1　张一兵主编：《当代国外马克思主义哲学思潮中卷：西方马克思主义的科学主义思潮、法兰克福学派和英国“文化左派”》，南京：江苏人民出版社，2012 年，第 291—292 页。

2　[美] 小尤金·约瑟夫·迪昂：《为什么美国人恨政治》，赵晓力等译，上海：上海人民出版社，2020 年，第 44 页。

化领域要进行一番大批判，因为这大概是他们唯一能够真正涉足并有一定发言权的领域。随着美国社会代际隔阂越来越大、电视大众媒体的兴起、资本主义意识形态话语与美国的基督教伦理难以让年轻一代信服等，文化左派的参与者们开始提倡文化上的“解放”，召唤真正的“人道”，把文化领域里大搞“革命”视为批判资本主义的重要组成部分，希望通过这样的批判来唤醒更多潜在的革命同路人。而其主要批判的方式，是将传统马克思主义政治经济学的阶级分析，转变为从文化、身份、性别等领域对社会与国家解构，宣称要凸显被主流文化“压抑”的“多元声音”，要重视少数特殊群体的文化表达权利，要抛弃各种论证政治与文明合法性的“宏大叙事”。

在亨廷顿看来，这无疑是将文明冲突从文明与文明之间转移到了西方文明内部。2004 年，他出版了《谁是美国人？》一书。他认为美国国内政治文化当中以所谓“盎格鲁—新教”文化为核心特征的“美国特性”在文化多元主义的冲击之下显得越来越单薄。在他看来，“国内特性”并非仅是文化层面的符号或象征，而且与美国内外政策的制定息息相关。“国家利益来自国民特性，要知道我们的利益是什么，就得首先知道我们是什么人。”“对外政策上的争论，其根源就在于我们在国内是什么人这一方面有争论。”[1] 当然，亨廷顿在定义“美国特性”之时，一方面无视在白人殖民者到来之前北美大地上已有印第安土著居民长期生活在此的事实，也无视所谓“盎格鲁—新教”文化在北美大地上实践的历史，同样是白人精英奴隶主长期奴役、压榨奴隶进行超强度劳作的历史，因此其定义显得尤为自负与傲慢；另一方面，大概正是由于有这样的自负与傲慢，亨廷顿认为美国基于其“美国特性”

1　[美] 塞缪尔·亨廷顿：《谁是美国人？——美国国民特性面临的挑战》，程克雄译，北京：新华出版社，2010 年，第 8、9 页。

而生的所谓“道德主义”，在复杂的世界政治现实当中，很难真正有机会传播开来。因此，“美国特性”在很大程度上只属于白人精英阶层。在这个意义上，亨廷顿认为“美国特性”所面临的挑战，其实与他对于文明冲突的思考极为相似，只是后者是从外部威胁到以美国为代表的西方文明，前者属于美国内部出现的文化内战。

在 20 世纪 70 年代撰写《美国政治》一书时，面对先前美国大学里风起云涌的政治抗议活动，亨廷顿并没有像一些保守派人士那样对之口诛笔伐，认为此乃共产主义国家的“阴谋”，而是巧妙地将 20 世纪 60 年代后期出现的学生运动纳入美国立国精神内部的张力之中，认为在那些追求进步与解放的大学生身上，恰恰体现了美国立国精神当中基于强烈的道德热情而对于激进民主的向往，是美国立国精神当中的批判潜质对美国现实政治当中的“建制思维”的监督与修正。如此一来，那些秉持文化左派观念的大学生，非但没有自外于美国政治传统，反而是在提升美国政治的活力。[1] 如此这般的诠释，与其说显现出亨廷顿的政治思维能力，不如说是他对当时美国的政治状况与国家地位仍然抱有比较强的信心。

而到了撰写《谁是美国人？》的时候，亨廷顿显然已经没有往日的自信了。他除了担忧不断涌入美国的非“盎格鲁—新教”群体的移民会不断地稀释所谓“美国特性”，其实更担忧美国国内的政治精英因为秉持文化多元主义的缘故，而成为美国政治传统的背叛者或颠覆者。其具体表现为：

解构主义者鼓吹提高各种亚民族的种族群体和文化群体的地

1 ［美］塞缪尔 · P. 亨廷顿：《美国政治：激荡于理想与现实之间》，先莳奇、景伟明译，北京：新华出版社，2017 年。

位和影响。他们鼓励移民保持其原出生地的文化，给他们提供一些法定的特权（在美国出生的美国人却享受不到的特权），把美国化的主张谴责为“非美”思想。他们力促改写历史教学大纲和教科书，把宪法上的单数美国人民改为美国“各族人民”。他们要求往美国历史补充各亚民族群体的历史，或者后者取代前者。他们贬低英语在美国生活中的中心地位，鼓吹双语教育和语言多样化。……他们提出多元文化主义理论，用以为他们的行动找依据，还鼓吹美国压倒一切的价值观应是多样性，而不是统一一致。凡此种种加在一起，其效果就是要使300余年逐渐建立起来的美国特性解构，让亚民族特性代之而起。[1]

这些主张乍看上去俨然带有极强的为弱势群体代言与反对精英传统的特征，但亨廷顿却一针见血地指出，秉持这些主张的人，多为“美国学术界、媒体界、商界及专业精英中一些很有分量的人士与政界人士”，而“这一解构主义同盟并不包括多数美国人”。[2]之所以会这样，是因为在经济全球化的背景下，不少精英群体已经不再依靠本国来实现事业成功，而是与跨国资本和跨国机构紧密结合，坐着飞机往返于世界各地，出入于各种精英阶层汇聚的场合，形成一个“全球特权等级”。他们是“超国家主义者，不需要对国家有什么忠诚，认为国界是碍事的障碍”。[3]本国民众在他们眼里变得越来越不重要，与他们越来越没有关系。他们之所以强调文化多元主义，主要是可以借此与

1　[美]塞缪尔·P. 亨廷顿：《谁是美国人？——美国国民特性面临的挑战》，程克雄译，第106页。

2　同上书，第106页。

3　同上书，第196页。

大多数对本国文化仍有强烈认同感的民众区隔开来，凸显其“世界公民”的新身份。在亨廷顿笔下，这些人俨然是文明内部的背叛者。作为亨廷顿的学生，福山在出版于2018年的《身份政治》一书里对这个群体则有更为犀利的剖析：

> 对某些进步主义者而言，身份政治成了严肃思考的廉价替代物，让他们不用再去考虑如何扭转这三十年里多数自由民主国家的社会经济更趋不平等的趋势。在精英机构圈子里争论文化议题，比争取资金、说服立法者放下疑虑改变政策容易得多。最打眼的身份政治发生在20世纪80年代以来的大学校园里。大学课程可以通过在阅读书目中增加女性和少数族裔作者，改起来相对容易；而改变问题群体的收入或社会状况则要难得多。近年来作为身份权利诉求焦点的多个选民群体，如硅谷女高管、有抱负的好莱坞女演员和女制片人，高居收入分布的顶端。帮她们实现更大的平等是好事，但是丝毫不能消除那1%和余下的99%之间的醒目差距。[1]

人们可以说亨廷顿对所谓美国特性的强调体现的是他作为白人精英阶层的傲慢，这完全没有问题。但是，从亨廷顿与福山对于美国秉持文化多元主义的精英阶层的剖析，我们似乎可以看到一些在当代许多国家里普遍存在的特征。亨廷顿根据对美国内部文化政治状况的分析，指陈了一个未来文明冲突的新现象，就是不同文明之间固然还会有各种纷争存在，但文明内部的自我解构与自我背叛在很长一段时间里可能会成为常态。实践这些主张的群体往往并不附属于某一文明，

---

1 ［美］弗朗西斯·福山：《身份政治：对尊严与认同的渴求》，刘芳译，北京：中译出版社，2021年，第114页。

而是在近 30 年来随着全球资本流动越来越频繁、跨国资本的力量不断冲破国家边界背景下出现的无国籍精英。这是思考未来国际政治格局之时不容忽视的重要课题。

四、余论

在讨论亨廷顿对文明问题的思考之时，不禁想起中国传统思想当中对于“文明”的定义。《周易》贲卦云：“文明以止，人文也。”王弼在《周易注》里对这段话的解读是“止物不以威武，而以文明，人之文也”[1]。朱熹在《周易本义》里则解释为“止,谓各得其分”[2]。二者合而观之，显示出在中国古代先贤眼中，“文明”象征着一种不以兵戈为手段，让万物各得其所的理想状态。以此为标准来看亨廷顿对于文明冲突的论述，特别是他时刻不忘区分敌我、时刻不忘如何让以美国为代表的西方文明在政治与经济领域保持优越性，其所谓文明，恰恰是极不文明的。而亨廷顿的这些思考也绝非只代表他个人的看法，实则与西方近现代史上关于扩张、征服、殖民、制衡的政治实践及其背后的意识形态话语一脉相承。

在这个意义上，有必要重温一下 20 世纪 50 年代毛泽东对于文明问题的论述。1958 年毛泽东在接见非洲青年代表团时说道：

> 西方帝国主义者自以为是文明的，说被压迫者是野蛮的。可是我们没有占领别人的地方，非洲也没有占领过欧洲。是欧洲占领非洲，这就很文明了？欧洲不如非洲，它们占领别人的地方不是很野蛮吗？帝国主义占领我们中国，这就很野蛮。……帝国主

1 王弼著，楼宇烈校释：《周易注》，北京：中华书局，2011 年，第 121 页。
2 朱熹著，廖名春注：《周易本义》，北京：中华书局，2009 年，第 104 页。

义者长期以来散布他们是文明的、高尚的、卫生的。这一点在世界上还有影响，比如存在一种奴隶思想。我们也当过帝国主义的奴隶，当长久了，精神就受影响。现在我国有些人中还有这种精神影响，所以我们在全国人民中广泛宣传破除迷信。[1]

在这里，毛泽东颠覆了近代西方对于文明的主流诠释。他告诉人们，西方国家所极力自我标榜的文明其实是建立在极不文明的手段之上的。而被其污名化为不文明的国家，则可以通过自己的努力，找到正确的政治道路，实现自身的发展，彰显出一种不以侵略与殖民为手段的真文明。就新中国而言，在前30年的建设中，在人均寿命、社会结构、文化普及、国防建设、重工业建设等方面取得了巨大的成就，结束了近代以来中国大地战乱不断、民不聊生、阶级压迫严重、教育资源稀缺的状况，涤荡了旧社会的污泥浊水，改变了大多数中国人的精神面貌。[2]长期在中国工作的美国人李敦白就认为："毛泽东还做了一件很大的事情，就是恢复了中国的民气。我刚到中国的时候，做中国人不算一件特别好的事，不是一件令人自豪的事。中华人民共和国成立，中国人马上抬起头了，挺起胸了，宿命论受到了很大打击，改造了中国人的精神面貌，使人精神振奋，这其中，毛泽东个人起的作用很大。"[3]终身以研究中国为业的费正清亦言："1949年以后城市里早

1 毛泽东：《同黑非洲青年代表团的谈话》，载《毛泽东文集》第7卷，北京：人民出版社，1999年，第382页。

2 关于对新中国前30年经济发展的理论分析，参见马泉山：《中华民族的历史性跨越——新中国工业化回望录（1949—1978年综述）》，北京：中国社会科学出版社，2016年。

3 李敦白口述，徐秀丽撰写：《我是一个中国的美国人——李敦白口述历史》，北京：九州出版社，2014年，第298页。

期的公共情绪，由于对中共的不断增长的信任，是一片欢欣鼓舞。胜利的农家子弟兵，严守纪律，礼貌待人，同过去军阀部队到处奸淫掳掠和刚刚离去的国民党军队比起来，真有天渊之别。现在的政府认真尽责，真正把一切肮脏的东西清理得干干净净——不但是街道和水沟，连乞丐、娼妓、小偷小摸都集中起来加以改造。现在的新中国是一个人人感觉自豪的国家——控制了通货膨胀，废除了外国人的特权，铲除了腐化，公民们都参加各种有益的社会活动，如修理公共设施，开展扫盲运动，防止疾病，跟做粗活的交朋友，以及学习《新民主主义论》和毛泽东思想，等等。”[1] 这些翻天覆地的变化，不但改变了中国的面貌，而且极大影响着二战结束以后在全球范围内风起云涌的反帝反殖运动，为第三世界国家实现现代化发展提供了绝佳的参考。

就此而言，亨廷顿的文明论述可以作为一面镜子，让人们认识到西方世界的某些真实面貌，但要建立起中国的文明论述，却不应将其照搬过来使用。当代中国新文明论述的建立，既要着眼于创造性地阐释中国古典文明，即从中国历史自身演进脉络出发揭示其根底与核心价值；又必须重视让现代中国真正摆脱积贫积弱状态的历史动力的结晶——社会主义。前者赋予了中国之所以为中国的基本内涵，后者让中国在现代世界里获得了新生，并形成了新的政治主体。对于后者，尤其需要较为全面地把握其中的历史过程（包括历史过程中的复杂性、艰巨性与曲折性）、道路抉择与实践主体。只有实践了新的政治道路，才有可能形成新的文明论述。而这一新的文明论述，更必须与对新的世界秩序的思考结合起来，使之具有普遍意义，为全人类未来的发展提供一个良好的方案。

1　[美] 费正清：《伟大的中国革命（1800—1985）》，刘尊棋译，北京：世界知识出版社，2000 年，第 331 页。

《文化就是身体》与谈

刘梁剑　华东师范大学哲学系教授
俞　喆　东华大学马克思主义学院讲师
李　旭　浙江省社会科学院副研究员

刘梁剑（以下简称“刘”）：各位师友，大家中午好。今天主要由我和东华大学俞喆老师一起聊聊戏剧家铃木忠志的书，《文化就是身体》[1]。

我的主业是治中国哲学，为什么会想到读这样一本关于戏剧的书呢？说来话长。华东师大哲学系一直关注哲学教育，其中有一个哲学戏剧的项目，由武娟老师组织。负责这个项目的何雨洋等同学把哲学戏剧带到了中学课堂。2021年，哲学系和中国智慧研究院哲学教育研修中心、华东师范大学第二附属中学紫竹校区和附属初中携手西岸美术馆共同开展“戏中同思：青少年哲学戏剧系列活动”。我也参与这次活动，在西岸和上海戏剧学院彭勇文教授对谈“哲学·戏剧·教育”。后来，西岸美术馆吴辰安老师说他们筹建“书架”计划，让我推荐一本书。我当时便推荐了铃木忠志（以下简称

1　［日］铃木忠志：《文化就是身体》，李集庆译，上海：上海译文出版社，2019年。

“铃木”）的这本书。它的编辑是上海文艺出版社肖海鸥老师，也是我跟俞喆老师的朋友。我的推荐语是这样写的：“能剧、能量、身体有机能量，文化，现代性反思……一位戏剧人的艺术笔记，一位思者的哲学省察，带领我们思考戏剧的本质和人类生存的处境。”能量、身体、文化、现代性、人类境况，这些是我读铃木的书所感受到的关键词，也许还可以加上“戏剧能”：戏剧的本质是“能”，它洋溢在剧本之中、剧场之中，又溢出剧本、溢出剧场。我忘记这是从哪里得来的概念了。这次“读书散疫，爱在华师大”线上读书活动，发起人王峰教授问我读什么书。我当时正在着手设计一门“哲学戏剧创演”的新课，《文化就是身体》刚好在手头，于是便决定读这本书。读这本书，自然想到邀请俞喆老师与谈，因为她有丰富的现场观剧的经验，也熟悉西方戏剧的历史和理论。她在东华大学还开了一门“古希腊悲剧”的课。

俞喆（以下简称“俞”）：各位师友，大家中午好。很高兴跟大家云端相聚，线上读书。铃木忠志剧团 2018 年来沪演《特洛伊女人》，我去看了，感触还挺深。一方面，真是非常佩服演员们的身体控制能力；另一方面，不太能接受他对结尾的处理——把欧里庇得斯柔化了。坦诚地说，《文化就是身体》在艺术和思想探索上没什么特别新鲜、能启发我的地方，但我读到了一位值得钦佩的切切实实努力去思去做的剧场人。而且此书触及戏剧、传统文化、现代生活等广泛的话题，作为引发探讨的切入点倒是很好。这也是读书的一种读法吧。刘老师做严肃讲解，我就根据我的观演经验、所读所知加点花儿，尽力让这 30 分钟更有趣吧。

刘：俞喆老师这个看法展现了哲学的批判性思维的特点。（笑）我们从这本书的书名入手开始聊。理解了书名，可能也就明白了这本书的基本观点。上海戏剧学院谷亦安教授在《文化就是身体》一书的“跋”中辨析日文原题“文化は身体にある”和英译“culture is the body”、中译“文化就是身体”之间的细微差别。英译和中译听起来像是强调身体和文化的等同关系，是一个比较强的论断。相形之下，日文原来的表述更加精巧。“文化は身体にある”，字面意思为“文化存在于身体之中”。文化和身体，一虚一实，一个是精神内容，一个是物质载体。英译及中译将文化与身体等同，固然强调了身体的重要性，但与“文化は身体にある”还是有所不同。

通过上述比较，我们来到一个根本性的问题面前：身体对于文化何以如此重要？按我的理解，这可以从现代性反思的视角来看。铃木区分“文明”和“文化”，认为现代性的一个症结表现为文明发达而文化衰落。于是，我们便有振兴文化的使命，而文化的振兴需要我们重新发现并激活身体的原始力量。铃木说道：“在我看来，在文化社会（cultured society）里，人们的感知和表达能力，是在使用固有的内在动物性能源（innate animal energy）的过程中培养起来的。在人和人之间的关系上，以及人们组成的社群中，这种动物性能源促进了正常沟通所需要的安全感和信任感。一个以使用动物性能源为主的社会，与一个以非动物性能源（诸如电力、石油和核能）维持的社会，在个性特征上有本质的不同。大多数人会不经思索地认为，一个依靠非动物性能源的社会必然是更文明的。然而，对我而言，一个文明社会（civilized society）不一定就是一个文化社会。”[1]

1　[日]铃木忠志：《文化就是身体》，李集庆译，第 77 页。

俞：我想从现当代舞蹈提供一些和铃木的“动物性”“非动物性”之说不太一样的身体表演艺术的探索方向。前几年有部电影《舞女》（*La Danseuse*），讲美国舞蹈家洛伊·富勒（Loie Fuller）的故事。富勒在19世纪末到巴黎演出，用绚丽的灯光制造身体的奇观，正是利用“非动物性能源”达成了新的身体展现。再比如，20世纪中叶开始活跃的莫斯·康宁汉（Merce Cunningham）用随机抽签方式编舞、刻意打破身体运动贯循的协调连贯，开发新的身体动态。康宁汉后期也做电视舞蹈节目。如今拥抱技术的极端践行者大概是澳大利亚艺术家斯特拉克（Stelarc），他给自己装第三只手臂、用远程操控技术做表演等，当然他的许多表演已经不能算舞蹈了。这些都是对“动物性能源”的悖反或超越吧，或许能帮助我们从更多的角度来看身体。

关于文明和文化的关系，太多人讲过，我觉得特里·伊格尔顿在《论文化》里的讲法挺有意思：“文化恩将仇报地反咬了喂养过它的那只手”——也就是文明。简单地说，文化被文明孕育，又恰恰能质疑文明。这两者的关系纠缠复杂。另外，如今文化不见得就衰落了吧，或者说我们得辨清什么文化、文化的哪些方面衰落了。

刘：说到文明与文化的关系，我想到昨天中午“读书散疫，爱在华东师大”活动读的《文明的冲突》。亨廷顿基本上是在边界大小的意义上区分“文化”与“文明”。他会讲文化有小有大，到最大的边界就是文明。我们有“华东师大校园文化”；范围大一点，我们有“海派文化”；如此这般，最后有“中华文明”。但亨廷顿对“文化”与“文明”的区分似乎没有那么严格。比如，他说道：“文化共存，需要寻求大多数文明的共同点，而不是促进假设中的某个文明的普遍特征。在多文明的世界里，建设性的道路是弃绝普世主义，接受多样性和寻求共同性。”[1]拿中国学者来说，钱穆在《中国文化史导论》中用“文明”表示物质的面向，用“文化”表示精神的面向。而胡适、梁漱溟的理解又不一样。大致说来，“文明”“文化”的用法非常多，不同的使用者有不同的理解，也试图通过关于二者区分的特定说明来表达一些东西。

关于身体和“动物性能量”，铃木可能想强调身体的原始性力量。自然身体的萎缩，甚至去身体化，这一点我们在当下的日常生活中是不难感受到的。汽车，是足的延伸，还是造成了足的萎缩？通过网络的远程交流（还有方兴未艾的元宇宙），是摆脱了沉重肉身的束缚，还是造成了肉身不在场的缺憾？《文化就是身体》收录了卡梅隆·斯蒂尔（Kameron H. Steele）所作的“引言”，其中谈到“全球萎缩症”（global atrophy）：“人们的身体逐渐脱离日常生活或许就是一直以来激化现代社会重结果甚于过程的原因。……铃木的许多哲学都是对人类的这种去身体化（de-physicalization）状况的思考。在他看来，这种状况的出现直接导致了当代文明对非动物性能源几乎完全的依赖。早自1960年代起，他就预见现代科技将如何逐步稀释我们的个人自我和群体身份。他早已预见到在网络智能技术影响下，今天我们在身体、声音和语言表达上的贫乏。事实上，我们正在见证，人类的交流从身体的、生物的模式，转移向虚拟的电子的模式。……随着全世界在虚拟媒介影响下越来越被动、麻木，越来越与自己的身体脱节，行为越来越可预测，那些掌权者——创造出这种新型沟通体系以及随之而生的世界秩序的人——滥用权力的可能性也呈指数级激增。”[2]

1 ［美］塞缪尔·亨廷顿：《文明的冲突与世界秩序的重建》，周琪等译，北京：新华出版社，1998 年，第 369 页。

2 ［日］铃木忠志：《文化就是身体》，李集庆译，第 8 页。

铃木强调“动物性能量”，并认为它的强弱跟文化的兴衰正相关。这让我想到了中国传统哲学讨论的文野之辩。比如，《庄子·逍遥游》讲了一个故事：“宋人资章甫而适诸越，越人断发文身，无所用之。”“章甫”是一种帽子，表征文化；而“断发文身”则代表“野”的自然状态。“无所用之”似乎在说，相对于本真的自然状态，文化是没有用的。

在中国哲学近年的研究中，身体的面向慢慢地突显出来了。比如身体现象学的研究、工夫论的研究，都表现出了这样的倾向。我以前读《文化就是身体》的时候，和浙江省社科院李旭兄通过微信做过简单的交流。当时他说了一句很有意思的话：“身体中有乾坤，去身体则乾坤毁。”今天李旭兄也在线，我们就请他跟我们分享一下他的想法。

李旭：梁剑兄好！俞喆好！大家好！今天讲到身体，我就把摄像头也开一下。

“身体中有乾坤”这句话当时也是灵机一动说的，我没有特别系统地想过这个问题。对于我们生存、我们生命的身体性，虽然没有系统的思考，但我一直比较注重。说几点个人的身体性经验吧。

一个是我有点怀念在华东师大跳交谊舞的时光。交谊舞是一种特别身心合一的交往方式。现在的年轻人都不太用这种方式来交谊、消遣了。我觉得交谊舞的衰落是件挺可惜的事情，在线交流的发展使得具身的交流有退化的趋势。

另一个是最近几年我养成用软笔（毛笔）记笔记的习惯。毛笔书写有特别的乐趣。这种乐趣来自什么呢？最关键的一点，毛笔写字不太容易感觉累，因为毛笔里面是有刚柔交织的。软笔不只是软，你可以把软笔用出刚健的面向。身体亦如是，既能刚健，又能很柔和。这个是身体的基本特征。我们用毛笔写字，特别能够感受身体与工具的合一。

我们讲文化、文明，古人讲“物相杂谓之文”。最基本的相杂、交错就是阴阳刚柔的交错，而我们的身体就是刚柔交错的能量场。我们身体的能量场不能仅从刚性、阳性的力量角度来理解，这里也包含感知、感受、接受的“坤”的这一面。亚里士多德讲“潜能”（dynamis），也讲到有发动性的潜能，有受动性的潜能，二者相当于我们《周易》的乾和坤。借用明清之际大儒王船山的话来说，我们的身体本身就是“乾坤并建”的。这一点在舞蹈、书法这些活动中能够得到完整的呈现。

《系辞传》讲伏羲始作八卦“远取诸物，近取诸身”，虽然乾坤阴阳遍于天地万物，但我们对乾坤的理解首先是具身的。“乾道成男，坤道成女”，男女夫妇是理解乾坤最切近的经验。《说卦传》里也有“乾为首，坤为腹”之类的取象。乾坤备于我们的身体，俗称“小宇宙”。我们理解这一点的基本经验就是身体的“刚柔”，身心活动的弹性，如果离开了身体的弹性，那我们对乾坤的经验会变得很外在。

疫情让我们当下的交往越来越频繁地使用在线的工具，这个对我们社会生活的身体性在场形成了挑战。当然，在线交往给了我们方便、自由，这个大家都能觉知到。在线交往也有所缺失，缺少线下交往的完整性，大家也能感觉到。缺失的是什么呢？我觉得主要就是“坤”的一面，感知的、柔和的一面。今天流行一个词“互撕”，朋友圈、微信群里各种对立立场容易“互撕”，我觉得一个重要原因就是彼此看不到对方的“脸面”，不太会顾及“面子”，也不会“察言观色”。我们发现网上的各种争论中哪怕是多年的好朋友都可能一言不合而“互撕”“割席”。相比面对面的交往，线上的交往更难形成顾及“体面”

的礼仪，而礼里面是有坤有乾有曲有直的。我们的具身交往是礼仪得以运行的“游戏”载体。身体如果缺席，礼乐就可能“毛将焉附”。当然，在我们线上交往中，身体也并非全然缺席的，如视频对话和会议等。疫情时期，国家领导人之间互访少了，视频会议多了。有了电话、文字交往的工具，为什么一定要视频呢？这就是要创造出一种具身交往的现场感。

《文化就是身体》这本书我没有看，梁剑、俞喆讲到了戏剧、舞蹈，我觉得艺术确实是文化具身性最好的例证。顺便说一下，我们现在说“文化”，可能更多对应的是西文的culture，而不是古人讲的“文而化之”。“culture”这个词在字面上对应的恰好是我们“艺术”的字源义，“艺”本来就是种植、培养的意思。“文化”就是我们人类生命的自我种植、繁殖，自我培养，就是生命的“艺术”。这一种植、培养的根苗和土壤就是我们的身心，是我们的具身生活。文化的创生与传播、繁荣植根于我们身体的“乾坤”、我们身心的自发创造力与感知力。体现在艺术活动、艺术作品中，文化就是我们的第二身体，而身体则是文化的第一生产力。数字化生存的时代，我觉得我们要善加珍惜文化的“第一生产力”，创造、美化、改善我们的文化与完整的生活。

俞：关于交谊舞，我看报道上海交谊舞厅还是挺火的呀——里面都是中老年人。我们这一代人会拿当年的生活经验和如今做对比，而我倒挺怀疑如今的年轻人是不是也那么看重面对面交往之类的。铃木在书中谈到住宅的现代化影响了日本人的身体感受，而新的一代人有没有必要去体察旧生活方式的旧感受呢？

刘：《周易》讲：“刚柔交错，天文也；文明以止，人文也。观乎天文以察时变，观乎人文以化成天下。”

李旭兄从毛笔书写切入，对身体的体会带有很强的中国文化的色彩。与之类似，铃木对身体的理解显然也浸染了日本文化的色彩。《文化就是身体》有一节专门讲“足的文法”，对“足”做了非常精彩的现象学考察。这一节及全书不少地方对日本传统的能剧和身体能量的关系给予了特别关注。比如，铃木认为，“能剧弥漫着一股纯粹以人的技能和心思去创造的精神”[1]；在能剧中，“精神上的感知和抱负，和舞蹈一样，是通过身体来实现的”[2];能剧表演的最终目的乃是“创造某种在日常生活中不可能的事物——一种通过演员的身体能量让观众共同参与的虚构经验”[3]。

俞：关于能乐，我略读过一些狂言师写的书。依我理解，能乐是讲究“型（かた）”、程式化的表演，和我们的京剧、昆曲等传统戏曲挺像的。狂言师四五岁就学戏，手抬得高了父亲往下打，抬得低了父亲往上打，经年累月厌烦而无奈，形成了身体记忆。有多少人、得达成怎样的造诣，饱经训练的身体才能与精神相通？铃木强调身体，最终突出了身体的精神性。这也是值得注意的地方。

我们的确可以从传统表演文化里明显看到对身体的强调，但现当代剧场未必是不强调身体的，只是方向变了，譬如让身体的陌生化、制造雕塑感、对身体痛苦的展现……当然，表演的仪式感几乎没有了，这在本雅明的《机械复制时代的艺术作品》里说得很清楚，与膜拜相联的灵韵或光韵没有了。

---

1 ［日］铃木忠志：《文化就是身体》，李集庆译，第 78 页。

2 同上书，第 59 页。

3 同上书，第 60 页。

另外，铃木是做剧场的人，而我们是观演人，我们或许可以想想做戏人和观演人身体感受的区别。我曾就戴面具表演请教过一个做剧场的朋友，她说这种表演的一个特殊之处是戴着面具视野受限，看不着两侧的共演人。这类经验若非身体力行则不可得。另外，不知道大家有没有这样的感受，我们在剧场、音乐厅里观演的时候，自己的身体很少被调动起来（一些所谓的沉浸式演出或有些调动）。我唯一一次在观演时对自己身体极为清晰的意识是在听假声男高音独唱会的时候：我强烈地意识到自己在呼吸，而这呼吸又打扰到了我全力倾听绝美的咏叹调。我相信，大家在演唱会现场会不由自主又蹦又跳又叫，看体育比赛也类似。为什么我们观剧的时候身体不太容易被调动？一方面，照布莱希特的理论，好的戏剧让人一半在戏里一半在戏外，让我们思考；另一方面，帕斯卡尔曾说戏剧是最危险的娱乐，因为它调动人所有的感官投入其中，威胁到人的沉思。

我们今天与谈的时间也差不多了。最后，我引用 2018 年世界戏剧日（3 月 27 日）的一段献词作结："今天，信息的速度比知识更重要，标语比文字更有价值，尸体的形象比真实的人体更受人尊敬。戏剧在这里提醒我们，我们是血肉之躯，我们的身体是有重量的。它在这里唤醒我们所有的感官，告诉我们，我们不需要仅仅用我们的视线去捕捉和消费。"

刘：《论语》讲"《诗》可以兴"。这个"兴"是兴发。《诗》可以兴，对话也可以兴。为了今天这个与谈，我跟俞喆老师事先做过功课，有一定的脚本。但是，在活生生的对话过程中，对话者总是被对话本身带着走，随机冒出来的思路交错兴发，时不时偏离脚本预定的路线。身体是有重量的，这意味着身体是我们需要摆脱的沉重负担，还是意味着身体是让我们感到踏实的东西？希望在不久的将来，疫情散去，我们可以线下相聚，面对面交流这个问题。今天我们的线上读书活动就到此结束吧。谢谢大家。

俞： 我们是不是要鼓个掌？因为讲到身体。（笑）

刘： 按德国人的做法是敲桌子。拍掌、敲桌子都是召唤能量的身体行为吧。（笑）

《语言帝国：世界语言史》导读

杨延宁　华东师范大学外语学院教授

今天我要给大家介绍的这本书叫做《语言帝国：世界语言史》（以下简称《语言帝国》）（*Empires of the Word: A Language History of the World*），这本书是用英语写的，原著的体量大概是在800多页，我记得是803页，2007年出版。两年之后，这本书就被翻译成了中文版本，所以现在大家可以找到中文版本。但是说心里话，我不太建议大家去读中文版本，翻译得不算太理想。这本书虽然体量很大，但是它其实是一部可读性非常强的著作，没有用到任何的纯粹语言学理论，算是一个入门级别的，甚至在我看来算是一个科普级别的著作。它主要讲的是什么内容？

现在俄罗斯和乌克兰的战事正酣，大家注意新闻报道，就会发现其实整个乌克兰的语言大致上分成俄语占优势和乌克兰语占优势这样两个区域。我们就要问一个问题——这个形式是怎么形成的？为什么会出现这样一种格局？我要介绍的《语言帝国》这本书，回答的就是这样一个问题，只不过它涉及的语言数量非常多。这本书里详细讨论的语言超过了50种，我们经常听见的这些语言在这本书里都有涉及，当然俄语和乌克兰语都有提到。这本书就能够很好地回答刚才我提出的问题——乌克兰是怎样形成目前这样一个语言分布状态。

我们知道，整个俄罗斯统一是在 17 世纪以后，在这之前乌克兰跟波兰的关系是非常近的，白俄罗斯跟立陶宛的关系是非常密切的，俄罗斯在历史上曾经被蒙古人统治过，这三个板块的语言就有了各种区分。现在的行政区划是在苏联形成的，所以我们看到的语言错综复杂的交错状态，其实是有很深厚的历史背景。这本书要讨论的核心问题就在这。我们再放大一点视野，就会发现在全世界整个语言分布当中，有大量的不同的语系。在这些语系里，有一些语言占绝对优势，像汉语在整个东亚是占绝对优势的；以英语、法语和俄语为代表的印欧语系，不但在欧洲，甚至在北美南美都有统治性的地位。所以什么是语言帝国？书名里用的“Empire”指的是什么？其实就是语言不断扩张演进的历史。这个历史非常复杂，它涉及了众多的要素。这个书名“Empires of the World”，它真正的意思应该就是副书名“A Language History of the World”，作者是尼古拉斯·奥斯特勒（Nicholas Ostler）。他的博士学位是在麻省理工拿到的。对语言学有了解的同学大概知道，麻省理工是语言学的一个研究重镇，他的导师是有名的语言学家乔姆斯基。他写的这本书好就好在他没有动用任何语言学理论，没有把这本书设定成一个语言学专业人士的读物。他写了这么厚的一本书是给普通人看的。

我们得对自己的语言知识有一个整体的更新。现在无论是我们掌握自己的母语，还是学习外语，都是本着一个就近的心态，也就是说什么语言离我们最近，在我们身边使用最频繁，我们就去多了解它。但实际上，这个世界上的语言状态，不仅涉及我们的母语汉语，涉及相对占更大统治地位的英语，实际上还涉及很多语族、很多语系、很多语言的传播过程，在复杂的历史过程中就形成了很多我们不太了解的语言知识。在这本书里，我们能看到很多不太为人熟知，甚至是超出我们常识范围的知识。比如说我们可以考虑一些问题，汉语经过了数千年不间断的传承，基本上没有被打断过，这在世界语言史上、在世界历史上都是非常罕见的。跟汉语做对比，我们再看一下同样早期影响力非常大的梵语，就是在印度地区长期使用的一种古语言，现在它已经不见了踪迹。为什么它会消散掉？它的影响是不是在全世界各地都还存在着？与之类似，我们也知道古希腊语、拉丁语主要是罗马帝国使用的，它们都曾经在某一个历史阶段产生过巨大的影响，形成了某种统治性和支配性的地位。这些语言为什么到今天也慢慢都变成了不再使用的死语言——拉丁语只剩下书面语的形式，古希腊语跟现在的希腊语差别非常大。这本书试图把关系梳理清楚，它给的观察角度是怎么样的，我们可以看一看。

首先这本书在导言的部分就问了一些问题，这些问题很有趣，我梳理了一些，看看我们怎样理解或者回答这些问题。书中提到一个问题：罗马帝国被蛮族灭亡以后，罗马帝国使用的拉丁语并没有被废弃，而且是长期被欧洲的国家使用。在中世纪，在整个欧洲的教廷里使用的都是拉丁语。那么这种语言为什么能够长期被使用，没有被放弃，也没有被其他的语言逐步替代？这是书里提出的一个重要问题。

还有一个问题，大家对古埃及都有所了解，古埃及语使用时间非常长，也就是我们大家常常听到或者看到的圣书文。它被使用了超过2000年，实际上可能时间更长，为什么后来居上的阿拉伯语把它彻底地取代掉，在今天的埃及我们已经没有机会听到所谓的古埃及语了，埃及人也是用阿拉伯语在跟外界交流。那么，绵延使用了数千年的语言，为什么最后在公元五六世纪前后被阿拉伯语所取代，这又发生了什么样的变故？

还有这个问题也很有趣。我们知道印度尼西亚是长期作为荷兰的一个殖民地。按道理来说，在荷兰长期统治之下，荷兰语应该在当地有非常重要的影响，但是在今时今日的印度尼西亚，你几乎见不到荷兰语的痕迹。如果你去过印度尼西亚，就会发现在当地，印尼语其实相当于马来亚语的一个分支，它的使用频率是非常高的。我们知道印度尼西亚是万岛之国，它有一万多个岛屿，这些岛屿加在一起，需要一个统治性的语言，但这个语言偏偏就不是长期使用的荷兰语，这是为什么？作为对照，我们看这本书时还会想一个问题，英国也有大量的殖民地存在，但是到今天，几乎在英国所有的旧殖民地里，英语都被作为官方语言保留下来了。这也是这本书问的一个问题——为什么荷兰语和英语就有如此不同的表现？

我们在观察这些语言变化进程的时候，通过读这本书可以有非常丰富的观察角度。大家可以去查一些资料，也可以通过这本书去看看到底答案是什么。但是无论怎么样去描述它，我们一定要注意的关键地方就是，读这本书时要打开视野，一定要把自己放在整个历史、地理、文化、经济、宗教等视角中去看待语言的问题。语言从来不是简单的语言问题，而是由多种因素共同作用形成的结果。这本书要传达的最核心的理念就在这个地方。

书里有大量的比如说讲述罗马帝国历史的部分、讲述古埃及当地宗教的问题，这些都跟语言有密切相关的联系。这本书里篇幅比较大的可能是英语的部分，这是一个理所当然的选择，因为英语已经成为世界上名副其实的通用语。但是英语从一个小岛上的语言，慢慢变成全世界都通用的语言，大概也就用了300年左右的时间。这中间是什么力量在起决定性的作用？这也是这本书非常在意的一个问题。这种讨论其实有很多的答案，有的人认为是经济力量，是随着“日不落帝国”整个发展，经济力量向外辐射，再加上后来美国的接棒，导致英语长期作为经济发展的一个依托。但是我们稍微想一下，就会发现其实问题没有这么简单。我们可能要问一个问题，难道这个世界上只有讲英语的国家才能发展经济吗？显然不是。所以经济力量可能是一个因素，但不是全部的答案。

那么是文化吗？也不一定。如果对照法语和英语，就会发现法语曾经在欧洲有 200 多年的时间是占统治地位的。比如俄国沙皇整个家庭、俄国的高层贵族都是在讲法语的。法语的主要传播力量在哪里？就在于法国文化，法国文化对整个欧洲的影响非常大。很多人喜欢法语是因为他想了解法国文化，想学习法国人的生活方式，这是对 17、18 世纪的欧洲影响非常大的语言。英语的传播显然不只是因为文化的影响。

是宗教吗？也没有这么简单，在整个宗教的传播过程中，很多时候并不依赖宗教的源语言。比如，如果是一个欧洲的传教士到亚洲来传教的时候，你觉得他是会讲自己的母语，还是尽力去学习对方的语言？我们看到的结果是，大量的传教士都学习了所在国的语言，比如说荷兰的传教士就学习了印尼当地的语言，来中国的早期的传教士有很多学习了汉语，甚至做了很深入的汉语研究。这就说明语言也不能简单地跟宗教传播绑定在一起。所以大家在读这本书的时候，是要打破常识的，我们必须得深入思考这些问题。

所以我为什么推荐大家这本书，关键原因就是这本书不同于一般的常识性的，或者是我们会在各种网络平台刷到的那些非常通俗化的对语言的解释。现在我们在各种网络平台，博客也好，抖音也好，都能刷到很多对语言传播的解释和描述，在我看来很多有非常大的问题，主要是因为角度太单一。看这本书的时候，我们可以找到更丰富的角度来观察，一种语言何以成为在世界上有巨大影响力的语言，甚至成为一种世界级的统治性的语言。我们可能要问一个问题：汉语会不会成为一个世界性的语言？回答了前面这些问题以后，我们自然就可以考虑汉语的问题了，我们要想一想自己的母语在什么情况下能够成为世界性语言，是单纯靠经济力量、文化影响，还是靠其他的推动力？这是非常值得我们去思考的，这也是和我们国家的未来发展紧密绑定在一起的一个问题。

接下来，我们把书中一些有趣的内容聚焦一下，谈一谈其中的一些细节。前面我提到的罗马帝国和拉丁语的关系，其实大家读到世界史时会注意到，比如说在罗马帝国时期，罗马帝国的统治在语言上不是铁板一块。因为罗马人本身对希腊语、希腊文化有非常深的感情，所以在罗马的东部地区，也就是地中海东部文明区，拉丁语一直没有得到广泛的应用。倒是希腊语，甚至有的时候是亚美尼亚语，得到了更广泛地应用。而在罗马帝国向西扩张的过程中，罗马军团带着自己的拉丁语不断向西扩充。大家如果去看恺撒写的《高卢战记》，会发现里边有很多关于语言的有趣记载。还有在伊比利亚半岛扩张区域里，拉丁语反而成了被广泛接受的语言。罗马帝国在语言上成为一种并行的状态——东部更发达更文明的区域使用的是希腊语，西部相对落后的被征服区域使用更多的是拉丁语。研究语言演变的人都知道，在《高卢战记》里也提到过，就是罗马军团对自己的语言不太看得上，在罗马人内部，他们也觉得拉丁语其实就是那么回事。就像现在大家说的，它就是一个家乡话，如果要过更高大上的生活，他们更喜欢去讲希腊语、学希腊语，所以罗马的贵族通常都会专门到希腊去学习希腊语。

但是当历史延续的时候，你会发现又发生了一个奇妙的转折——在罗马帝国一分为二变成东罗马、西罗马时（我们知道东罗马比西罗马多延续了大约 1 000 年的时间，也就是说西罗马帝国先崩溃了），拉丁语并没有就此消失。以拉丁语为火种，在高卢地区慢慢演化成后来的法语，在伊比利亚半岛演化成后来的西班牙语，也就是说拉丁语以某种形式得到了保留、延续，甚至是永生。

东罗马地区原本是讲希腊语的，可是东罗马帝国灭亡以后，希腊语迅速就被当地人放弃了。所以这个事情说起来也蛮有趣的。为什么会出现这种现象？大家在读这本书的时候会看到很多的描述，包括东罗马帝国时期希腊语和希腊文明逐步走向衰落的一个原因，是因为它已经没办法承载当地那么多的交流需求。也就是说希腊语在一个小小的半岛发展起来，慢慢向外扩展，需要强大的经济实力和武装力量作为支撑，但是它没有这种力量。所以东罗马帝国一经灭亡，整个当地人就不再使用这种语言了。

我们再看看西班牙语的情况和汉语的情况，这也是书里讨论的问题。南美最早是由讲西班牙语的人群完成征服，甚至是一种侵略，他们进行了大量的基督教传教活动。但是西班牙语在南美被接受的过程非常缓慢，经过几百年时间慢慢地才被接受。作为对照，我们会发现英语在亚洲很快被大家接受了。这个原因又是什么呢？对于西班牙语在南美和英语在亚洲有完全不同的待遇，我们会发现跟语言背后宗主国的实力，包括它对这个地区的投入有关系。英国在经营亚洲的过程中设立了很关键的几个大节点，比如说在印度、新加坡，它通过这些节点的经营，通过大量人才的培养，派遣了大量的殖民地官员。但是西班牙的做法不同，西班牙持一种掠夺的态度，它只知道在南美地区找到金银财宝并将此大量运回西班牙。在这个过程中，西班牙语甚至被当地的居民所抵触。所以有的时候，语言政策也是一个语言在某个地区被迅速接受或被渐渐放弃的一个重要原因。

我们也说一下汉语。但是我要先说明一点，这本书里对汉语的描述大家看看就好，因为我发现西方人写的关于语言的书，凡是谈到汉语部分就会比较吃力，他们谈很多问题实际上说不透。大家对汉语的了解还是应该基于我们中国学者的一些研究，比如王力写的《汉语史稿》，或者吕叔湘写的很多关于汉语语法演变的书。汉语有一个非常重要的现象，就是在全世界语言里，只有它延续超过了 3 000 年。虽然中间有无数的外族入侵，但是汉语一直是中华大地的主体语言，而且汉语对周边语言的影响是碾压式的。不知道大家有没有去过越南河内的有 1 000 年历史的文庙，里面好多玻璃柜里放的是用汉语写成的越南科举考试的状元的试卷，就是纯粹的汉语。你可以想象当时汉语是一个什么样的地位。汉语对韩国和日本的影响就不再多讲。也就是说，汉语能够成为地区性的具有碾压性优势的语言，其关键因素是跟文化有密切的关系，但在文化背后支撑的是中国这个庞大帝国的巨大经济实力。所以我们在讨论语言传播的时候，不可以单独说它是因为文化还是因为经济还是因为什么，甚至这里可能还有一些军事征服的要素。我们要多角度去理解这个过程。

我们再转换一个话题。还有一个角度非常重要，就是我们要判断一下语言的走向。现在整个世界有六七千种语言，很多是处在一种岌岌可危的状态，很多语言的使用人数低于几千人，甚至低于一百人，也就是说它的灭绝大概就是近几年内或者近几十年内的事情。反而另外一些主导性的语言，使用人口的数量不断膨胀。大家可以想一想，到底是什么样的因素，决定了有些语言迅速发展，有些语言却逐步萎缩，这个是我们在考虑未来语言走向时必须要回答的一个问题。特别是在今时今日大的社会环境下，语言的传播和演变已经加速了。在手机普及之前，我们传播信息，就算当时有互联网，传播的速度也赶不上现在自媒体时代。现在语言的特点是什么？比如说有一个新词出现，网络上到处都是“yyds”（“永远的神”拼音首字母缩写），这个说法可以在短短的几个月之内就铺天盖地。但它也可以在很短的时间内迅速消亡，也就是说语言传播和演变的速度是呈现一个加速状态，疯狂加速，最后会加速成什么样子，我们也没办法做一个清晰的判断。但是有一点是肯定的，在我们有生之年，语言的改变是会非常迅速的。特别是这本书最后专门有大概两章的内容在讨论语言可能的走向。我想强调的是，语言改变的巨大方向可能在我们国家会体现得更为猛烈和集中，因为我们首先是世界上最大的相对独立的语言使用群体，而且我们现在的生活极度依赖互联网和自媒体，我们交流的过程速度频率都是非常快的。所以我们可能会观察到在历史上从未有过的快速和明显的语言改变。这一点也请大家特别关注。

如果我们以今天的眼光看古代的语言，就会发现以前的语言演变进程常常是用几百年甚至上千年作为单位的。我讲一点本书之外的内容。比如说我们大家都知道，最早的人类文明留下痕迹的是苏美尔人的楔形文字，经过了前后将近一千年的积淀再慢慢被阿卡德人采用。阿卡德人的口语其实跟苏美尔语是有区别的，它采用了苏美尔的书面语楔形文字和阿卡德语逐渐综合，互相杂糅，慢慢发展。之后，腓尼基语文字又直接催生了希腊文字。希腊文字对整个西方的影响，包括对拉丁字母的影响都是决定性的。这个过程中的每一个阶段，都经历了至少几百年，甚至上千年的缓慢推进。其间，语言的使用人群经历了很多的变故，有一些过程会被打断，有一些过程会得以延续。

比如刚才提到的一个问题，为什么在今时今日的希腊和埃及已经听不到古埃及语？实际上古埃及语还是有的，大家去埃及旅游的时候，可以到埃及当地的基督教教堂里去听当地人做礼拜使用的语言。他们使用的一种语言叫科普特语，科普特语就是古埃及语的直接残留。罗马帝国征服埃及以后是用希腊字母来书写当时的古埃及的口语，由此演化成了一种柔和式的语言，即科普特语。大家在读这本书的时候，会发现很多在知识范围外的有趣的史实，或者是一些语言演变的整体的特点。希望大家能够喜欢这本书。如果你觉得读英文版太累，去找一本 2009 年出版的翻译版本也可以，但大家一定要注意翻译版本里有很多专业术语的翻译都有问题，读的时候要注意不要被一些错误所影响。但是观点和史实的描述是没有问题的，只是从语言学角度看，有些专业术语的翻译问题。这就是我对这本书的介绍。

穿越世纪的红星

——埃德加·斯诺《红星照耀中国》导读

吕新雨　华东师范大学传播学院教授
吴　钧　华东师范大学传播学院副研究员
李海波　华东师范大学传播学院副教授

吕新雨：各位同学，大家中午好！今天有点特别，好像从昨天午夜12点起开始，整个上海进入了抗击疫情的新阶段。在这样的特别氛围里，欢迎大家来到“穿越世纪的红星——埃德加·斯诺《红星照耀中国》导读”现场。我和吴钧、海波三位都是传播学院马克思主义新闻观（简称“马新观”）教学团队的成员，此次导读会也算是我们马新观课程的一次特别活动，因为这本书正是我们这门课程的必读书。

2020年，也就是疫情暴发的第一年，我还担任着传播学院的院长一职。在新学期的开学典礼上，我讲了两个年轻人的故事，一个是1936年刚刚30岁出头的美国记者埃德加·斯诺的“西行漫记”，另一个是我们传播学院2017届毕业生李微楠同学在云南乡村做特岗教师的故事。所以，上周传播学院现任院长王峰教授邀请我来参加“读书散疫，爱在华东师大”读书活动，我觉得很好，想到的第一本书就是《红星照耀中国》。

疫情已经进入第三个年头，新冷战、新核战的阴影密布，俄乌之战标识着世界格局的大转折。在这样的世界历史百年未有之大变局下，为何且如何重读《红星照耀中国》？也是在今天，我们重新意识到世界传播格局其实极其复杂严峻，中国究竟是否能够或者如何为世界和平与发展起到压舱石的作用？在大变局的时代传播何为？传播学子如何安身立命？这些已经是无法回避的危机与挑战。因此，我们需要从《红星照耀中国》这颗穿越世纪的“红星”开始探究：中国从哪里来，到哪里去？我们固然可以，也需要从几千年的文明和考古中阐述“何以中国”，但是现代中国的时空坐标是由 20 世纪的中国革命所确立的。没有中国革命，就没有新中国。这是一个基本事实。

在这个意义上，作为西方记者的斯诺与红色中国的相遇，本身就是世界历史的重要时刻和重要事件。当代法国很关注事件哲学，但是他们的理论视野基本排除了 20 世纪中国革命。但是我们依然可以挪用作为“事件”的世界历史时刻，“并非任何在这个世界发生的事都能算是事件，相反，事件涉及的是我们藉以看待并介入世界的架构的变化”[1]，而它也往往意味着视角的转换，意味着现实世界正在发生的事件突破了既有的叙述框架的压制，获得了新的被叙述、被传播的动能和形式——这里，我挪用的是齐泽克的一句话。而这正是《红星照耀中国》所做到的事情。

这就是为什么《红星照耀中国》激励和鼓舞了全世界无数进步的人，从全球北方到全球南方，把目光投向中国正在进行的人类历史上

1 ［斯洛文尼亚］斯拉沃热·齐泽克：《事件》，王师译，上海：上海文艺出版社，2016 年，第 11—12 页。

前所未有的革命。它首先是一个第三世界半殖民地、半封建国家的民族民主解放运动，这一点斯诺从开始踏上西行之路的那一刻起就意识到了。所以他在手臂和大腿上注射了天花、伤寒、霍乱、斑疹伤寒、鼠疫五种疫苗，提醒我们大半个世纪之前中国的现实状况。

从毕业于圣约翰大学的王牧师、身处敌营被悬赏五万大洋买头的中国共产党领导人邓发，到一位跑得精疲力竭的农民的儿子、少年先锋队队员对赤卫队报告说“白匪来犯了”，因为有一个白匪的首领（就是斯诺）“来犯”——其实这些白匪是尾随着斯诺来的，而斯诺是突破了封锁线来到红色革命根据地。李克农告诉他：“你可以叫他小鬼、同志，但不能叫他喂，他们都是革命者、未来的红军战士。”这些人作为中国革命的主体性究竟是如何锻造的呢？这正是《红星照耀中国》讲述的故事重点。通过一系列浮雕式的群像塑造，我们真切地看到了不平凡的中国革命主体确立的历史过程，我们今天回望这些生动的故事依然动容。所以斯诺说他的书不只是属于他自己，而是属于他们，这些中国的革命者。一个进步的西方记者和中国革命的相遇，他们主体间的交汇让人不禁想起毛泽东在延安时期一句著名的话，就是：“我们都是来自五湖四海，为了一个共同的革命目标，走到一起来了。”没有这样的一个前提，也不可能有斯诺跨越万水千山，千辛万苦来到中国最西北、最偏僻的乡村来报道中国革命，这也是中国革命具有普遍性的证明。

斯诺在红军大学，也就是后来赫赫有名的中国人民抗日军事政治大学，应邀演讲“英美对华政策”时，学员们的年龄在16到28岁之间，和今天我们的同学基本同龄。他被学员们追问的问题有：罗斯福新政在美国取得了怎样的结果？对工人阶级有什么益处？是什么原因导致国际联盟失败？在英国和美国，共产党都合法存在，但为什么两国都没有建立工人政府？以巴黎为中心的国际学生运动会有怎样的前景？中国开战后，美国和英国将会帮助中国还是日本？既然美国和英国是中国人民的朋友，为什么它们的军舰和军队一直驻扎在中国？……这就是八十年前于黄河之滨汇集的“中华民族优秀的子孙”在陕北的穷乡僻壤对世界的思考，这些身在陕北胸怀世界的年轻人，自觉地把“劳动者的先锋”“人类解放、救国的责任，全靠我们自己来担承”当做他们的信念。这位后来成为中国人民老朋友的美国记者埃德加·斯诺描述道：

> 人们可以将中国共产主义运动的整部历史视为一场盛大的宣传演出，它更多的是为了保护这种思想存在的权利，而不是为了捍卫其绝对正确性。我不敢断言，这是否可能是红军最永恒的贡献，虽然他们可能会以失败告终。已经有千百万青年农民听到了这些乳臭未干的青年传播的马克思主义，而这些青年中有成千上万人如今已经牺牲。……
>
> 他们真诚而且迫切的宣传目标，就是要震撼并唤醒中国农村的亿万农民，唤起他们的社会责任感，唤起他们的人权意识……促使他们起来为“人民当家作主”——中国农村的新风貌——而斗争。……
>
> 这种“共产主义”在某种意义上意味着，有史以来第一次，成千上万的知识青年突然掌握了大量科学知识，激起了伟大的梦想。这些青年“重新回到人民中间”，到他们乡村的底层，用新掌握的知识来“启发”知识贫乏的农村，“启发”生活在黑暗中的农民，争取与他们联合起来，共同建设“更加富裕的生活”。他们抱有这样的信念，更美好的世界可以创造，而且只有他们才能创

造。……他们赢得了意想不到的广泛支持。他们通过开展宣传和实际行动，将关于国家、社会和个人的新观念带给亿万民众。[1]

正是抱着这样的“共产主义”信念，青年知识分子走与农民相结合的道路，前赴后继地牺牲，缔造了新中国。而今天的我们，需要重新理解和思考的正是这样的“宣传观”，及其与新时代传播的关系。这是中国作为曾经的半殖民地的第三世界和平崛起的“秘密”，一个需要被重新打开的秘密。乡村振兴，精准扶贫，历史的使命是通过一代代的传承与传播来实现的。这就是第三世界的经度和纬度：中国革命的来龙去脉。这就是中国的现代性，脱离这样的历史脉络，就没有可能解释当代中国。

从今天的视角回望《红星照耀中国》，首先它不仅标识了中国革命的深度、历史的深度，即乡村革命、农民革命究竟是如何发生的，更重要的是打破了第三世界人民普遍的依附地位，而这样的依附地位在今天依然存在。我们看到，从阿富汗到乌克兰，新殖民主义以代理人形式进行的第三世界的低烈度战争正在往高烈度演变。后冷战时代的和平演变、代理人战争和直接的军事侵略，以及冷战的意识形态遗产、对共产主义和社会主义的邪恶化和妖魔化的话语霸权，是我们今天必须面对的严峻现实。因此重温《红星照耀中国》，打破西方霸权一个世纪以来对社会主义和共产主义的邪恶化霸权话语的主宰，撕开新冷战的帷幕，是今天必须重新确立的起点。这正是我们要重读此书的理由。

这是我的讲述部分，接下来的时间给到海波老师。

1 ［美］埃德加·斯诺：《红星照耀中国（新译本）》，王涛译，武汉：长江文艺出版社，2018 年，第 98—99 页。

李海波：谢谢吕老师，大家中午好。没想到这么快就轮到我了，我还沉浸在吕老师的宏大叙事当中。每次听吕老师分析问题，就像坐了直升机一样，一下子就思接千载、视通万里，望尽天涯路，有那种格局马上打开了的感觉。到了我这里，可能要从云端再落到地上，我想跟大家分享一些很具体的、很技术化的读后感，主要是关于讲故事的技巧。

第一，我补充一点这本书的影响力和传播力。美国历史学家拉铁摩尔曾经写过这样一段话："在人们政治上陷入思想苦闷的时候，斯诺的《红星照耀中国》像火焰一样腾空而起，划破了苍茫的暮色。"我觉得拉铁摩尔的表述非常精彩，这种"思想苦闷"在当时是一种全球性的现象——资本主义世界发生了一战，然后遭遇了极端的经济大萧条，法西斯主义应运而生，西方文明已经引起了很多的质疑，苏联的斯大林主义也让一些进步人士失望。就在这样的历史时刻，斯诺报道了中国共产党人的探索和努力，确实就像在历史的暗夜中突然窜出一团火焰，震撼了世界，使全世界无数的男男女女热血沸腾。很多大家熟悉的外国名人都受到了这本书的影响。比如韩丁、柯鲁克夫妇、索尔兹伯里，这些记者和作家都写过中国革命的著名著作；再比如柯棣华、马海德，特别是白求恩等医生，支援中国的抗战；还有罗斯福、尼克松，这些美国总统也都通过这本书来理解中国和共产党。对国内来说，斯诺这本书在1938年翻译成中文（当时译作《西行漫记》），很多国统区的青年是读了《西行漫记》之后才奔赴延安，投身到抗战救国的事业之中。"抗大"校歌有一句特别有名的词，"黄河之滨，集合着一群中华民族优秀的子孙"，形成这样的有利局面，斯诺这本书功不可没。

第二，我想扼要分析一下斯诺这本书为什么会有如此大的影响力。前面吕老师做了很宏大的历史分析，如果从技术的角度来看，可以说斯诺很会讲故事，这可能也是大家读完之后最直观的感觉——写得太好看了，摇曳生姿，引人入胜。在这本书的开头，斯诺就在设置悬念去吸引读者，写他自己为了报道所谓的“共匪”，为了搞一个大新闻，冒着生命危险深入龙潭虎穴，一路上遭遇了各种心惊肉跳，终于安全抵达苏区。这是一个非常典型的故事结构（主人公——困境——解决困境，故事是关于人和困境的哲学）。到了苏区以后，共产党领袖、红军战士、红小鬼这些人物接替了斯诺，成了故事的主角。我们看到了一个个生动的故事，毛泽东的故事、彭德怀的故事、徐海东的故事、红小鬼的故事。这些人物故事结合起来，又是一个政党的故事：一群有理想的年轻人，因为救亡图存的共同追求，接受了马克思主义的启示，在共产主义的召唤下聚合在一起，克服种种困难（当时仍然在克服困难当中），努力去探索一个新世界。这同样是一个非常典型的故事结构。

我刚才使用了“启示”“召唤”这样一些宗教术语，其实无论是希伯来的救赎宗教，还是印度的解脱宗教，说到底都在讲故事，由此可见故事对人的重要性。关于故事的意义，最近几年有一些挺好的阐发，比如以色列历史学家赫拉利的畅销书《人类简史》，认为故事对于我们这个物种（Sapiens，晚期智人）来说，具有进化论的决定性意义——人类在演化的过程中偶然获得了讲故事的能力，所以能够形成社会性的协作，从而打败更强大的野兽，成为地球的主人，因此书的副标题叫做《从动物到上帝》。这是一个非常宏观的论述。对个体来说，讲故事、热爱故事或许是我们的本能。英国学者芭芭拉·哈代讲过这样一段话：“我们以故事的方式做梦、回忆、期待、希望、绝望、相信、怀疑、计划、修改、批评、建构、闲聊、学习、憎恨和热爱。”[1]故事可能是人类的一种根本性的存在方式，我们新闻行业也一直重视讲故事，业界朋友喜欢说这样的话，“不要给我数据，不要给我观点，给我故事”，“什么剖析，什么条理，都少来，就是紧紧抓住故事，一刻都不松手”。这都是在强调故事的极端重要性。新闻记者通常被认为是一群会讲故事的人，实际上能像斯诺这样讲故事的记者并不多见，所以这本书值得我们认真地去阅读和分析。

第三，如何讲好故事？有哪些技巧？我借助段连城先生的名作《对外传播学初探》，稍微做一点技术分析。段连城和斯诺是校友，都是密苏里大学新闻学院的毕业生。新中国成立之后，段老师一直从事国际新闻报道和外宣工作，担任过外文局的局长。段老师强调对外传播的技巧，例如要有人情味、幽默感，要讲究修辞技巧。我觉得斯诺对这些技巧运用得非常娴熟。比如人情味，可以说是《红星照耀中国》非常突出的一个特点，几乎每个人物都是鲜活生动、栩栩如生的——徐海东有一次骑马栽到树上，磕掉两个门牙，开始他一直无所谓，后来谈恋爱了，坠入爱情，才把门牙补上；毛泽东在 20 岁的时候非常迷茫，想去当警察，当律师，想学经商，还想当教书匠，甚至想过制造肥皂，比我们现在的本科生要迷茫多了……这都是很有人情味的叙事。再比如幽默感，大家的印象应该也很深，斯诺不断自嘲，说自己是个“洋鬼子”，几乎每隔几页都会调侃一下自己，同时也调侃别人——书中写了十来岁的向季邦，这个红小鬼很爱美，整了一身很干净的红军行头，斯诺说他无疑是全城最漂亮的士兵，毛泽东在他身边显得像一个江湖流浪汉……这是非常幽默有趣的写法。

---

1 ［美］杰克·哈特：《故事技巧：叙事性非虚构文学写作指南》，叶青、曾轶峰译，北京：中国人民大学出版社，2012 年，第 4 页。

更重要的是，在“技巧”之外，段连城老师特别强调“政治”。他说塑造国家形象，也是我们现在说的“讲好中国故事”，有两个更关键的点：首先，树立的形象必须真实，不能夸张和创作。在这方面，斯诺这本书堪称一个典范。作为密苏里大学新闻学院毕业的记者，斯诺深入苏区实地采访和考察，获得大量一手材料，书中内容大部分在英美报刊上发表过，在事实层面是真实的。更重要的“真实”是描绘出了苏区的精气神。比如每个出场的人，都不是没有缺点的、无尘的神一样：毛泽东在讲话时会做出一些不太文雅的动作；平民协会领导人对苏区的不满是没有鸦片卖；对红军剧社的演出，斯诺也是直言不讳地说，很多地方是比较生硬的宣传……这些都是比较真实地呈现苏区的形象。段老师讲的第二点尤为关键，他说树立的形象必须“独特”。段老师这本书写于 1988 年，他认为中国形象的独特之处在于：一，中国是社会主义；二，中国是具有中国特色的社会主义，我们正在建设一个新世界，培育一代新人。按照段老师的观点，我认为《红星照耀中国》最成功的地方，就是把这种独特性、这种非常特殊的精气神、这种新世界的面貌，呈现得跃然纸上，也就是一群年轻人受到共产主义召唤，在一片荒芜之地探索地球上从来没有出现过的新社会，一个平等的自由的新世界。这个故事打动了很多人，这也是我们建设社会主义、共产主义的初心。

第四，我想谈谈记者斯诺。写出这么好的报道，获得这么大的影响，为什么这个人是斯诺？作为一名记者，斯诺对当代新闻工作者有什么启发？我想借助书中的两段话来简单分析一下。第一段话出自开头，他描述了一系列要解答的问题，概括起来就是共产党到底是什么样的人，共产党究竟是怎么回事？斯诺接着写道，“这是中国的唯一值得采访的消息”，“为了要探明事情的真相，难道不值得拿一个外国人的脑袋去冒险一下吗？”我们把“唯一值得采访的消息”换成新闻行业的术语，叫做“搞一个大新闻”，也就是说，记者要有雄心抱负去做最大的新闻、去处理最重要的问题，这种自我期许是很有启发的。不论是当代记者还是作家，有一个普遍的问题，就是大家似乎都缺少“野心”。

另外一段话是斯诺描述毛泽东的：“切莫以为毛泽东可以做中国的‘救星’，这完全是胡说八道，绝不会有一个人可以做中国的‘救星’。但是不可否认，你觉得他身上有一种天命的力量，这并不是什么昙花一现的东西，而是一种实实在在的根本活力。你觉得这个人身上不论有什么异乎寻常的地方，都是产生于他对中国人民大众，特别是农民，这些占中国人口绝大多数的，贫困、饥饿、受剥削、不识字，但又宽厚大度、勇敢无畏，如今还敢于造反的人们的迫切要求，做了综合和表达，达到了不可思议的程度。假使他们的这些要求，以及推动他们前进的运动可以复兴中国的动力。那么在这个极其具有历史性的意义上，毛泽东也许可能成为一个非常伟大的人物。”[1] 这是对中国共产党、对毛泽东做出的十分犀利、深刻的观察和评述。中国共产党最成功的地方是回应社会需求，并对社会需求做了综合表达，达到了很高的程度。从这段话可以看出斯诺具有比较强的知识视野和分析能力，同时还有比较进步的立场，对中国社会、中国农民的悲苦处境有所了解和把握。

最后，我稍微再延伸一点，对于我们今天的新闻行业，斯诺仍然是一个重要的人物。最近几年非虚构写作非常火爆，我们在谈论非虚构时，通常会追溯到 20 世纪 60 年代卡波特的《冷血》，或者推崇另一

1 ［美］埃德加·斯诺：《红星照耀中国》，董乐山译，北京：人民文学出版社，2016 年，第 70 页。

个美国记者何伟的《江城》《寻路中国》。如果我们心平气和地看，斯诺的《红星照耀中国》可能是一个更高峰的典范，也是一个更往前的源头。另外，斯诺在当时突破国民党的新闻封锁，一个外国记者做了这样的突破。从我们今天的国际传播态势来看，中国在西方、在英语世界中同样也面临一定程度的新闻封锁，斯诺这样的外国记者或者民间力量，对于讲好中国故事也有启发，即在党媒、主流媒体之外，借助外国记者的力量、民间社会的力量，打造立体的“大外宣”格局也是非常重要的。

我的分享就到这里，下面有请我的同事吴钧老师。

吴钧：同学们下午好。刚才海波老师说，会不会讲故事是人和非人的重要区别，那我就争取在几分钟的时间里，来讲述我的 12 个《西行漫记》(《红星照耀中国》) 版本的故事，毛泽东 5 顶帽子的故事，和斯诺的 2 个照相机、24 个胶卷的故事。

大家看，本次讲座课件最显著的特点是，每张图、每本书都将内容、出处、拍摄者、成图时间等标得清清楚楚，流传有序，有时间有地点，这大概是本人作为前职业记者非常好的一个优点。

1938 年的 3 月，在中国大地，在上海，出版了第一版《西行漫记》。2022 年正值中国共产党第二次全国代表大会召开 100 周年。2022 年的 3 月 20 号，我就在中共二大会址纪念馆戴上了白手套，非常小心、珍惜地展开了这本 1938 年版的《西行漫记》。当时我在找什么呢?

参加中共二大的据说有 12 位代表，但是有名有姓的只有 11 个人，其中，我们可以看到一个“无名氏”。这个人到底是谁? 有人说是毛泽东。

我展开这本《西行漫记》，是为了寻找中共党史的重要线索。在本

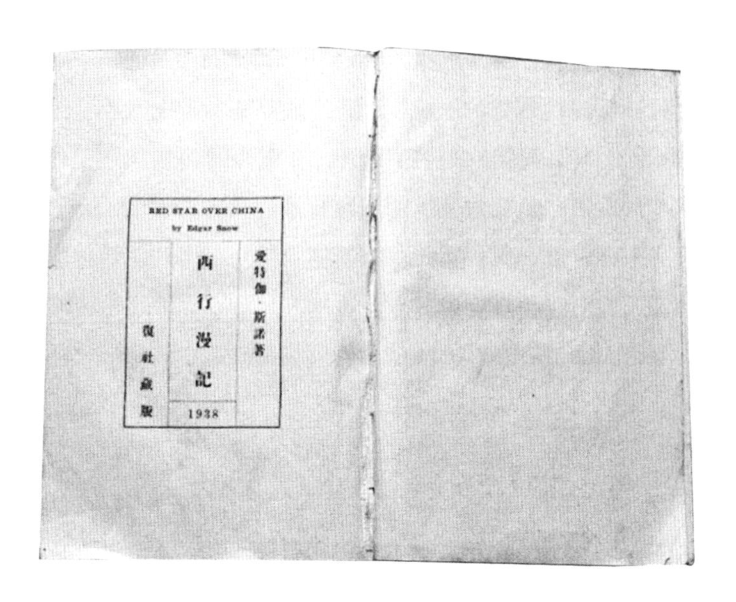

书影：《西行漫记》，爱特伽·斯诺著，上海复社，1938 年 3 月第一版
图片摄影：吴钧，上海，2022 年 3 月

书中，毛泽东跟斯诺回忆说——请大家注意这是在 1936 年回忆 1922 年的事情——“就在 14 年之前，那年冬天（注：应该是夏天），第二次党代表大会在上海召开，我本想参加可是忘记了开会的地点又找不到任何同志，结果没有出席。”所以到目前为止，中共二大第 12 位代表有没有？是谁？《西行漫记》(《红星照耀中国》) 给了我们重要的党史线索。

在《西行漫记》(《红星照耀中国》) 里，我们能看到中国共产党最初的酝酿、发展、诞生、正式成立。斯诺也听毛泽东回忆，他在 1920 年几次到达上海，书中有一段毛泽东的自述，说他一直去拜访陈独秀，和陈独秀讨论读过的马克思主义的书籍，“陈独秀谈他自己的信仰的那

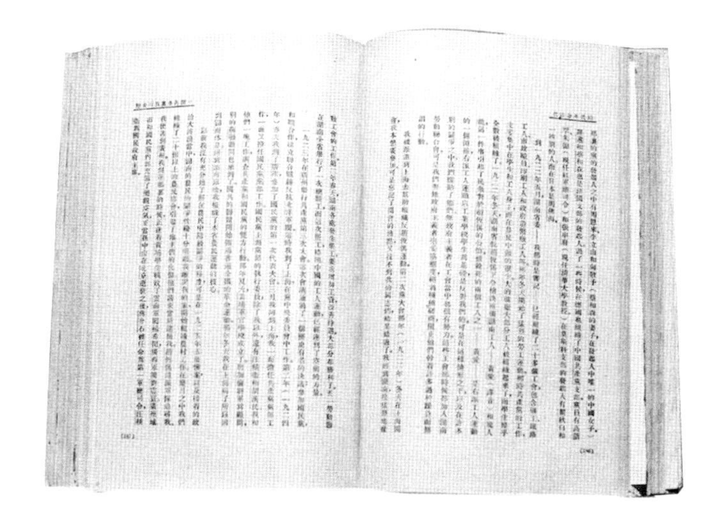

书影：《西行漫记》，爱特伽·斯诺著，上海复社，1938 年 3 月第一版
图片摄影：吴钧，上海，2022 年 3 月

些话，在我一生中可能是关键性的这个时期，对我产生了深刻的印象”。

我的前同事、上海广播电视台主持人就在老渔阳里二号诵读了《红星照耀中国》片段。这不仅是党史，还是活的教育、活的历史材料。同时，斯诺也听毛泽东回忆了 1921 年 7 月 23 号他和另外十几位代表参加中国共产党第一次全国代表大会的详细情况，加上斯诺亲身冒险进入陕北根据地，了解到当时工农红军长征到陕甘宁边区，中国共产党一路是如何走来，什么是中国共产党人的道路与方向。

这个时候中国共产党还受到不仅在军事、政治上还有在新闻信息上的严密封锁，人们对其缺乏了解，外界很难得知，非常地神秘。这些材料汇聚在《西行漫记》(《红星照耀中国》) 里，不管是 20 世纪 30 年代这本书给中国和世界的强烈冲击，还是时光一去 80 多年到今天，这些都是珍贵的党史资料，也是我们了解中国共产党如何奋斗壮大、中国共产党为什么能等非常重要的素材。

我给各位展示几张照片。第一张是斯诺在 1936 年拍摄于陕北的著名的八角帽红星头像。第二张刊载于 1937 年 8 月 18 号日本政府公报的副刊《周报》，图片说明刊登的是中华苏维埃人民共和国中央政府主席毛泽东。各位同学和老师应该比较迷惑，这是谁？这几张照片，是从 1936 年到 1948 年毛泽东同志或被认为是毛泽东的戴帽子的照片。到底谁是毛泽东？毛泽东是如何被世界知道的？

日本学者石川祯浩在《“红星”——世界是如何知道毛泽东的？》一书中，详细考据了斯诺拍摄的毛泽东、日本政府公报刊登的这个“毛泽东”等照片的真伪时序。他借此说明，中国共产党人的形象和精神得以传播，是斯诺的功劳，也是中国共产党最初的外宣成就。

在斯诺和毛泽东的合影里，大家看到斯诺没带帽子，毛泽东戴了一个软顶的布帽；在 1938 年的版本里，毛泽东戴着红星八角帽，多精神的一张照片！这顶帽子是斯诺的。斯诺刚刚到达苏区，人们就送给他一顶帽子。他是燕京大学教新闻特写的兼职教授，进入苏区以后不仅入乡随俗，还迅速地被红军、被根据地的热情、开朗、民主的氛围所感染。所以这顶帽子是斯诺的帽子。

而 1946 年美国再版的《红星照耀中国》中，毛泽东头发乱蓬蓬的。作为一个记者，我也不知道这样做对不对，拍纪录片好像不能这样，而斯诺就把自己头上的帽子让毛泽东戴上，拍下这幅后来十分著名的照片。

这张红星八角帽照片经历了很长的岁月和时光，从新中国成立之初到共和国各个时代，中国、外国一直在用这张图片。很多人说毛泽东的形象从这幅照片开始塑造。这顶帽子后来被斯诺带回了家中，他的子孙还一直戴这顶帽子。斯诺逝世以后，这顶帽子又回到了中国，目前在中国革命历史博物馆。

这顶帽子是一个象征——一个外国记者如何不远万里到达陕甘宁边区，到达保安处，不仅访问毛泽东，还把毛泽东的形象进行了一番塑造。我们再去审视这张照片，看帽子上的红星在黑白胶卷上是深色的，可它就是照耀中国的红星，它就有一直能够延续到今天的赤色光芒。

讲座至此，我做个广告。华东师范大学图书馆有1938年兰登书屋纽约版的《红星照耀中国》，有两本。我特别期待春暖花开，疫情消散，去借阅。在中共二大会址纪念馆和在自己的学校看的感觉不一样。

这幅幻灯片，是本人搜集整理的《西行漫记》《红星照耀中国》10个中英文版本的封面图。这些版本不仅讲述了毛泽东的5顶帽子的故事，还告诉我们：中国共产党创造和实现了怎么样的历史进程，伟大历史进程的起点是什么样的，以及2022年的今天，我们去重读《红星照耀中国》有着怎样的价值和意义。

讲座幻灯片截图:《西行漫记》《红星照耀中国》中英版本封面

今天是 3 月 23 日——1948 年的今天，胡宗南大军来袭，中共中央放弃延安，东渡黄河。毛泽东在陕北，那里沟壑纵横，小部队轻车简从，不是在逃，是战略转移，“逃”的日子一去不复返了，中国共产党即将迎来战略胜利的转折，毛泽东还是戴着这顶帽子，而中国革命即将迎来巨大的胜利。

再看 1949 年的 3 月 23 日这一天的资料报影。大家看到关于中国共产党七届二中全会的新闻公报，由新华社授权向全国发表。1949 年的 3 月 23 日，毛泽东率领中共中央离开西柏坡，踏上了去北平的“赶考”之路。

还有一张油画，展现的是毛泽东在西柏坡跟磨盘边的老农说：“走咯，进京‘赶考’去咯，我们可不能学李自成。”

所以，红色中国、中国共产党、新中国、中国人民一直在遭遇挑战，用什么去面对？用什么去迎接这些挑战？人民，把人民放在心中。

书影：《红色中国的挑战》，冈瑟 · 斯坦著，希望书店，1945 年 1 月第一版
图片摄影：吴钧，《红星照耀中国》展览，上海档案馆，2014 年 6 月 10 日

斯诺说红军也很喜欢他这个外国记者，总是采野林子里的杏子给他吃，但一旦这片地是有主的，是农民的，那是绝对不碰的。因此当地的农民十分友善，非常向着红军，这是历经百年时光的一个胜利密码。在书里，斯诺非常精彩、完美地把这一“密码”展现了出来。

今天我们重读穿越世纪的红星，我们的精神也应该会被它点燃和照亮。故事最后交代，斯诺的 2 个相机和 24 个胶卷差点丢在离开陕北进入西安的途中。作为一个职业记者，他当机立断，迅速要求东北军的卡车返回丢失行李的地方，连夜找回了失物，这才有了今天我们看到的毛泽东的著名照片。80 多年后，我自己只想说一句，谢谢斯诺。

吕新雨：感谢两位老师的精彩分享。今天的导读只是我们对斯诺、对穿越世纪的红星理解的一个中间站，对于我们很多人来说，它是一个起点，而不是终点。期待以后会有更多相见和讨论的机缘。

过好普通的一生

毛　尖　华东师范大学国际汉语文化学院教授

感谢王峰老师的邀请。疫情期间讲点温暖的。过去一年，我看过最温暖的剧集就是《万物生灵》（*All Creatures Great and Small*, 2020—2022），也是这部剧集，让我时时刻刻觉得，我们的教育出了大问题。我们现在从娃娃的精英梦抓起，用“狼奶”把每个家庭灌得鸡飞狗跳。线上的很多同学应该感同身受吧，从小到大，被多少哈佛女孩、剑桥男孩逼疯。这个时候，看看《万物生灵》就特别有方法论意义。当然，我今天不是谈教育，还是回到影视剧本身来聊。耽误大家半小时。

先聊两句《德雷尔一家》，这两部剧有情感上的连贯性。《德雷尔一家》是英国独立电视台（简称 ITV）接棒《唐顿庄园》推出的剧集，从 2016 年开始，跑马圈地，拯救过无数对生活长吁短叹的观众，一直以头号治愈剧集享誉全球。但治愈不是我要讲《德雷尔一家》和《万物生灵》的原因，虽然有天天《德雷尔一家》、夜夜不虚此生的感受。

《德雷尔一家》和《万物生灵》一样，都改编自自传文本。《德雷尔一家》改编自著名动物学家德雷尔的自传《希腊三部曲》，被多次翻拍，讲述贫穷寡居的德雷尔太太，带着四个真正的“熊孩子”，从英国到希腊科孚岛谋生。电视剧就是展现他们如何在异邦生存下来的故事。

这样的一部谋生剧，用套路，一半励志一半催泪就可以进入排行榜，但是，ITV 摧毁了所有的套路。食物中毒事件，不是情敌下毒，只是食物的日常变质；小孩的告密也没有引发任何后果，《德雷尔一家》完全用散文般的日常展开，地中海太阳照耀富人，也照耀穷人，一穷二白的人生也有欢声笑语。大儿子看老妈火气大，领了一个狼藉猥琐的老船员回家，试图平息老妈的荷尔蒙；枪械爱好者二儿子，同时有了三个女朋友，因为他要补偿自己多年的“空窗”；小儿子，也就是原著作者，离开阴郁的英国来到动物天堂，终于可以不用上学只跟动物说话且致力于水獭交配。

一集约一节课时间，结构散淡。故事里四个孩子，都在脑洞大开的青春期，有的担心过睾丸，有的蹲过监狱，有的想当修女，有的和壁虎睡觉。而此剧的方法论是，所有人事平分剧集岁月。妈妈在婚礼前夕发现新郎是同性恋；不是真正喜欢的姑娘的父亲拿着枪来逼婚，因为她怀孕了：这些都是科孚岛的平常。每次，看 ITV 用三五分钟时间解决我们用三十集五十集才能搞定的人生大事，我就在想，什么时候，对于我们这种国产剧的强迫性观众，我们的电视剧也能够风淡云轻地面对这些屏幕大事。所以，我把此剧视为一个创作标杆，意思是，等到我们也有自己的《德雷尔一家》，中国电视剧可以被视为进入成熟期。

剧里真的太美好了，地中海的风吹过每个人、每只鸟、每只海龟，在这个世界上，天不荒地不老，就没有什么事情可以大过粮食和酒。

人生的真理，其实也是电视剧的真理，真心希望有一天我们国产家庭剧里不要弄那么多事故。看《万物生灵》最好的一点是，看着詹姆斯开着刹车失灵的车在崎岖的山路上飞驰，你一点都不用担心他会出车祸，这是英剧强悍的文化史向观众做出的保证。也是用这个方式，每一块普通的田园都能守护你的安全。

就银幕地理的安全感，我们的剧集一直做得不好。即便在青春剧里，一旦黑灯瞎火，观众就本能地向危险敞开了心智。真正有效的心理安全得靠细水长流的文化给予。

最近《人世间》那么火，但我真心觉得周家各种事故太多，比如周楠的死，虽然是原著改编，但周楠之死在结构上移动，活活多拍十集，这就无聊了。所以，有时真是蛮羡慕英国观众的，源源不断有《德雷尔一家》这样的剧集。

《万物生灵》就是接棒《德雷尔一家》。我先讲一下原著作者，很喜欢原著的名字，不过，为了区别小说和剧，还是用了《万物生灵》。作者吉米·哈利（James Herriot，1916—1995）是一位著名的兽医作家，23 岁时成为约克郡的兽医，干了一辈子。《万物既伟大又渺小》是丛书中的一本，其他还有《万物有灵且美》《万物既聪慧又奇妙》《万物刹那又永恒》《万物生光辉》等。书中主要描述英格兰约克郡乡人与动物百态，以及兽医业近代化的过程。作者文字如星辰般干净，虽是兽医的日常，却写出了生命的伊甸园状态。吉米（詹姆斯的昵称）的书，基本都是半自传，讲他自己从 1940 年起在英格兰约克郡山谷里当兽医的真实生活。

电视剧改编，也没有通常意义上的大剧情，兽医的日常、乡村的风物就是全部的叙事。在精英教育、疫情封闭把我们无论是长时段还是短时期都搞得筋疲力尽的年代，《万物生灵》用最朴素的方式向我们示范了，人生的要义就是，过好普通的一生。

这是如此普通又灿烂的人生。《万物生灵》所有的观众都在喊：请再给我来一千集。好看又普通的吉米，有一天收到了远在约克郡的法南诊所的实习邀请，便兴冲冲地上了火车，成为一个兽医是他的理想。法南医生并不那么欢迎他，不过，当法南对吉米说“动物简单，麻烦的是人类”时，吉米马上觉得，在这个世界上，你就不可能不和一个兽医成为朋友。吉米赢得法南医生以及全镇人的尊重，完全靠他一步步的辛苦工作。电视剧一次次表现他辛辛苦苦为难产的牛接生，为痛苦不堪的马实施临终一枪等场景，展现的是真正的职场剧。这种对我们职场剧的启示我就不多说了，我们大量的就是穿件白大褂、穿件法官衣服谈情说爱。专业性很低弱的笑话在网上非常多。

漂亮的兽医吉米很快融入了当地生活，而且爱上了当地姑娘海伦。这里剧集在原著上加了情感戏，加了和海伦、当地富人休·赫尔顿（Hugh Hulton）的三角关系，但情节很轻。富人休的爱情方式也一点不金钱气。换到任何一个其他剧集里，这是妥妥的剧情主线了，但是，万物既伟大又渺小，爱情也是，三个人的关系跟猪牛羊一样常见，而且富人爱姑娘的方式也很天真。吉米的爱情不高于母牛的一次生产，也不低于狗的一次驯服。吉米失恋，并不影响他给牛羊看病。大地上有那么多事情要做，怎么可以任由感情把你放倒？每一次对牲畜的医治，都带来新生的欢愉。每帮助一匹被痛苦折磨的马，小镇上的居民都更热爱吉米。而我看着吉米帮助难产的牲畜度过生命的九九八十一难，真是由衷觉得，这才是人该做的事。

世界上还有什么比做好一个兽医更重要的事情？还有什么比帮助一头牛更美好？这才是真正的教育。世界不仅是我们的，也是万物生灵的。一生很长也很短，人世间最乏味的事情，就是披肝沥胆地去成为豺狼精英了。英剧的教育就是，它们总是能用最云淡风轻的方式对虎狼文化竖中指。

而针对主人公在专业上的胜出，《万物生灵》经常给出的奖赏是约克郡的青山翠谷。这些镜头总让我想起华兹华斯的《露西组诗》，“英格兰的青青田野，曾经抚慰过露西临终的眼睛”。英剧特别善于表现这种不是特别有地标意义的普通地理。这也算华兹华斯传统里的诗教，普通的人，普通的人生。彩虹尽头什么都没有也没事。用普通的诗学，成为一个普通人，就是生命的最美产出。

如何成为一个普通人？英剧经常采用的方式是，让家长，包括富人，都有天真的时刻。比如法南做不了家长的时刻，比如约克郡最有钱的老太太对猫的管理，都一派天真——用天真来回访人，用天真来重建人的平均值。世界电影最厉害的三个地区——英国、日本和中国香港，在这点上都做得特别好。不知道是岛屿气质加强了生命的脆弱，还是别的什么原因，他们特别擅长把人推回到人之初状态。就像小津的《小早川家的秋天》，通过表现老幼各自的天真和撒娇，提示我们在前现代有过的包容性和大家族内部彼此的依恋感。

影视剧中这种天真感的存在，特别重要，因为天真，影像份额得以重新调配。国产电视剧里，为什么会有那么多霸道总裁，那么多有钱人，因为普通人的生命状态被银幕毁掉了。这搞得只有“宫廷语法”；搞不下去的时候，就只能要死要活。

生活的逻辑是真理的逻辑。最美好的事情就是，过好普通的一生，虽然做一个普通人，常常并不容易。就像吉米有时累得连敲开一个蛋壳的力气都没了，但是法南医生说了，“干我们这一行的，有一条基本定律比什么别的都重要，就是你必须出诊”，所以，即便心上人就在隔壁房间，吉米也必须在诊疗室里接待一只鸡、一只鸭，再一只鹅，而且，“得高高兴兴地”。吉米高高兴兴地出诊，不管天晴天雨，虽然做的是牛马的工作，但他必定西装领带整整齐齐，与其说是普通人的尊严，不如说是，他开心，他真爱兽医这份普通的工作。大自然源源不断，青草地生生不息，谁此时幸福，就永远幸福。

我很喜欢里面一句台词：人是不会因为一块乌青停止工作的。疫情期间，不少同学感到沮丧，还有的因为失恋而觉得人生无意义，而现在让你生不如死的这些事，等你回首往事，会发现，都不过是人生的一块乌青。

奥德修斯为什么不回家

袁筱一　华东师范大学外语学院教授

大家好，我受王峰老师邀请来到我们“读书散疫，爱在华东师大”的线上现场。王峰老师最初跟我提到他的想法的时候，最打动我的地方就在于他有一个非常简单和朴素的出发点。我也希望能够缓解大家在疫情紧张时期的焦虑，包括出不了门的焦虑，包括很多老师现在被困在家里面买不到菜的焦虑。利用半个小时的时间，我讲讲轻松的话题。我特地没有选择很经典的东西，也没有选择法语文学。因为我本人是研究法语文学的，谈论这一类文本的时候，我觉得我好像也会有一种近似职业病的焦虑，所以我在最近读的闲书里，选择了一本意大利作家莫拉维亚的《鄙视》。

在 20 世纪，莫拉维亚在某种程度上还算是一个够分量的作家，但是他打动我的地方也是朴实和简单。我本人非常喜欢的一个法国作家加缪，曾经评价过莫拉维亚：“在今天的全部创作当中体现出一种豁达，一种由衷的热情，一种鲜明的朴实，这些都是我们法国作品中略微缺乏的。”这句评价我也挺喜欢的，因为在经历了很多形式化的、痕迹过重的文学批评之后，我很赞成这样的一种态度。莫拉维亚是 20 世纪的人，几乎贯穿了 20 世纪的生活。

言归正传，我们回到《鄙视》，希望能够在接下来 30 分钟不到的时间里，和大家读完这本书。当然这也不是太难的事情，虽然小说看上去还挺厚的，但是基本上可以用两三个小时的时间一气呵成地读完。和刚才加缪所评价的那些法国小说不太一样，特别是和 20 世纪经典的法国小说不太一样，这本书是有情节的，而且情节还是一环扣一环的，人物也比较少，情节可以很容易描述。

小说是第一人称的叙事，这个里面的“我”是一个作家，是一个知识分子，读来特别容易有同感。小说开头就这样写：“如今我可以肯定地说，婚后头两年，我与妻子的关系很和美。”[1] 其实看了这个开头大家也都知道，它可能是在讲述婚姻的或者讲述爱情的。《鄙视》里面讲述了“我”和妻子婚姻的一个状况，其实它不是简单地对家庭婚姻生活的描述，而是说“我”和妻子之间出现了一些问题，“我”觉得妻子不再像两年前那样爱“我”了，他是对于“不爱”的一个探寻。书里面的“我”，叙事的主人公，是一个有文学野心的人，为了生计就做起了编剧的工作。“我”觉得“我”和妻子之间出现问题，是从“我”接电影编剧的活儿，并且和制片人巴蒂斯塔交往开始的（这个制片人也是书里一个非常重要的人物）。因为巴蒂斯塔完全是另外一种人。“我”现在回忆起来，是“我”跟他交往之后，“我”和妻子才开始出现问题的。

我觉得特别有趣的地方就在这里，《鄙视》也几乎是从房子写起的，“我”和妻子虽然像所有年轻人一样，在结婚的头两年过得非常甜蜜，但是那时候的甜蜜是一种无忧无虑的甜蜜。作者写道：“人越是不

1　[意] 阿尔贝托·莫拉维亚：《鄙视》，沈萼梅、刘锡荣译，南京：译林出版社，2014 年，第 1 页。

计较幸福，越是感到幸福。”只是这种无忧无虑的甜蜜，总有一天会被现实的担忧替代。这个时候“房子”就是一个很好的符号。

小说很快开了一个头，接下去描述“我”的生活状况：“我们只是勉强能够维持生计。我在一家不起眼的报社里写影评，另外还干一些记者的工作。”[1] 这和我们的生活处境很像。“我们租了一间带家具的房间，与房东合住一套；可买可不买的东西我们常常买不起，有时候连起码的生活用品也买不起。”[2] 不久之后，“我”就下了决心买一套住房，就要付首期了，首期付出去以后，“我”就陷入了对第二期付款的焦虑之中。“我”是因为这个来迁就生活的，不得不做编剧这样一类的工作，因为电影编剧的报酬比较高，做一次电影的编剧，“我”就能够拿出第二期付款。小说当中也写到编剧工作非常无聊，而且和导演相比，编剧也没有署名和成名的快感，但是收入总是要高一点。接下去书中就说“我们”签署了购房合同，作者一直想表述“我”对妻子埃米丽亚非常好，那么“我”在合同上署的就是“我”妻子的名字，因为“我”知道这样她高兴。

前段时间《人世间》大红了，最近正好播了另外一个电视剧叫做《心居》。我和毛尖老师不一样，我对电视剧关注得不是特别多，《心居》正好是我比较熟悉的一位朋友滕肖澜写的，小说作者和编剧都是她，所以我就关注了一下。我觉得挺有意思的，看来大家的焦虑都是一样的，《心居》的焦虑也是从房子开始的。在电视剧中（小说当中并不是这样），开场是海清出演的冯晓琴要买学区房，而且冯晓琴买学区房不是属于很鸡血的那种妈妈的心理，而是因为冯晓琴不是上海人，她需要一套房来安慰自己的一个存在。其实《鄙视》里面也一样和房

1　［意］阿尔贝托·莫拉维亚：《鄙视》，沈萼梅、刘锡荣译，第 2 页。

2　同上书，第 2 页。

子有关：小说前半部分说“我”刚买了新房，要知道“我”结婚时，“我”是租住在一个非常简陋的房间里，但是那个时候“我”觉得有爱情，其实也只是“我”觉得有爱情，“我”的妻子总是把租住的房子收拾得非常好，让“我”感觉到温暖。但是“我”为了她好，所以“我”要买一套房子。这是第一次，在小说的开头出现房，后来他又多多少少地谈到这个房。小说的后半部分，他们去了巴蒂斯塔在卡普里岛度假胜地的别墅。巴蒂斯塔是一个制片人，制片人都有钱，他们就去了卡普里岛，也提到了卡普里岛的别墅。当然最后“我”把买来的房子也卖掉了。从简陋的房子到“我”买的新房，到卡普里岛的别墅，这里面房子符号出现过几次。和《心居》里一样，《鄙视》里面的房子是“我们”夫妻俩的一个财产，用来确认“我”自己的存在，或者来安慰“我”自己的一个存在。

大家有没有观察到，其实我们的电视剧讲到买房这种焦虑，通常都会推给女人。尽管滕肖澜自己也是一个女性作家，但是同样好像在中国的社会里面，对物质财产像房子之类的追求都是由女人来完成的。《鄙视》里面“我”是一个男人，稍微有点不同。这种存在的焦虑如果是放在女人身上，好像大家就觉得没有什么问题，但“我”是个男人，这是很微妙的一种情感，“我”就把存在的焦虑感推给了埃米丽亚。“我”不断地要说服自己，因为“我”原本是一个知识分子、一个文化人、一个剧作家、一个搞艺术的人，“我”一直对艺术都怀有莫大的激情，并且“我”觉得“我”生来有搞艺术的天赋，按理说一个搞艺术的人是可以不理这些柴米油盐的，“我”只可能为了文学荣誉而献身，绝不可能为了房子而出卖自我。所以对于房子这件事，《鄙视》里的“我”就给自己找了一个台阶，这个台阶是这样讲的：“我没有能跟一个与我志同道合，兴趣爱好相同又能理解我的女人结婚，却娶了一个没有什么文化素养的普通打字员，她身上有着她所属阶层的一切偏见和奢望，只是因为她貌美我才娶了她。若是跟前一类女人结婚，我就可以应付贫困潦倒的拮据生活，在一间书房或者一间配有家具的房间里凑活，豪情满怀地期盼着能在戏剧创作上获得成就，可是跟后一类女人结了婚，我就不得不设法弄到她梦寐以求的房子。我绝望地想到，也许我必须以永远放弃文学创作这一伟大的抱负为代价。”[1]

大家也都可以看到，不得不承认莫拉维亚还是够狠的，狠就狠在他敢对自己下手。因为这个小说开始没多久，当“我”在反思“我”和埃米丽亚如何走到这一步的时候，就出现了这样的一段话。后来他也是一直再三强调，埃米丽亚没有文化，只是一个打字员，“我”是为了让她高兴才买下价格昂贵的房子，她只是很漂亮。只要看到这里，“我”所谓的贫困潦倒的一个节制生活，在这个知识分子的解释当中，可以作为高贵的精神生活的另外一种象征——“我”也可以豪情满怀的，没有办法，因为“我”为了爱情坠入了柴米油盐当中。“我”要去照顾“我”的另一半，要永远放弃文学创作的远大抱负。他把自己所有未来可能的失败都归结在了女人的身上。

开头只要看到这一段，你就基本上知道这个男人肯定是一个失败的男人。小说是行进到将近一半的时候，妻子被“我”逼问着，为什么不像当初那样，“我”为她做了一切，甚至都牺牲了我的精神的梦想。埃米丽亚一开始什么都不说，后来是在再三的逼问之下，愤怒地叫出了“我鄙视你”。这个时候“我”的自尊心其实是被动摇了。在小说一半的时候，“鄙视”出现了。有人说莫拉维亚是一个存在主义的作家，的确，出版这本小说已经是半个多世纪以前的事情，是 1954 年，

1 ［意］阿尔贝托·莫拉维亚：《鄙视》，沈萼梅、刘锡荣译，第 19 页。

所以说加缪、萨特等人都读过他的小说。关键词“鄙视”出现了，我们就可能会想起萨特在《恶心》中所描述的，主人公在公园里被一种恶心的感觉袭击了，这种恶心的感觉其实在某种程度上也是一个荒诞境遇的代名词。“我”终于意识到了“我”处在什么样的荒诞当中。其实存在主义的标签我倒不是特别在乎，但是在小说当中，关键词的符号意味还是很强的。“鄙视”出现了，人也终于可以承认自己确实被上帝鄙视了，这个鄙视其实并不完全是妻子给他的，这个时候他特别惶恐，就和萨特笔下人物恶心的感觉出现以后也特别惶恐一样。莫拉维亚确实也要比萨特好读得多，因为他完全没有这样一些哲学性的思考，所以这个小说读起来是很畅快的。

这个时候“我”思考了，开始怀疑自己，“鄙视”这个词“使我第一次怀疑自己是否认识自己，是否不善于评估自己，是否完全脱离现实而始终沉溺于自我陶醉之中”[1]。在这样的一种惶恐的处境中，他所抓住的救命稻草其实是一样的，人在日常生活中会有这样一个反应——每一次遇到对自己的存在发生动摇的时候，我们的第一反应就是不顾一切地要寻找一个具体的理由。

在小说当中，“我”也开始寻找，一直逼问自己的妻子为什么就不爱“我”了，为什么就不像两年之前这样爱“我”。他就要抓住一个具体的理由，比如说妻子出轨，或是妻子怀疑“我”出轨（“我”在编剧的时候跟打字员也有过瞬间的恍惚，他一直强调“我”并没有出轨。其实妻子怀疑“我”出轨并且有嫉妒的表现，那也是能够证明“我”存在价值的方面）。到后面的时候，“我”还找出一个具体的理由，妻子怀疑“我”是为了生活要把她送上制片人的床，要把她送给别人。

1 ［意］阿尔贝托·莫拉维亚：《鄙视》，沈萼梅、刘锡荣译，第 119 页。

这些具体的理由，就是莫拉维亚对小说的一个整体设计和把控，包括节奏上的。在这三个借口的否定、肯定、否定、肯定中，小说一步步走向结局。但是在所有这些借口当中，“我”都想要说“我”很委屈，因为如果这些借口当中的任何一个成立了，“我”都想说罪魁祸首不是“我”，“我”并没有发生任何道德上的问题，“我”没有出轨。有可能是妻子出轨，如果真是如此，“我”也就释然了。“我”也没有真的要把妻子送给制片人，“我”都没有有意识地做这些。但是我们从读小说开头的时候就已经意识到，小说当中的“我”不断地说“我”做一切都是为了妻子，而这些具体的借口都不是爱情不复存在的理由。之所以“我”要固执地找寻这些借口，就是为了给自己一个存在的理由。

的确，《鄙视》是20世纪50年代的一个作品，是存在主义的一个高光时刻。在西方或者说在意大利五六十年代的现实中，人，或者说欧洲人，或者说意大利人存在境遇究竟是怎样的？莫拉维亚在某种程度上，对于某种既定现实的兴趣，要远远高于他所塑造的情节本身，包括出轨、被出轨，或者爱情阴谋这些狗血剧情，其实并不是莫拉维亚真正在乎的。小说里面一直有个谜，埃米丽亚究竟有没有上制片人巴蒂斯塔的床？从头他就开始怀疑了，到了结尾的时候他也没有明说，埃米丽亚也始终没有承认。“我”只是曾经瞥见过在卡普里岛时，巴蒂斯塔对埃米丽亚有过一吻。巴蒂斯塔跟所有坏的男制片人一样，都是不太规矩的，但是埃米丽亚始终对巴蒂斯塔是有态度的，至少在丈夫面前表现出来的态度，她是不愿意跟巴蒂斯塔怎么样的。

一直到最后，妻子也没有坦诚她究竟有没有上巴蒂斯塔的床，“我”其实也不愿意承认。但是在“我”的回忆当中，“我”和埃米丽亚的悲剧就有可能是源于一次晚饭后，“我”觉得妻子态度上发生了某种变化，就是从那个时候那个事件开始的——巴蒂斯塔说他的豪华跑车只能带一个人，正好吃完晚饭，他说他只能够先送埃米丽亚。后来“我”也回忆起来，其实埃米丽亚当时是拒绝的。这里面同样有一个问题，“我”就要扪心自问：“我”究竟有没有下意识地想要讨好巴蒂斯塔，或许“我”只是不愿意承认这个事实而已。但是出轨不出轨，或者究竟是不是“我”要妻子出轨的，这些都不重要。因为就像小说的题言里所说的一样，“我渴望的不是分手，而是重新相爱”。主人公要通过重新相爱来确立自己存在的价值。所以说“我”的绝望不在于误会，也不在于爱或者恨，也不在于爱而不得，也不在于移情别恋，只是在于是不是能够再爱。说到底，这可能是造成现代人悲剧的真正原因。因为如果我们真的把爱当成救赎的主要通道之一，我们会惊讶地发现，其实我们失去的不是爱，而是关于爱的幻想，因为爱从来没有存在过。只是金钱把所有的一切都打回原形，让人失去了所有的幻想，包括自己高贵的理想等。

小说的结尾倒是有一点“狗血”，在“我”的逼迫下，埃米丽亚一直都没能够离开我。“我”因为要还款，接下第二个编剧《奥德赛》的活儿，住到了巴蒂斯塔在卡普里岛的别墅。在别墅里，“我”再一次逼问埃米丽亚，并且赌气说“我”不编剧了，要为“我”的理想而奋斗，再也不向生活妥协了，是埃米丽亚不再爱“我”使得“我”的妥协失去了一切意义。埃米丽亚后来有一天说，既然你不离开，我就离开，她就跟巴蒂斯塔一起离开了卡普里岛。但是途中出了车祸，她就离奇地离开了人世，“我”也卖掉了新房。这就是小说的结尾。

我们可以回到一个主题，就是奥德修斯为什么不回家？小说主人公“我”接下了第二个编剧工作，巴蒂斯塔声称他要拍一部《奥德赛》，这是非常繁琐的一件事情。“我们”拍《荷马史诗》，在众多的人物和情节当中“我”跟导演一直在商讨，先把情节确定下来，于是就选取了奥德修斯和珀涅罗珀这一段。作为编剧的“我”、作为导演的赖因戈尔德和作为制片的巴蒂斯塔，为在外面漂泊了十年的奥德修斯提供了三种可能的动机，三人各代表一方。“我”坚持的是对荷马的古典解释：奥德修斯是史诗里的英雄，十年征战急着要返回故乡，但返乡之路充满坎坷，这是我们熟悉的《奥德赛》，返乡途中有神的挑战，有女妖的蛊惑，有独眼巨人的威胁，还有其他女人爱情的致命诱惑等。当然奥德修斯最终战胜了这一切，后来他回到伊萨卡岛之后，其实珀涅罗珀身上还是有一个坎坷在等着他，她被一群求婚者包围着。但是一路披荆斩棘也是有回报的，那就是获得忠贞，女人的忠贞在某种程度上是对荷马笔下英雄的一个回报（这个是很值得玩味的，如果要做一个女性主义的批评也是可以的）。这是对英雄人类的一个最高奖赏，这是“我”所坚持的荷马的古典解释。

导演想要给出的电影诠释是珀涅罗珀是古希腊封建贵族传统的女人，她忠贞、高贵、骄矜、虔诚，是个善良的家庭主妇、典型的贤妻良母。奥德修斯却有着后来希腊人的性格特点，是诡辩派学家，是一个没有偏见的男人，可以说是一个敢想敢做的男人。他敏感理智、聪明多疑，不相信宗教，有时也玩世不恭。这是一个现代诠释。导演说他要拍这样一部电影，要拍成一个弗洛伊德式的电影。导演认为在奥德修斯的潜意识里面，他不想回家就是因为他和妻子的实际关系并不好，所以明明没有必要，他还是义无反顾地出征了，他是为了逃避这种关系。大家也可以看到，虽然“我”拒绝这种现代诠释，但是这个现代诠释在某种程度上可以套在《鄙视》的“我”身上。

制片人巴蒂斯塔的想法不需要解释，他只需要一部可以挣钱的影片，并不是给奥德修斯和珀涅罗珀提供一个解释，动机和意义都不重要，现代诠释还是古典诠释都不重要。他认为重要的就是要把这部片子拍成有戴着彩色面具的裸体女人、金刚、肚皮舞、只带胸罩的女人、厚纸板制作的魔鬼、缩比模型等元素，绝对属于那个时代好莱坞电影的某些路数。不要忘了这部小说实际上属于 20 世纪 50 年代的通俗文化，今天的这些《诸神之战》或者《特洛伊》等俊男靓女云集的电影其实和巴蒂斯塔是同一路数的。我们也需要承认坚持古希腊学意义上的荷马是知识分子维持自己体面的可怜之举。当然在这个意义上，导演的弗洛伊德学说也高明不到哪里去，只是十年就能变一番新天地的“学术市场”而已。巴蒂斯塔实际上是永远都在的，尽管在今天巴蒂斯塔也危机重重。

莫拉维亚的结论很简单，也很悲伤，那就是三种解释都无法抵达真相。真相是，人被抛弃了，被“鄙视”了。

陷入奇点：重思政治哲学

吴冠军　华东师范大学政治与国际关系学院教授

今天读书会讨论的是我之前在商务印书馆出的一本书，书名叫《陷入奇点》，副书名叫《人类世政治哲学研究》。这本书是比较厚的，700 多页，半个小时肯定不能覆盖我想表达的东西。但是我想在短的时间里勾勒的方式跟大家用来谈一些我觉得可以引发思考的点。

第一个点，为什么我觉得我们今天要讨论奇点（singularity）这个话题。去年的 12 月，我们政治与国际关系学院组织了第一届“面向奇点的政治学研究”会议。很多朋友都会问，为什么政治学要思考奇点这个概念？你去搜索引擎网站，会发现这个概念不会被认为是一个文科的讨论范畴。我们都知道，数学、物理学是讨论奇点的大板块。从这个意义来说，我们今天做学问的一个背景需要引入不同的思考点，通过不同学科的思考点在自己的学科里打开已有的边界。

我想说，何以陷入奇点？为什么我们的生活、我们的政治哲学研究、我们的当下世界要有奇点思维？首先，奇点思维的思路要追溯到 2020 年，这一年的诺贝尔物理学奖给到黑洞研究，给到彭罗斯。彭罗斯是霍金的长期合作者，如果霍金还在世的话，我相信这一半奖金也是要给他的。

彭罗斯和霍金提出“奇点定理”。什么叫奇点定理？理论物理学家在很多地方跟哲学家很相似，在实验还没有跟进的时候，在没有经验、研究、观测、数据来支撑的时刻，就像我们今天做哲学被很多科学研究者说，你们所有的论点、论题，既不可证实也不可证伪。在这个意义上，我觉得很有意思的是，今天我们做学术研究跟理论物理学研究有很大的可以对话的空间。彭罗斯是个数学家，霍金数学稍微弱一点，他们的合作就有结合点。我们都知道哲学一大块就是要靠数学，所以在数学的基础上，他们做的是推演，在推演里做研究。虽然今天已经被观测证实了有黑洞，但在他们那个时候黑洞完全是一个理论的概念，甚至概念提出的时候都是有一个段子的。

所以跟哲学家一样，他们是造概念，黑洞就是个造出来的概念，没有经验观察，没有任何数据，所以2020年才获得诺贝尔奖。奖也没有迟到，因为黑洞才被观测所证实存在。黑洞里的最内核，他们叫这个概念为奇点。我们都知道黑洞是看不见的，它的质量是如此之大，光都逃逸不出来。我们完全可以去想象。另外一个概念叫“事件视界”（event horizon），这个概念其实是看不到的，比方说在世界地图上划一条边界线，没有这条边界，你不知道是不是真的在跨越这条边界，你没有感官意义上的认知。很有意思的就是，事件边界是一条完全绝对划分“all or nothing”的边界线。如果你一不小心跨越了这条边界，这将是一条不归路。但是你又不会出问题，因为离坠落到奇点内核差不多还有十几个小时，你是在完全不知不觉中就跨越了边界。这就是我们要把握的点。

如果我们思考今天的世界，不知道有没有这样一条边界线——在我们抵达这条边界线以后，我们走向的是一条不归路，但这条边界线没有到的时候，我们犹有可为，就跟黑洞的事件视界一样。问题是我们不知道这些线在哪里。我们很多人提了很多假说，但是否有这条线？这条线在哪里？在宇宙学里面，当你不知不觉跨过了这条线，就会不断地往这个奇点奔去。最后，由于下半身跟上半身承受到的引力差是如此巨大，你的腿会从你的身体上被撕裂。所以从这个意义来说，今天的物理学知识虽然很丰富，但是黑洞内部的奇点到底是怎么样一个概念，我们没法讨论，因为所有既有的物理学规则都失效了。我们只知道它是密度无限大，质量无限大，时空曲率无限大（如果我们知道爱因斯坦的广义相对论的话）。在这里，用我们所有的已有物理学规则、规律，都完全无法讨论奇点——这就是我们今天所面对的奇点。

另外一个也是被普遍接受的一个说法（hypothesis），大爆炸（The Big Bang）。大爆炸也是个奇点，甚至它被称作“naked singularity”（赤裸的奇点）。什么叫“naked”（赤裸的）？奇点本身外面还有一层黑洞在包裹着，大爆炸则没有任何包裹，它就是这样一个点。但为什么它是个奇点？因为所有既有的规则到这里都失效了。今天有不少科学的推演，比如宇宙大爆炸以后最初的 3 分钟怎么样，甚至最初的 3 秒钟怎么样。问题是从假设的大爆炸，到之后的普朗克时间里，我们不知道发生了什么，大爆炸之前发生的事则更不知道，我们都是从已有的宇宙观测倒推回去的。我们知道宇宙在膨胀，那么我们倒推回去，它会不断缩小——总是有个点，在这个点上它没法再缩小，再缩小就要变负数了，这个点我们叫它大爆炸。但最后到这个点上，在接近这个点的一个普朗克时间里，我们没法说这一切是怎样的，因为一切规律到这个点上不就再是规律了。所以我们引入这样一个奇点。这是一种完全不同的思考的方式。

现在还有一个说法是，以后我们还会面对大气压，有大爆炸就有大气压。按照福柯的说法，凡是有开始的事情肯定有结束，大气压肯定也是一个奇点，因为在此之后，我们此时讨论的规则都会失效。今天我们九个院系联合搞这样一个活动，但是没有邀请隔壁的物理学、化学等学科，我们先把画卷打开，可以从那边引来很多思考的方式。奇点思维是什么思维？我在书里称它是跟规则思维相反的一种思维。今天不管是科学或社会科学，包括人文学科，我们都很喜欢谈规则、谈规律，不管是物理规律、历史规律，还是因果律，还是某些关于人性规律的讨论。但是如果我们把奇点引入进来的话，那恰恰是一种完全相反的，是我们今天做学问时不习惯的、不熟悉的甚至不舒服的讨论方式，因为它是反规则、反规律，它拒绝被言说。拿所有的规则、规律往上套都套不上去，你说什么都是不确定的。如果你对一个物理学家说任何关于奇点的确定的描述（positive description）都是有问题的，这就麻烦了——这怎么构成知识或学问呢？像“黑洞”这个词本身就表达出这是一个深不可见的、像深渊一样的存在。我们做学问做研究的时候，“陷入奇点”是一种特别不舒服的感觉，像被一块东西堵在胸里面，因为你说不出来。不想碰到、面对奇点这种不舒服的东西是一种常态。我们追逐规则，追逐规律。有了规则和规律，很多事情就很简单了，可以预测事物，或知道可以做哪些事情以保持事物的稳定。这是第一点，我们提出两个思维的方式。

第二点，在近十几年，至少在技术的快速发展上，有一些学者开始说，我们没法把宇宙物理学放进来，大气压太遥远了。我们可能面对技术奇点（technological singularity），技术奇点怎么会到来？我们今天说摩尔定律到现在可能要不行了，但这还是一个指数级的发展，或者是密率级的发展。而我们人的生活的思考方式是长期保持稳定的，我们今天思考的很多内容、用的概念，比方说政治学用的基础概念，跟四五百年前的早期现代性的一些概念没区别，所以我们生活中的这些思考方式和内容的变化跟技术带给我们的变化是彻底不匹配的，处于撕裂的状态。就像前面所描述的，当一个人的下半身已经跟上半身完全处于不同的力的状态里面，就会被撕裂。今天很多文科学者也加入关于人工智能的讨论中，认为人工智能已经比我们更聪明了，未来怎么办？比如基因工程稍微有那么一点不一样，人类的寿命今天已经平均 80 岁了，如果因为某种缘故平均寿命达到 130 岁，我们就无法想象以现在的社会、现有的一些理念怎么去面对这样的世界，怎么去面对这样一种人人都长寿的局面。所有的概念可能都会起变化，各个方面的问题都会席卷而来。

前两天王峰教授组织了一场叫元宇宙的会议，很多老师来参与讨论，很有意思。但是我们有没有想过，元宇宙在今天好像还是作为一个好玩的东西或者被批判的东西，一旦它流行或者说普及到某种程度，达到一个临界点，在这个点上面，元宇宙构成了人类生活的主要世界，那会怎样？这么看，所谓的 AR 和 VR 技术带给我们的是彻底的不同，已有的思考、已有的法律秩序、已有的全部概念突然之间发生了断裂。像笛卡尔说的，我们身体可以留在外面，我们的心灵已经不在里面了，那么是以外面的规则为规则，还是以里面的规则为规则？我们在里面是没有肉体的，外面是肉体，但我不在外面做事情，外面的生也好，死也好，打仗也好，跟我没关系。从这个意义来说，我们没有准备好。

所以有学者说，就在这个世纪的中叶，我们就会面临一个技术奇点，已有的政治的智慧、人类主义的价值、所用的观念都和我们一点关系都没有了，根本套不上去。如果我们要引入无人驾驶车，已有的驾驶规则都会改变：谁是责任人？是公司承担，还是说要用一种全新的方式？这个思维就是奇点的思维。所以技术奇点是今天我们无法逃脱的状况，而这个状况会来得非常快。

再往前推，我书里用的概念叫人类世或者叫人类纪，这个概念本身也是特别重要的。它指向我们今天另一个变化，叫“生态变化”。这个概念是保罗·克鲁岑提出的。他是一位大气化学家，同时也是诺奖得主。这就是造概念的方式，很有意思，因为至少在今天的地理学界是不愿意赞成这一概念，不愿意为其背书的，他们认为数据不足以支撑。这就跟前面谈的理论物理学一样，概念先出来。哲学家做的事情是概念先出来，有了一个概念就能打开一个不同的思维的方式，而人类世的概念给我们提供了很重要的思考点，就是我们人类所谓文明的力量已经成为影响行星所有变化的、改变其变化的唯一物种，也就是说人类是唯一的责任人。所有的变化你不用再去怪其他的因素，你作为单一物种是最根本性的力量。

这概念提供了一个非常重要的点，就是我们实际上无法再左看右看。行星导致恐龙没了，大型的爬行动物没了，大量的物种消失……今天在我们学校的生态与环境学院里很多学者讨论生物多样性的消失，我们政治学院正在跟生态与环境学院合作做一些研究，讨论这里面特别关键的点，就是人类在这里面起的作用。人类世这个概念带来一个很重要的变化，就是“you are responsible”，你是这个变化的根本性的主导力量。这意味着什么？意味着人类一方面要面对技术奇点，另外一方面要面对生态奇点。生物性变化的速度、多样性骤减的速度、水平面上涨的速度，这些速度会抵达一个点。对于这个点，有的人说在本世纪内，有的人说过几个世纪，我们知道它会以很恐怖的方式到来。今天我们的气候已经跟以前的气候不一样，我们以前以为冬天就是这样，秋天就是这样，很稳定，但是今天很多时候是突然之间春天下雪，极端气候就是一个症候，是我们要用奇点的方式来思考。而今天各种各样的不规则性，恰恰是在我们已经可以经验性目睹的范畴里，看到我们正在陷入一个奇点，正在走向一个生态性的奇点。它还没到来，问题是我们不知道今天还能做哪些事情，既然人是唯一的负责者，你也应该是唯一去改变这个进程的负责人。

很有意思的是，我们大家还在彼此喋喋不休，认为物种变少、气温上升、温室效应这些事情跟自己没关系。很多政治家根本不认为碳排放、碳中合是一个问题。美国前总统公开说过要“退群”，认为这个不是他们要干的事情。即便是认可人类在这里扮演一个很重要的角色的学者，也仍然在争论边界线到底在哪里。现在有说法是距工业革命时代气温上升 2.5 度，现在改成 1.5 度。边界在哪里？我们不知道——说不定现在已经超过了边界，我们可能就是温水煮青蛙，但是最终走向的是一个点。在这个点上，我们今天所有的繁荣、盛景的状态不再存在。问题是我们不知道这条线在哪里，所以这是第二点。我们要去思考的，一个是什么叫奇点思维，一个是什么叫技术奇点、什么是生态奇点。

进入政治哲学层面，我想再谈两个概念，一个叫事件（event），一个叫“humanity”，可以译为“人性”，也可译为“人类”。我们理解的事件，以人类的思维方式总是要找一个因果关系，要找到原因，所以现在一出事就有很多谣言。飞机出事，要么是驾驶员的问题，要么是飞机本身有问题。我们找不到原因的话心里就不安定，这是人类的方式。但是真正关于“事件”，我觉得巴迪欧跟齐泽克有特别好的贡献，他们认为，真正的事件只可能是本体论意义上的一个事件，是它自身无法找到原因的事件。所有能用原因讨论的都不是事件。不是因为你做了这件事情，所以导致今天这个结果。真正的事件是一种奇点性的存在，它拒绝预测，就像我们量子物理学里面的波函数坍缩，你不知道它坍缩成这个状态还是那个状态，你没有原因可找。其实物理学也好，我们的人类世界也好，越来越多的事情都没有原因可找。一件事情突然就发生了，如果事后诸葛亮找了很多事情往上套，下一次发生事情你再找很多原因，那就是我们缺乏事件思维。为什么事件思维会缺乏？它跟奇点一样，因为事件思维是一种不舒服的状态，你不知道什么会发生，你没有知识去讨论事件，没法提前准备。所以事件也是一个使得像巴迪欧和齐泽克这些哲学家在哲学界里不受欢迎的原因，因为你们的知识能贡献什么呢？齐泽克被认为是西方最危险的哲学家。危险在哪里呢？就在于他拒绝接受简单的解释，简单的、线性的、机械性的因果关系解释。

最后，我想再讨论一个点，就是我们怎么去理解人？人文学科或者社会科学要怎么去讨论人？我们所熟悉的规则思维会对人性设置一个规律，比如说我们熟悉的理性经济人，就是一组非常强的预设、一种规律性的预测：你怎么做事情，你是怎样的，这都是有规律可循的，可以构建很多模型。我们都知道在当代的经济学里，理性经济人假设差不多已经破产了。今天在哲学里、在道德哲学里，甚至在政治哲学里，还有很多关于人性的讨论，但是在经济学里，其挑战来自我们思考的方式，不是从哪个人里、从一组强预设里推出人可以怎么做事情，而只可能从行为角度来观察，从演化心理学、行为心理学角度，我们不讨论人是怎么样的，就讨论人的行为，讨论人会做哪些事情。卡尼曼写的《思考，快与慢》成为名著了，我们今天讨论都是一些慢的，因为我们设定了很多自己积淀下来的说法。但是人在做事情的时候，遵循的是另外一条规则，从演化中解释，从行为角度打开了一个新的经济学研究方式。

但你发现了吗？不管你是从理性经济人，还是从行为角度来研究人，不管从意图（intention）还是行为（behavior），它最后都是建立了一种我们对人的规则性的理解，然后预测人未来会怎么做事情。差别在于理性经济人、道德哲学家会对人性有一些强的内容输入；而行为心理学不对人性做解读，而是从大数据上对人的行为做一个解读，然后再用它形成一个模式（model），来预测后面的发展。这也是我这本书要做的，要挑战的不是从行为或人性角度，而是把人本身看作一个奇点。这是我特别喜欢的当代欧陆的政治哲学家们，如齐泽克、巴迪欧，包括阿甘本等所坚持的。他们讨论的出发点就是，人应该是一个奇点。任何对人性的预测式讨论都会陷入一个自我溃败的状态，只要你去阐述，就是自我溃败的做法，因为奇点就是这样。

这些哲学家没有进一步论证为什么人是奇点，但我们仍然能从隔壁的学科获取特别好的论证，这也是我提出的一个论证。人的大脑其实也不是什么不透明的，它的不透明在于我们没法去理解人的这一块肉跟我们大脑的思维活动怎么对接，这是我们不知道的。但是“这一块肉”我们是知道的，今天人工智能就是模仿我们大脑里的神经元，即神经网络，人工神经网络就是一种模仿。大脑里的神经元数字是很恐怖的，达 1 000 亿个，10 的 11 次方。我们所有人的生活就是靠这些神经元彼此之间的连接，某些连接强化了，这个人就可以往那个方向走。而一个神经元可以跟成百上千个其他神经元发生连接，大家可以算一下，我们神经元之间用各种各样的、甚至不可思议的角度去发生连接，产生的可能性有多大。

反过来说，今天精神分析不被认为是科学，其实它本身讨论的所有概念仍然可以从非常符合科学的方式去分析。很多概念是造出来的，弗洛伊德很喜欢造概念，拉康喜欢造概念，但是概念背后所指的现象恰恰让我们不舒服，让我们不愿意去面对人：人怎么会有这些症状？

人怎么会发生这些奇奇怪怪的反常？其实很简单。我们集体学习，大家坐在一个教室里面，一起读同样的课本，在这个过程中，我们这些神经元被激发，连接得到强化。这些神经元以相对差不多的方式，这部分跟那部分发生连接。但是我们要知道它的潜能，这个神经元可以跟我们完全想象不到的神经元之间发生连接，再因为某些方式产生固化、产生强化。所以，这个可能性（我喜欢用亚里士多德和阿甘本的提法，叫做潜能或者潜在性）是很惊人的。10 的 11 次方已经很可观了，10 的 11 次方跟所有 10 的 11 次方交互产生各种各样的连接，输送电信号，这个数据是无法计算的。所以我们完全可以想象，神经元数量这么巨大，用如此错综复杂的方式连接在一起，任何一个人做出任何惊人的举动，都不足为奇，用不着从行为经济学上给解释。

我在这本书里提出的就是我们要用奇点思维来思考人。今天的政治哲学一定要改一改，政治哲学不能找最符合天道、符合王道三纲、符合自然正确、所谓最符合人性的规则等，那些都是在使用规则思维。今天的政治哲学要面向奇点，不管这个奇点是技术奇点还是生态奇点，还是面对一个个具体的人，或者说一个个政治家。如今我们连解读一个冲突都没法给出各种各样的解释，怎么去了解？怎么去说？奇点可能就在你身边出现，但是我们政治哲学如何去应付它？未来的不规则现象会越来越多，超出已有的意识形态框架（我说的意识形态是指包括人类语言的符号性的一个框架）。我们现在叫做政治意识形态，你是哪个主义，而我指的是所有主义放在一起。它都在你的外面或者都在你的里面，但它是一个深渊性的奇点。在这个意义上，我们的政治哲学没有应对过这些问题，所以我称之为人类世的政治哲学。其实不管你是哪一个流派，其运思模式都是雷同的。要发展出我们所不熟悉的人性的方式来理解人、理解技术、理解生态、理解事件秩序，这叫奇点思维。我们要思考如何面对奇点。奇点有各种各样的方式，而对奇点本身带来的属性，我们无法用已有的知识去做一个判准或预测。

如果你懂信息学的话，今天的信息学怎么规避奇点？就是给出容余量。信息学实际上做了很多工作，比我们政治哲学或者很多文科走得远得多，提供这种余量不是浪费，而是用来应对各种各样的奇点。对今天的生态，我们是“爆掉”它，还是说冗余了一个奇点，面对各种各样的事情我们都不知道，也不准备知道。我很喜欢的思想家唐娜·哈拉维（Donna J. Harway）在 2016 年写了一本书，用了这样一个标题，叫“Staying with the trouble”(《与麻烦共存》)。没有人喜欢麻烦，我们都想解决麻烦，都想解决奇点，奇点的概念是不受欢迎的，但是我的书名就叫《陷入奇点》，隐喻我们像走到黑洞边缘上的太空漫游者，不知道那条线在哪里，就会一下子以各种各样的方式陷入这个奇点。

在今天的生活秩序中，当我们拍着胸脯做出各种各样的预测分析时，一切的话语都是没有任何的冗余量的，没有为 21 世纪的各个向度的挑战留下思考的空间。最后，我想说哈拉维的这句话，跟我想说的是完全在共同的面向上：你必须正视麻烦，你必须意识到麻烦不是被解决的对象，麻烦恰好是思考的视界，奇点是思考的地平线。你只有给奇点留有思考的空间，才可以在未来做出一些有意思的跨学科的学问。我经常跟朋友说，今天的学者很容易去做一些重复经典的工作，把一些经典的文本倒背几遍，再写几篇文章，这些文章在 1926 年写、在 1986 年写、在 2022 年写没啥区别。但这些学问、这些思考你体现在哪里？所以我写了这本 700 多页的书，是想做一件事情——就是我们有没有能力去转换方式，打开思考的视界，从一个特别舒服的、没有麻烦的、没有困境的也没有抑郁的思考方式转换到奇点？我们可能在陷入奇点，但至少是以思考的方式来面对共同的未来。

生活肌肤中的中国文化[1]

许纪霖　华东师范大学历史系教授

许倬云先生是中国史研究的大家，他的西周史、春秋战国与汉代的社会史研究独步天下，但影响更大的是他打通中西、纵贯古今的通史研究。大师写专著不难，但大师写小书，却没有几位能够做到。近二十年来，许先生的《万古江河：中国历史文化的转折与开展》《历史大脉络》《我者与他者：中国历史上的内外分际》《说中国：一个不断变化的复杂共同体》、“许倬云看历史”系列等，成为脍炙人口的畅销读物。不要以为这类读物好写，只有学问到了炉火纯青、阅历通透人情世故、人生看尽江山沧桑的时候，方能够化繁为简，将历史深层的智慧以大白话的方式和盘托出。有学问的专家不谓不多，但有智慧的大家实在太少，而许先生，就是当今在世的大智者之一。

《中国文化的精神》是许先生的新著，气象与格局都很大，这与他有家国天下的大关怀有关。1999 年我在香港中文大学工作的时候，第一次与许先生相识。那一年，他在港中大历史系客座。有一天，他将

1　本文原载许倬云：《中国文化的精神》，北京：九州出版社，2018 年，第 i—x 页。

我召到他的办公室，不谈具体的学问，而是与我讨论当今世界文化出现的大问题，这些问题令他感到深深的焦虑，不吐不快。近二十年后，当我阅读许先生的这本新著，发现这些问题依然盘桓在他内心，弥久而不散。他在书的开篇就说："二十一世纪的世界，似乎正在与过去人类的历史脱节。我们的进步，似乎是搭上了死亡列车，正加速度地奔向毁灭。套用狄更斯在《双城记》中说的话：'我们是在最美好的时代，我们也在最无望的时代。'"[1] 除了世界，他最关心的是自然是中国。随着在经济上的崛起和社会日趋世俗化，中国发生了前所未有的变化，在社会文化层面，已经完全不见中国传统的面貌。利益至上，成为许多中国人的人生准则。他说，中国人强悍，也许是发展的动力，但往往会伤害别人而不自觉。人与人之间的冷漠，将会使中国社会断裂崩解。中国人对于环境的毁坏，也往往揠苗助长、竭泽而渔；是否有一日，中国会成为一片荒漠?

忧心忡忡的许先生觉得，历史的颠簸和挫折使得中国文明丢失了不少旧有的好传统。他决意写一本书，重新反省中国文明，看看是否还有剩下的一些余沥，足以挹注和灌溉正处于危机中的现代文明。于是，他将书名定为《中国文化的精神》。

关于中国文化的精神，自五四以来的一个世纪中已经有许多讨论，几乎所有的文化大家都有自己的论述。许先生的这本书，依然有自己独特的视角。文化有大传统与小传统之分，以往对中国文化的阐述，大多从儒释道经典的大传统层面检讨，成绩斐然；然而，许先生观察中国文化的法眼，却从小传统进入，不是从精英的观念，而是以一般普通民众的态度，即人的安身立命、处事做人的原则，来考察日常生

1　许倬云：《中国文化的精神》，第 8 页。

活形态中的中国文化。许先生说："从开天辟地以至于到江湖豪侠，从男女私情到精怪现象，涵盖的范围，看上去似乎凌乱，却也代表了中国一般老百姓他们的喜恶和褒贬。一般老百姓，很少会在谈话时，引用四书五经、二十四正史，他们的历史观，就是这些故事串连在一起的一套评价。"[1]这一研究方法，与法国年鉴学派提倡的心态史研究有异曲同工之妙，都是眼光往下，从民众的日常生活和不自觉的人格心态之中发掘文化的本相。许先生的社会史和考古学知识以及饱满的生活实感，让他得以在神话、传说、小说、祭祀、文物、中医、卜卦、民间信仰等多种文本中自由行走，展示的是一个活生生的、日常生活中的中国文化。

要寻找中国文化的精神所在，可立足于与西方的比较。许先生指出，与西方基督教文化以神为中心不同，中国文化以人为中心。但这个"人"，又与文艺复兴之后的人不同，不是超越了宇宙万物的孤独的、自主的个人，而是与天地同等的人。从中国的造人神话，到董仲舒的阴阳五行宇宙论，天地人，是宇宙最重要的三个元素，三者之间不是相隔，而是互相统摄，人在天地之中，天地亦被人化。董仲舒的天人感应之说，在中国人的心里，始终成为主导的潜台词。即使中国人接受了外来的佛教、袄教及摩尼教，但仍以天人感应的理念融化于其中，组织成海纳百川的中国观念。

与西方不同的是，中国人的宇宙秩序，包括创世的传说与各种信仰，并没有特定的大神主宰一切，而是由众神构成一个大的神圣总体。中国民俗信仰这一特色，和犹太基督教将宇宙一切的变化归之于神的意志，两者之间有极大的不同。在中国人的观念中，宇宙运行的"运"

1　许倬云：《中国文化的精神》，第 71 页。

和“势”，是宇宙系统各种元素自在作用的结果，在这个有机的宇宙系统之内，人如果能够掌握“运”和“势”的大方向，便能够顺势而为，人因此可以获得宇宙能量赋予的最大福祉。

许先生以中医学和烹饪学为例，说明中国人讲究的“五味”（甜、酸、苦、辣、咸）相当于“五行”（水、火、金、木、土），本身无所谓好坏，最重要的是相互平衡和对冲。综合太极、八卦、堪舆、奇门，这些民俗的智慧乃是将数字与图形组织成一个有机的宇宙。在这个宇宙模式之中，各个部分存在着互生互克的有机联系，宇宙不借造物主的外力，自生自灭，生生不息，发展变化。

宇宙的这一有机性，也体现在人自身。许先生在书中提到王阳明在《传习录》中将人的精、气、神视为同一回事，“流行为气，凝聚为精，妙用为神”。也就是说，“精”是生命的本体，“神”是生命中呈现的理性和感性，而“气”乃是将生命之能量发布于各处。

一个民族的文化精神最重要的，莫过于其对生命意义的独特理解，而这又与民族的宗教信仰有关。儒家是一种人文学说，而历史上的中国又以儒学修身齐家治国平天下，因此，长期以来中国被认为是一个缺乏宗教性的国家。这种看法既对也不对。如果将宗教理解为像西方一神教那样的制度性宗教，自然中国人的宗教观念很淡。但美国研究中国宗教的权威学者杨庆堃先生将中国的宗教视为一种与西方迥然不同的弥散性宗教，那么中国人的宗教就有其特色了。许先生在书中对中国的弥散性宗教的特色有非常出色的阐述和发挥。他说，中国的宗教信仰，有神祇和祖灵两套主题，在民间社会，对包括儒道佛在内的各路神祇的信仰和对祖宗先人的崇拜，构成了一个热热闹闹的神灵世界。中国人的宗教情绪，并不一定依附在建制性的宗教系统及其有关仪式上，而是普遍地融合与包含在日常生活之中。从生和死的问题，延伸为祖先的记忆，凝聚许多个人成为宗族团体，而宗族与宗族之间，又有千丝万缕的亲情成分，由此构成了一个有机的中国社会。这个社会是由血缘、信缘与地缘三种关系网络交错而成的。

首先是血缘关系。许先生认为，在伦理方面，一个族群的延长，是父子祖孙相承的亲缘系统。从《诗经》时代开始，中国人对于亲子之间的亲密关系，就是从幼儿时代的感情成分开展。儒家坚信“人之初，性本善”。人性善的核心乃是孟子所说的恻隐之心，从恻隐之心，延展为羞耻、辞让和是非之心，成为仁、义、礼、智的源头。从心理学着眼，将心比心，则以生理的亲子之情作为基础，建构社会众人共存的基本原则。

以血缘为本的文化，也塑造了中国人独特的生死观。生与死，是人生最本质的问题。许先生指出，中国人的生命观，并不是将生、死割裂两节；放在家族的血缘脉络之中，生和死是连续的，也只有将一代又一代的生命连成一串，才能慎终追远。个体的生命，串联成群体的生命，成为整个家族，乃至整个民族的生命延续。个人的死亡，只不过是下一代“生”的转换。在中国人的观念当中，整体的生命是两条线，一条是对延续的盼望，一条是对于过去的忆念。两者是平行的长流。于是，死后的境界，乃是死前生活的延续；生前具有的一些人际关系，在死后，照旧延续。生命和死亡这两条并行线，将现在与过去永远平行，纠缠不断。这一基于宗法血缘家族的独特生死观，与西方的个人独立面对上帝的生死观，以及佛教的生死轮回观，有很大的不同。中国人为子孙后代而活着、为千秋万代造福，同时行事做人要对得起祖宗，不辱没先人，个人的生命意义与死后的价值都与血缘家族的传承联系在一起。

其次是信缘。许先生指出：“中国的宗教信仰，与西方犹太基督信仰的最大差别，乃是在于中国人将宗教情绪及与其有关的仪式，都融合在日常生活之中。”[1]西方的基督教“因信称义”，强调的是“信不信”，但中国的宗教具有实用性，如杨庆堃先生所说，乃是“神人互惠”，关心的是“灵不灵”。只要是能够保佑自己以及家人，哪家菩萨和神仙灵验，就拜哪路大神。

因为具有实用性，所以中国的宗教不像犹太教、基督教与伊斯兰教这些一神教，坚信只有自己的神是唯一的真神，这个神主宰宇宙自然、世间万物与每个人的生死苦乐。他们都相信末世，相信善恶是非、黑白分明，当末世来临之际，一切都将在神的面前得到无情的审判。因此，在西方的历史上常常发生宗教战争。中国人对世界的理解是一个多神共治的世界，儒家的孔子、佛教的观音、道教的太上老君以及关公、吕洞宾、土地神等，彼此之间可以相安无事，放在一个寺庙里面祭祀。许先生在书中提到，在他的家乡无锡，各路寺庙尚有一定分别，佛教是佛教，道教是道教，地方上纪念的人物各按其性质和事迹有各自的寺庙。但在台湾，却是相当程度的混杂，一家寺庙，几乎没有例外，都会成为不同神明的共同奉祀之地。他以台北著名的万华龙山寺为例，诸位神祇，包括佛、道、儒三教皆在祭祀之列，神明众多，功能复杂。这充分体现了东方宗教的多神性，与西方的一神教传统迥然有别。

西方的宗教是一个神圣的世界，与世俗的现实世界构成严峻的对立与紧张。但在中国，神圣与世俗这两个世界没有严格的界限，神圣在世俗之中，世俗有神圣的庇护。许先生说：“中国人的宗教信仰，无论佛、道或其混合教派，在近百年余年均呈现淑世的趋向，亦即杨庆堃指陈的‘世俗化’，从理论的阐述转化为虔敬与实践，由寻求出世的

1　许倬云：《中国文化的精神》，第 124 页。

解脱转向入世的救助与扶掖世人。”[1] 这些年在台湾与大陆发展很快的星云法师所主持的佛光山与证严法师所主持的慈济会都具有“人间宗教”的性质，扶弱救贫，广布慈善，与西方一神教注重个人的信仰、心灵的虔诚形成了鲜明的对照。

然而，西方的一神教传统在中国历史上并非毫无影响。许先生指出，到了魏晋隋唐，中亚和内亚的各种一神教——祆教、摩尼教、景教等都随着胡人的足迹进入中国，他们并没有为士大夫精英所接受，却沉淀在民间，为民间信仰所吸收，演化为中国的启示性宗教。宋代方腊的“吃菜事魔”教派、元明两代的白莲教、晚清的拜上帝会等，都吸收了一神教的观念和仪式。这一个寄生于民间底层的信仰，其实从来没有中断，只是在各时代以不同的名称出现。中国的老百姓平时都是多神教信徒，到了揭竿而起之时，皆拜倒于一神教之下，膜拜于一个至高无上的真神与权威，足见中国的一神教并非到了 20 世纪之后才出现的现象，其实在古代中国的民间信仰之中就有渊源可循。

最后是地缘。许先生在书中说：“人类是群居的动物，如果人类没有集体的组织，个别个人没有虎豹的爪牙，没有马和羊的奔跑速度，也没有大象、犀牛的大体积，人不能上天，也不能入水，在这地球上，人类根本没有和其他生物竞争的能力，正因为人类可以合作，才终于主宰了这个地球，奴役了其他的生物。”[2] 在各种人际关系之中，中国人除宗法血缘外，最注重的是乡缘。以乡土为中心，将各种不同的亲缘关系网络、混合类亲缘关系网络以及信缘关系编织为更庞大的地方组织，这是传统中国权力结构中很重要的一环。许先生指出，虽然中国号称是大一统的帝国体制，自古以来，中央的权力其实不大，真正的

1　许倬云：《中国文化的精神》，第 202 页。

2　许倬云：《中国文化的精神》，第 203 页。

治理实体是在地方。日常事务的管理，其实不在县衙门，而是在民间。宋代以来形成的地方士绅，是地方的头面人物，也是民间秩序的治理主体。

费孝通先生在《乡土中国》之中提出一个理解中国民间社会的重要概念，即差序格局，许先生在书中对差序格局有进一步的阐释与发挥。他说，差序格局的延伸，是从亲缘延伸到地缘，每一个人在这大网络之内有所归属，依靠网络解决自己的问题，也凭借网络贡献自己的力量。在差序格局之中，个人既有权利，也有义务；个人要自我约束，明白个人是社群的一部分。然而，个人也不是完全由社群支配。个人主义与社群主义得到某种重叠，这种个人到社群的延长线，是开展的，不是断裂的。个人对社群的尽力，与他从社群中得到的保障互为因果，互相依附。许先生认为，中国传统之中的这一差序格局的特色，与今日西方文明中个人主义的极度发展形成了鲜明的对比。中国社会如今也出现了西方式的“原子化的个人”现象，个人的孤独和社群的涣散成为当代社会之痛。而适当回归中国文化中的社群主义精神，可以救济个人主义的孤独，形塑一个既有个人自主性又有社群向心力的健康社会。

许先生在美国工作与生活多年，深切感受西方文化的长处与不足；同时经常回国的他，又对海峡两岸的现代变迁有细致的了解。在书中，他说了一段意味深长的话：“二十一世纪的中国人，深受以西方文化为主轴的现代文明影响，却又依然置身在西方文化之外。今天，欧美现代文明本身正在剧变的前夜。他们面临的问题，例如，人与人之间的疏离、人与自然之间的分割，凡此种种危机，如果从源头看，西方文明本身很难有解除这些困惑的资源。”[1] 他提出：“中国文化

---

1 许倬云：《中国文化的精神》，第5—6页。

以人为主体的特性，以及人与自然密切相关的依附关系，也许可以当作他山之石，将中国常民文化的特色，融入现代文明之中，或可匡救现代文明的困难。”[1]

一百年前，梁启超先生在《欧游心影录》中提出了“中国人对世界文明的大责任”，同样怀有家国天下情怀的许倬云先生，从人类未来发展的大视野中，看到了中国文化贡献于世界文明的可能性空间。中国文化的精神不是孤独的、抽象的理念，它存在于华夏历史的肌肤之中，浸润于亿万百姓的日常生活。只要民族不亡，生命永续，中国文化的精神也将继续薪火流传下去，成为全人类不可或缺的重要文明之一。

1 许倬云：《中国文化的精神》，第5—6页。

语言的“及物”与知识分子的“应物”

——论李洱长篇小说《应物兄》

文贵良　华东师范大学中文系教授

《应物兄》是一部语言游戏之作。这里的“语言游戏”是维特根斯坦意义上的语言游戏，它一方面伸向语言的元气源头以及运作发展，一方面伸向语言的及物性。对于《应物兄》来说，语言的及物表现为语言在小说叙事中的功能绽放，翻洗生活的脏布，过滤出时代精神的底色，从而呈现知识分子“应物”的可能。福柯认为在语言的初始形式中，语言与物类似。语言的初始形式，指的是上帝最初所使用的语言。“当上帝本人把语言赋予人类时，语言是物的完全确实和透明的符号。”[1]在《创世记》中，上帝是用语言创造世界和人类的，上帝说要有光就有了光。在这个创造过程中，看不到上帝本人的形象，只是听到他的声音；见不到他创造世界的材料，只有他说出的语词。因此可以说，在语言的原初形式中，语言与物高度相似。上帝破坏了人类建造的通天塔，语言被打乱，相互分离。原初语言中那种语言与物的相

1　[法]米歇尔·福柯：《词与物——人文科学的考古学》，莫伟民译，上海：上海三联书店，2016年，第38页。

似性被破坏了，语言是否就脱离了世界呢？福柯的回答是否定的。语言以另一种形式“成为启示的场所并包含在真理既被宣明又被陈述的空间中”，“语言是那个拯救自身并最终开始倾听真实言语的世界的构型”[1]。“构型”是福柯思想表达中很重要的词语，并指向了语言的及物性。“应物”是知识分子的应有责任。“应物”的基本意义是顺应时代变化与社会变化，看到历史整体运动中的合理要求，然后去实现这个要求。但是历史的整体运动是泥沙俱下的，进步的要求与落后的思想共存。如果一味顺应，就变成了随波逐流，甚至趋时媚世。因此，“应物”要求在“顺应”之时，应有“不应”和“逆应”。“不应”是回避，不再让其发展。“逆应”就是分析、批判、抵抗、纠正，去其不合理性，从而让合理性方面实现发展，或者得到充分发展。

一、命名：符号的“及物”

《应物兄》在符号的意义上，可以说是一部关乎命名的小说。“应物兄”既是书名，也是小说中叙事者的名字，这个叙事者也是小说的主要人物之一。“应物兄”的命名过程以及这个名字作为话语符号的功能蕴藏着作者李洱对当下现实的关怀与批判。

“应物兄”这一名字的形成有个过程。应物兄生在农村，父亲为农民。他最初的名字为“应小五”，普通而俗气。他初中班主任老师朱三根（朱山）改其名为“应物”，并写了一段话给应物兄：

> 圣人茂于人者，神明也。同于人者，五情也。神明茂，故能体冲和以通无；五情同，故不能无哀乐以应物。然则圣人之情应

1　［法］米歇尔·福柯：《词与物——人文科学的考古学》，莫伟民译，第 39 页。

物而无累于物者也。今以其无累，便谓不复应物，失之多矣。[1]

这段话出自何劭的《王弼传》，为王弼所说。其目的是反对何宴提出的圣人无喜怒哀乐的观点。王弼认为圣人与"人"（可以理解为常人）之不同处在于"神明"的高妙，相同处在于都具有"五情"（喜怒哀乐欲）。因为具有"五情"，所以仍要面对世俗事物。"应物"仍是圣人的生活内容，只是因为圣人"能体冲和以通无"，所以"应物而无累于物"。作为初中生的应物兄也许无法深入理解这段话的内涵，因为围绕"应物"之名可以提出很多问题：为什么"应物"？不"应物"是否可行？"应"何"物"？何以"应物"？"应"到什么程度合适？"应物"之后呢？凡此种种，都蕴藏在这段话中。人需要结合自己的人生体验，慢慢领悟。

应物兄进入大学读书时用的是"应物"这一名字。当他的书出版时，编辑犯了一个小错误，将作者"应物"写成了"应物兄"。时为"应物"的应物兄对出版商兼朋友的季宗慈指出这是荒谬的错误。但季宗慈给了"应物兄"这个名字一种哲学意义上的解释：

以物为兄，说的是敬畏万物；康德说过，愈思考愈觉神奇，内心愈充满敬畏。[2]

季宗慈巧妙地对"应物兄"的内部结构进行了重整。从"应物"

1 李洱：《应物兄》（上），北京：人民文学出版社，2018 年，第 176 页。这段话出自何劭：《王弼传》，见《王弼集校释》（下），楼宇烈校释，北京：中华书局，2017 年，第 640 页。

2 李洱：《应物兄》（上），第 175 页。

变成“应物兄”的角度看，“应物兄”的结构是“应物—兄”，既可理解为以“应物”为“兄”，也可理解为“应物”之“兄”，即“应物”之“人”，因为兄者，人也。而季宗慈将这一结构改变为“应—物兄”，其中的“物兄”就是“以物为兄”，通往敬畏万物的情意。这就构建了“应物”的一种哲学基础：敬畏万物以“应物”，或者说“应物”应以敬畏万物为前提。对于这一点，小说中哈佛大学东亚系教授程济世有更全面更深刻的阐释：

> 物，万物也。牛为大物，天地之数起于牵牛，故从牛。以物为兄，敬畏万物，好！孔子说，君子有三畏，畏天命，畏大人，畏圣人之言。心存敬畏，感知万物，方有内心之庄严。[1]

程济世的解释包含了三层意思。第一，通过对“物”这一汉字的形态结构的阐释，把“以物为兄，敬畏万物”的“物”通向天地，使得敬畏之心富有阔大的空间。第二，引孔子的“三畏”说解释“畏”，表达出敬畏万物者乃君子之意。这就不仅是对应物兄之名的赞美，也是对应物兄治学应物的规范与引导。第三，从“心存敬畏，感知万物”得出“内心之庄严”的结论。“内心之庄严”是对君子品性的概括，也是君子应物的基础。君子只有以“内心之庄严”，方可面对万物的千姿百态与波谲云诡。小说开头写应物兄有三部不同的手机，应对不同的人群。这是现代人的先进之处，还是现代人的无奈之举？只有这样才能保内心之庄严，还是内心之庄严本就无处存放？“应物兄”之名的种种指向恰好暗示着当下知识分子应物的现实困境。

1　李洱：《应物兄》（上），第175页。

其他人物的名字也有丰富的寓意。被称为“帝师”的程济世，其姓使人想起儒学大师宋代“二程”（程颐和程颢），“济世”之名直指儒家精神中入世担当且为帝王师的一面。乔木是济州大学的泰斗级人物，学术与书法均享有盛誉。“乔木”之名在《诗经》中已经出现：“出自幽谷，迁于乔木。”“南有乔木，不可休思。”济州另一泰斗级人物是考古学家和历史学家姚鼐先生，使人想起清代桐城派的姚鼐。“鼐”本义是大鼎，而“鼎”象征着权力。被双林院士称为“亚当”（取自经济学家亚当·斯密）的张子房是经济学家，其姓名使人想起秦末汉初的杰出谋士张良（字子房）。哲学教授何为的姓名仿佛是在提问且不断思考，很符合她哲学教授的身份。戏剧大师兰梅菊，使人想起京剧大师梅兰芳。应物兄的学生费鸣是济州大学校长葛道宏的秘书，“费鸣”按照字面意义即白说、白叫。“应物”对“费鸣”，绝配的对子。

小说中有一类人物，或因为命运遭际，或因为学术兴趣发生变化，其姓名往往富有鲜明的含义。应物兄的同学郑象愚，逃亡到香港后敬仰程济世而拜其为师，程济世改其名为“敬修己”。这个名字取自《论语》中孔子对子路的教导：“修己以敬”“修己以安人”“修己以安百姓”。先修己，然后才能“安人”“安百姓”。有位屈原研究专家自名为“伯庸”，取自屈原《离骚》中“朕皇考曰伯庸”的语句。以屈原父亲的名字称呼自己，显然是对此君的讽刺。儒学天才“小颜”则是以被孔子称为“贤”的颜回为大颜。“小颜”后来又改姓名为“朱颜”。[1] 建立了商业帝国的黄兴被戏称为“七星上将”，因换了七颗肾，但在小说中以“子贡”之名被人知晓。“子贡”是孔子学生中经济上的成功人士。

1　李洱：《应物兄》（上），第 523 页。

小说中对宠物的名字非常在意，不同主人的宠物各自有着独特的名字。乔木的宠物狗“木瓜”原是应物兄的女儿捡回来的流浪狗，应物兄以声取名为“汪汪”，以狗声命名，普通而乏味。乔木先生则从《诗经》里取得材料——投我以木瓜，报之以琼琚——取名“木瓜”。这一名字立即升华了“汪汪”的品位，亲密而古典。后来木瓜又被赐名“明月”，英文名字“Moon”，既富有诗意又很洋派。金彧称木瓜为“串儿”，即杂种。[1]研究《圣经》的宗仁府教授认为狗是诺亚方舟的成员，他认为木瓜应该取名“Boat”，中文名字“舟舟”，把“狗”看作人化自然的代表[2]。这就一下子把狗放在人的位置了。铁梳子的白狗取名“康熙”[3];程家的猫“将军挂印”因模样像“丘吉尔”[4]又被称为“丘吉尔”。子贡的白马来自蒙古草原，被称为“成吉思汗转世白马”。葛任先生的狗因来自法国的巴士底监狱，被取名“巴士底”。何为教授的宠物虽然是黑猫，因其研究柏拉图而取名“柏拉图”。应物兄给一条小母狗取名“草偃”，取自《论语》中的“君子之德风，小人之德草。草上之风，必偃”[5]。每一个宠物的名字都指向人类生活中的某种意义，使得这种意义得以呈现。如果说何为教授的“柏拉图”是一种理念，那么应物兄的“草偃”就是一种德行，因它的吠叫而救了季宗慈一命。更有意思的是，宠物不仅有中文名字，还有英文名字。比如乔木先生的木瓜又叫“Moon”，铁梳子的宠物金毛英文名字是“James Harden”。宠物也与国际接轨了。

其他一些名称也非常有意思。小说喜欢从古代经典中撷取富有

1　李洱：《应物兄》（上），第 15 页。

2　同上书，第 456 页。

3　李洱：《应物兄》（下），第 541 页。

4　同上书，第 916 页。

5　李洱：《应物兄》（上），第 443 页。

意思的词语命名。“春熙街”取自《道德经》中的“众人熙熙，如享太牢，如春登台”。“春熙”因而富含众人欣喜之情。但春熙街边高大梧桐树上挂着的充气娃娃，则暗示了色情的风景。这就使得“春熙街”的名称在消解古代欣喜之情的同时指向了现代情欲的流动。最富有嘲讽意味的是子贡的公司所生产的避孕套品牌“威而厉”的名字。子贡是儒学研究院的投资商，并参与济州城的旧城改造。他一方面致力于儒学振兴，一方面又投资经商赚钱。应物兄认为《论语·述而》的“温而厉，威而不猛，恭而安”是描述实践理性的过程，因而批判社会上把“温而厉”命名为一种女性自慰器的庸俗挪用。当有人提出用“温而厉”作为避孕套名字的时候，虽然应物兄反对，但其他人支持，他们认为“温而厉，威而不猛，恭而安”描述了一个完整、持久而温馨舒适的性爱过程。子贡的公司可能不愿意出一百万元的命名费而最终采用了“威而厉”的名字。“威而厉”的英文名“Impressive manner”，简写“im”。[1]“im”作为词缀，则含有“在……中”的意思，也有情色意向。

当然也有名字取自西方的经典。济州大学的学术报告厅“巴别”的名字取自《旧约·创世记》。小说中写道：“巴别塔又叫通天塔，《圣经》里说：‘塔顶通天，为要传扬我们的名。’”[2]《旧约·创世记》中关于巴别塔的寓意完全相反。《圣经》中人们所要造的通天塔没有造成，因为上帝分散人们、分散他们的语言。造塔之地被命名为“巴别”，即“分散”的意思。“巴别塔”指的就是那座没有完成的通天塔。将学术报告厅取名为“巴别”，是取其通天的意思，还是取其分散的意思？作为学术报告厅的名字，洋则洋矣，却有点不伦不类。

1 李洱：《应物兄》（上），第 495 页。

2 同上书，第 104 页。

命名乃是《应物兄》语言游戏的方式之一。它的命名以及名称，一方面是关于语言的知识考古，回溯汉语和汉字绵长的历史血脉；另一方面，也试图去印证现实生活的真实性以及触动未来理想的可能性；再一方面，更是确立冠名者居于存在场的存在感，把姓名作为独一的符码活跃在话语的场域中。因此，《应物兄》的命名，力图在符号的意义上实现语言的及物功能，从而在存在的维度上实现知识分子应物的可能。

二、文言“复活”与现代人的自我表达

济州大学校长葛道宏在小说开头的出场，以穿着唐装、说着“恰如其分”的“文言不像文言，白话不像白话”的文白融合体语言亮相：

> 应物兄，你是知道的。对程先生，葛某是敬佩之至，有如七十子之服孔子也。[1]
>
> 费鸣怎么样？用人之道，用熟不用生也。[2]

这种文白融合体语言，长期以来被当作“文白杂糅”或者“文白夹杂”的语病而受到批判。很显然，小说的叙事明确认可这种语言是“恰如其分”的语言，仿佛表明李洱对在现代汉语的书面表达中复活文言这一现象至少不太反对；其实不妨认为是李洱借复活文言以刻画人物而已。

“文言复活”或者“复活文言”中的“复活”一词并不很准确，因为从胡适、陈独秀、鲁迅等人提倡新文学以来，文言并没有在新文学

1　李洱：《应物兄》（上），第 2 页。

2　同上书，第 2 页。

中死亡。它只是被驱赶、被压抑、被抛弃、被化妆、被改造。胡适反对的是“死文字”，并非文言，“死文字”和“文言”两者不完全等同。当然，可以说大部分文言是死的。周作人的《国语改造的意见》把吸收文言作为改造国语、获得理想国语的方式之一。鲁迅是最为坚决反对文言的人，但是他的作品中运用文言的例子也不少。文言词语、旧体诗词、对联等作为“文言”的方式在新文学作家的笔下也屡见不鲜。郁达夫、胡风、聂绀弩等新文学作家的旧体诗不仅量大，而且有很高的艺术成就。如果从新文学领域稍微扩展到官方的政令，乃至大学知识分子的学术写作，那么运用文言的情况更为丰富多彩。20 世纪 50 年代，为了“纯洁”母语、建设与新中国相适应的现代汉语，曾经要求在白话文的写作中排斥文言、方言以及殖民语言等因素。但是现代白话文写作若要完全摈斥文言，事实上也做不到。语言有自己的体系，文言是汉语的基因序列。近期，文言文，尤其是旧体诗词越来越受到重视，在高考作文、文学比赛、电视节目等所占比重越来越大。莫言在《上海文学》2019 年第 1 期发表的《一斗阁笔记》中多是新式的文白融合体。笔者在此不是要否定新文学提倡白话文学的成就，以重新恢复文言文学的地位，只是说即使从新文学产生以来，文言以不同的形式或多或少地存在于文学中。所谓的“文言复活”大致可以理解为近一段时间来文言在当代生活以及当代白话文学中得到越来越多的重视这一倾向。在此笔者不是要再去纠缠一部现代白话文学作品是否需要那么多文言因素的合理性问题，而是转入对作品中使用那么多文言因素的效果考察。

《应物兄》运用文言，称得上千姿百态。第一种，上文已经提及，以古代经典中的词语或意象命名，寓文言因素于名字之中，如“乔木”“陆空谷”取自《诗经》，“子贡”“敬修己”取自《论语》，“伯庸”

取自《离骚》，等等。第二种，自创或引用对联，显人物情怀。程济世以苏轼《月季》中的“花落花开无间断，春来春去不相关”一联赠送乔木；乔木撰联“花开花落春秋事，雁来雁去南北朝”回答，非常切合程济世的儒学研究者身份。[1]对联的语句却不一定全是文言语句，有些半文半白，如乔木赠董松龄联：“廉洁如水，来不得半点污染；奉公如蚕，吐不完一身正气。”[2]有些还非常白话，非常通俗。慈恩寺茅厕对联“但愿你来我往，最恨屎少屁多”。姚鼐撰联“兴许似乎大概是，然而未必不见得”[3]，全用现代虚词，自嘲自己考古的思维方式。应物兄撰联“虎头蛇尾羊蝎子，猴年马月狗日的”[4]，嵌入六种动物名字。第三种，引经据典的文言文语句或旧体诗词比比皆是，功能多样。乔木引陆游《旅舍》诗句“勿为无年忧寇窃，狺狺小犬护篱门”[5]，对木瓜说话。双林院士书李商隐《天涯》一诗“春日在天涯，天涯日又斜。莺啼如有泪，为湿最高花”赠人，隐藏着他深沉的内心痛苦。芸娘引苏轼《卜算子·黄州定慧院寓居作》语句“谁见幽人独往来，缥缈孤鸿影。”“拣尽寒枝不肯栖，寂寞沙洲冷”[6]，送文德能作题记，显示了芸娘对文德能寂寞生活而苦苦探求学术的怜惜。作者有时候会改装旧体诗句以为我用。姚鼐改黄庭坚诗句“桃李春风一杯酒，江湖夜雨十年灯”为“桃都春风一杯酒，学界夜雨十年灯”[7]，把桃都山庄与学界联合起来，以应商家之需。电台主持人朗月的开场语“朗月当空照，天涯

1　李洱：《应物兄》（上），第63页。
2　李洱：《应物兄》（下），第647页。
3　李洱：《应物兄》（上），第57页。
4　李洱：《应物兄》（下），第646页。
5　李洱：《应物兄》（上），第8页。
6　李洱：《应物兄》（下），第882页。
7　李洱：《应物兄》（上），第87页。

共此时"改自张九龄《望月怀远》中的"海上生明月，天涯共此时"，符合朗月主持电台夜间栏目的需求。如此看来，商业刺激与时尚包装成为改装旧体诗词语句的新动力。第四种，人物有时也撰写旧体诗词。研究屈原的邬学勤教授跳河之前的绝命诗："草木之零落兮美人迟暮，五十又三年兮义无再辱。狗屁英格丽兮惟恍惟惚，值此之事变兮死了去毬。"[1] 此诗采用骚体，化用屈原、王国维等人的语句，加入粗俗的语词，用以抵抗大学校长提出用英语撰写教案、用英语授课的方案。

引经据典的文言语句或诗词语句、改装的诗句、撰写的旧体诗词，都是以"文言单元"进入白话语言中。而上文提到的人物语言的"文白杂糅"体，却是文白融合。葛道宏校长的"文白杂糅"语言有附庸风雅的嫌疑。双林、姚鼐、程济世、应物兄等人有深厚的古典文史修养，其文白杂糅体比较符合他们的身份，能显示他们的学识修养以及志趣爱好。

程济世是小说的主要人物之一，尽管小说直接写他的篇幅不多，但济州大学儒学研究院的成立围绕着他展开：一方面，要请他来担任儒学研究院的院长；另一方面，儒学研究院办公楼的建设以寻找程家大院为线索；再一方面，他的言论、他的著作不断被其他人转述、引用。程济世是哈佛大学东亚系教授、中国古代文学与传统文化的研究者，被称为"帝师"。[2] 在他的著述以及言说中，集中呈现了"文言复活"的情景，诸如撰写对联、引经据典、创作旧体诗词等形式都具备。"文言复活"最难在人物的口头语言中表达。程济世的口头语言运用文言情形如何呢？试举例如下：

1　李洱：《应物兄》（上），第 478 页。

2　同上书，第 129 页。

程先生说："漂泊已久，叶落归根的想法是有的。剔骨还父，剔肉还母，本是人伦之常。回台湾是归根，回大陆也是归根。父亲的墓在台湾，母亲的墓在济州。回台湾好是好，可以信口开河，无所顾忌：只要不杀人。可就是太闹了，太能闹了呀。闹哄哄的，Too noisy！一刻不消停。一会儿蓝，一会儿绿，眼花缭乱。一些老朋友也搅进去了，横连纵合，党同伐异，比春秋战国还能闹。本来是四海之内皆兄弟，如今倒好，新友旧朋竟也反目成仇。攻乎异端，斯害也已。到了台湾，入世不好，不入世也不好。入世？入哪个世？只要入世，就难免要搅进去，难免要跟着闹腾，Make a noise！一闹腾，骨头都要散架了。他们是让我出任儒学研究院院长。院长我也不愿干。我跟某些老朋友不一样，给了他们，他们定然跑得比兔子都欢。"……"他们呢，顾盼自雄，还能折腾。我是不愿折腾了。不想闹着玩了。我还是愿意老调重弹，和谐为上，别瞎折腾。夫子是对的，只当素王。我是安于当一个学者，当一个思想家，当一个小老头。既无高官之厚禄，又无学者之华衮，赤条条一身素矣。闲来无事，找几个人聊聊天。清霜封殿瓦，空堂论往事；新春来旧雨，小坐话中兴。岂不快哉？"

讲到这里，程先生要去趟洗手间，说："稍等，我得去嘘嘘了！"[1]

程济世解释"太和"一词：

程先生说："《易经》中云：乾道变化，各正性命，保和太和，乃利贞。应物是知道的，我对朱熹多有微词，总觉得这个人是

1　李洱：《应物兄》（上），第 152—153 页。

‘伪’字当头。虚伪一时者，小人也；虚伪一世者，君子也。就当他是个君子吧。这个君子，对‘太和’二字有过一番解释，说，太和者，阴阳会合冲和之气也。这话说得好。天地，日月，昼夜，寒暑，男女，上下，都可分为阴与阳。所谓阴阳会合冲和，实乃天地万物融为一体是也。不过相对而言，我还是更认同张载的意见。张载说，何为太和？太和就是宇宙万物互相联系的最高境界。应物不吱声，另有高见？”[1]

程济世的这两段说话以白话为底色，最大限度地融合文言，偶尔也用点英语，显示他学贯中西的儒学学者的本色。语句简洁，短句多，整散结合，塑造了一种可说可听的书面语。在现代白话的这种文言复活中，学识渊博、注重个人修养、不失童趣、年老思乡的儒学学者程济世形象已然呈现。他不是盲目的文化民族主义者，他喜爱儒学，不恋权力，不喜闹腾，和谐为上，静心授业。这种形象比较符合陈思和先生所说的岗位型知识分子，传授知识，注重人格修养。

最终要问的是，“文言复活”的及物性如何？“文言复活”不可能是复制传统的文言，而是在现代白话中适当加入文言的因素。“文言复活”功能的实现有时还需要借助外文语句和方言的陪衬。“文言复活”在不同的言说中，会表达出不同的意义。有时是一种新的时尚；有时成为表达友情、抒发情绪的方式；有时成为解释而传递知识的工具。当“文言复活”作为一种小说中人物语言的样式时，“文言复活”自身的及物性能够得到彰显，正如程济世这一形象就是活在现代白话的“文言复活”中。当然，《应物兄》的叙事语言基本是现代书面白话，

1　李洱：《应物兄》（上），第 338—339 页。

不追求“文言复活”。这就表明李洱对此十分警惕。

三、汉语与洋文：言说场的世界性氛围

《应物兄》的故事发生在中国和美国。在小说所写人物中，程济世作为哈佛大学东亚系教授，会多种语言，英语有很高水平，从他写的*Slip*[1]一文就可见一斑，而陆空谷、敬修己、黄兴等人在美国生活多年，对英语也比较熟悉，国内学者，如应物兄、姚鼐、乔木、何为、文德能等，也懂英语，再加上卡尔文、珍妮等会说英语的外国人的穿插，因此，由人物身份而来的语言问题（主要是汉语和英语），也是小说要处理的问题。这个语言问题的主次是非常鲜明的，即以汉语为主，是汉语表达如何吸纳英语的问题。

汉语吸收英语最有效的方式就是直接采用英语单词。外国语言的词语以音译词或者以原词的方式进入汉语，是晚清以来汉语欧化的方式之一。《应物兄》中这样的欧化词语也比较丰富。

师承闻一多先生的考古学家姚鼐曾经欣喜地说：“My God！千流万派归于一源，枝繁叶茂不离根本。‘一源’何指？‘根本’何谓？OK，还不都是我的二里头！”[2]“My God”和“OK”加入汉语语句中，使得姚鼐先生的话语更加活泼有趣。卡尔文说有 Dollar，有 Euro，更喜欢 RMB 之类的话，就非常符合他的身份和生活状态，因为他常常与不同的货币打交道。屈原研究专家郤学勤教授，因抵制还没有成文的关于用英语撰写教案、用英语授课的设想就实践他模仿秀式的跳河自杀，本就十分滑稽。而当他说“Teacher Wu 非常 angry!”[3]时就更加

---

1 李洱：《应物兄》（上），第 67 页。

2 同上书，第 57 页。

3 李洱：《应物兄》（下），第 609 页。

富有讽刺意味，讽刺了中国大学中的中国古典文学专业课程也要用英语授课的荒唐设想。

如果要说完整的英语句子，就常常说出不英不汉的语句。当然，像陆空谷的“Let me try.”[1] 和美国厨师的“So, you'll wake it up.”[2] 就非常准确。但是也会有非常生硬的。子贡手下李医生说新加坡英语：“That person there cannot be trusted.”[3] 先锋戏剧家将“谁怕谁？”写成“Who pa Who?”忽略了英语语法的规定而按照汉语的句式直接翻译，不愧是非常霸道的“硬译”，讽刺了先锋得毫无边界。

乔姗姗的英语辅导教师留给她一个字条：

Waiting for you desperately, wanna fucking your ceaselessly. The later Shanshan comes, the more it aches.[4]

这个表达色情的英语字条暴露了两人偷情的事实。作为乔姗姗丈夫的应物兄看到了这个字条，但是并没有捅破这一事实。这就满足了偷情者以为用英语表达不会泄露真实情况的设定。

第一次读到文德能死前说的一个单词“Thirdxelf,”时，我非常震惊。这个单词将 third 与 self 组合起来，即 Thirdself，第三自我。[5] 这里有两个问题，第一是为什么将“Thirdself”中的 s 改成 x？第二，为什么要加逗号？逗号可能表示没有结束，暗示文德能将要解释这个词语，但是来不及解释就咽气了。后文再次提到了这个词语，据芸娘介绍，Thirdxelf 是文德能所写文章的题目，开头一句是：The

1 李洱：《应物兄》（上），第 145 页。

2 同上书，第 145 页。

3 同上书，第 452 页。

4 李洱：《应物兄》（下），第 614 页。

5 同上书，第 687 页。

Thirdxelf，这是我生造的词，意为“第三自我”。[1] 至于为什么将“s”改成“x”，小说中并没有进一步的解释。也许，“Thirdself”表示一个确定的第三自我，而“Thirdxelf”表示一个不太确定的第三自我，也就是说，这个第三自我也可以是第四自我，甚至第 x 自我。由此引出的问题是，一个中国学者探索自我的问题，为什么要诉诸汉语以外的其他语言呢？这个问题是中国近代以来产生的，至今没有解决。当下所谓的创建中国话语、讲好中国故事，都涉及一个要命的问题：用什么术语来创建和讲述呢？

自晚清以来（翻译佛经的时代不论），汉语以不同的方式吸收域外语言。域外语言以原装词语的方式进入汉语，也是方式之一。郭沫若的诗集《女神》，李金发的诗集《微雨》《食客与凶年》，穆时英的《白金的女体塑像》《公墓》，刘呐鸥的《都市风景线》等作品都运用了不少域外语言的原装词语。《应物兄》中的英语嵌入，或显示人物身份，或讽刺，或探索自我，或铺设情节，成为五四新文学以来文学作品吸纳外来词语的延续。

而《应物兄》中外国人的中文则在汉语文学作品中比较少见。《应物兄》中的卡尔文是中国当代小说中非常怪异的形象。他是坦桑尼亚国民议会议员的儿子，在美国长大，却在中国济州的商界和学界混得如鱼得水。他是作为异国的符号被消费。他成为铁梳子等猎奇女性的俘获对象，铁梳子享受着卡尔文异域符号的同时也享受着他性的力量，他被女性戏称为“卡咬咬”。不过，他的中文确实给当下汉语带来了一种诡异的冲击。他改变着汉语中骂人的脏话，比如“我操你媳妇”“日狗的”这种与性有关的骂人脏话在他的语言中也拐了一个道，改变着

1　李洱：《应物兄》（下），第 881 页。

骂人的意向。他说:“老女人比小女儿更裸体。”[1]“裸体”被活用为形容词，相当于“性感”一词。他的“四海之内皆兄弟，全都尿到一个壶里”[2]是对铁梳子、裤衩大王陈董、子贡三家借修建儒学研究院之机拟组建一个投资公司的调侃。

他的中文书写：

> 闻知应夫子车祸，患了半死不死之病，我心有戚戚焉！
>
> 他叫我卡夫子，我叫他应夫子。孔子是孔夫子。他是应夫子。
>
> 首次上课，他在黑班上写了几个词，让朋友说意思。别的我忘到后脑勺了，我记得有个词：爱人。我举手，应夫子言道：你说。我说，与男人有性关系之女人，即是爱人也。应夫子说，同意者谁举手。我举手，别人不举手。跟我有性关系之女孩亦不举手也。应夫子言道：“爱人”不是 sweet heart，不是 lover，是 love others! 仁者爱人；爱人者，仁者也。
>
> 我进日返济州，看望应夫子。
>
> 上帝啊，老天爷啊，娘啊！应夫子醒来吧，别半死不死了。阿门。[3]

卡尔文的书面汉语确实是汉语，用的是汉字，符合汉语语法，虽然有错别字；但十分别扭得不像中文。这段白话书面中有文言句式、英文单词、宗教祈祷语汇，杂七搭八，跳跃性强，少用关联词。这段话最大的问题是语言的格调不对。用“半死不死”来描写朋友的病症，

1　李洱：《应物兄》（上），第 93 页。

2　李洱：《应物兄》（下），第 626 页。

3　李洱：《应物兄》（上），第 76 页。

显然不妥。“夫子”是对有学问者的尊重，或者对迂腐的学者的调侃，而将“孔夫子”“应夫子”“卡夫子”排列起来，非常怪异。挪移中西文化意义维度，比如按照西方的爱人观解释儒家的爱人观。结尾处的呼告语中西并置，不伦不类。

卡尔文这个形象，就济州大学儒学研究院的设立来说，是个多余人。他只是铁梳子的御用性奴，基本是作为“性”的工具介入到小说的故事中，他最终因为患有艾滋病而被驱逐。不过，他的西方式的汉语以及中文，不是苍白的点缀，也不仅仅是给纯正的当下书面汉语以陪衬，不只是满足国人猎奇的语言奇观。卡尔文的中文表达和中文书写充满了对汉语的西方式误读，扰乱着汉语的语义系统。这种扰乱，同时也是一种提问。

四、自言自语与 Illeism

应物兄是小说的叙事人，但是他很少说话，改用“自言自语”的方式介入叙事。应物兄本来是快人快语的人。被他的博士生导师乔木先生进行了严厉的话语规训：“接话不要太快”，“接话太快了”。接话不能太快，要少说话，“日发千言，不损自伤”。[1]孔子喜欢的颜回就很少说话。孔子最不喜欢的人就是说话滔滔不绝的人，“巧言令色”更让人讨厌。“说”与“不说”、“言”与“不言”之间的矛盾也体现在孔子自己身上。孔子反复对“言”进行限制，可他自己一生“述而不作”，他的形象以“子曰”的形式被塑造和固定。如果说孔子并非扼杀人们的“言”，只是要求他理想中合理的“言”，那么不进行“言”的试错的话，这种合理的“言”又如何获得呢？应物兄留校任教以

1　李洱：《应物兄》（上），第 6 页。

后，谨遵乔木先生的教导，不断克制自己说话的冲动，最后发明一种自言自语的说话方式：说话而无声，只有自己能听到，舌头在运动，脑子在运动：

> 只有说出来，只有感受到语言在舌面上跳动，在唇齿间出入，他才能够知道它的意思，它才能够在这句话和那句话之间建立起语义和逻辑上的关系。[1]

应物兄在确证语言的意义，获得语言意义的实现方式，并由此确证自己的存在。应物兄的“自言自语”与心理描写的区别在于：心理描写只是一种“思”的行为，往往不会带有鲜明的声音特征。应物兄的“自言自语”带有鲜明的声音标记，只是别人听不到这种声音，而他自己是能听到的，这是因为“自言自语”具备说话的所有机能活动。因此，“自言自语”仍应该被看作言说的方式，而不是心理描写的方式。应物兄“自言自语”的内部话语特征在第一人称、第二人称和第三人称之间转化。

为了很好地理解应物兄的自言自语，有必要引入语言学家本维尼斯特对三个人称的说法。本维尼斯特认为第一人称、第二人称与第三人称具有不同的价值。在前面两个人称中，“同时存在着一个隐含的人称以及关于这一人称的话语”。要成为人称，必须具有两个条件：人称以及关于这一人称的话语。在这里，话语类似于陈述。比如第一人称中，“我”指示说话者并同时隐含一段关于“我”的陈述，因为在这一陈述中，不可能不说到我自己。在第二人称中，人称“你”必然由我

1　李洱：《应物兄》（上），第 8 页。

指称，而且不能置身在“我—你”关系之外；并且“我”陈述的某物成为“你”的谓项。但是在第三人称形式中，包含对某人某物的陈述指称，而不具有人称。因为说话者在“我—你”关系之外，“是不折不扣的非人称，其标志就是不具有人称‘我’‘你’所具有的特性”[1]。但是第三人称并非没有意义，而是具有“我”“你”人称所没有的特性。第三人称从它的非人称形式功能中获得一种能力，既可以成为一种尊敬形式，使某人远远超出一个人称的地位，又可以成为一种侮辱形式，贬低某人的人称身份（人格）。[2]

因此，第一人称、第二人称和第三人称各有自己的意义。乔木先生将女儿乔姗姗许配给应物兄，应物兄对此有一段自言自语，他首先用第三人称发问：“是他吗？这是真的吗？”应物兄将自己用“他”这一第三人称代词拉开距离，从而实行对“他”的考察，仿佛与自己无关。这就写出了应物兄对乔木先生将女儿乔姗姗许配给自己的陌生与惊奇。接着应物兄用第二人称发问：“你何德何能，竟得先生如此器重？”应物兄用“你”来指称自己，从而实现面对面质问的可能。最后应物兄用第一人称肯定：“这说明我还是很优秀的嘛。”[3]应物兄和黄兴在去波士顿的路上，当黄兴提到陆空谷时，应物兄也有一段自言自语：

> 对他来说，她就是个谜。他觉得，她几乎熟知他的一切，因为她竟然知道他每个月都要见一次芸娘。不过，你有所不知。我

1 ［法］埃米尔·本维尼斯特：《普通语言学问题（选译本）》，王东亮等译，北京：三联书店，2008年，第251页。

2 同上书，第252页。

3 李洱：《应物兄》（上），第7页。

已经多天没见芸娘了。这次出国之前，我本来要去看芸娘的，但芸娘说，别来了，有什么话让文德斯告诉我就行了，你那么忙。芸娘这次在电话里还说了一句话："你没事往美国跑什么呀？"当然，这些话他没有跟陆空谷说。

她曾说，她是从台湾来的。他信了。[1]

应物兄先用第三人称讲述陆空谷对自己的了解；然后插入第二人称的"你"，仿佛面对面说话，讲述自己来美国前与芸娘的电话内容；最后又回到第三人称叙事上。

在书中，还有一种应物兄自言自语的变体形式——说话者将自己化为第三人称的他 / 她来讲述，西方叫做"illeism"。它源于拉丁语 ille，意思是"他"。小说中，芸娘对这个问题有精彩的分析。应物兄和郑树森一起去见芸娘，郑树森这位鲁迅研究界的教授大谈自己与妻子因为一只鸡冠而准备离婚的事情，喜欢用这样的句式："树森没有猜错吧""树森不拖她的后腿""树森的母亲……""树森快累瘫了""搞得树森反倒觉得……"芸娘很不习惯这种第三人称说话的方式，就讲解了克尔凯郭尔的分析，只有两种人喜欢用第三人称方式讲话，一种是自大的人，认为自己的生命不属于自己，而属于整个世界；一种是自卑的人，忍受不了世界的重压，通过化为第三人称将自己从历史中抽离出来，或者说从自我中抛出来。[2] 在此举一个例子，古希腊作家阿里安在《亚历山大远征记》中描写亚历山大讲话，采用了第三人称的方式："现在，我本来打算把你们当中那些不能再参加战斗的人送回家乡，成为乡亲们羡慕的人。但是既然你们都想回家，那你们通通都走

1　李洱：《应物兄》（上），第 144—145 页。

2　李洱：《应物兄》（下），第 745 页。

吧。到家之后，告诉乡亲们，就说你们的国王亚历山大打败了波斯、米地亚、巴克特利亚、萨卡亚，征服了攸克西亚、阿拉科提亚和德兰吉亚，当了帕西亚、科拉斯米亚以及直至里海的赫卡尼亚的主人；他曾越过了里海关口以远的高加索山，渡过了奥克苏斯河和塔内河……他还曾由印度河的两个河口闯入印度洋……当他的舰队由印度驶回波斯海时，他又把你们带回苏萨。我再说一遍，你们回家之后，告诉乡亲们，就说你们自己总算回了家，但把国王扔下了，把他扔给你们曾经征服过的那些野蛮部族去照顾……你们走吧！”[1] 在这段话中，亚历山大将自己说成“你们的国王”或者“他”，以求获得他的手下马其顿将士们的理解与敬意，从而实现他的目的。他的目的是把不能参加战斗的将士送回家乡，让留下来的继续战斗。

在《应物兄》中，唐风、雷山巴等人喜欢用第三人称说话。唐风说：“唐风参加的就是国际堪舆文化学术研讨会。……唐风是美国籍，但是，洋装穿在身，心是中国心。……我说，韩国的风水学说来自中国，申遗也只能由中国来申。……我对他说……唐风对卢先生说……”[2] 生命科学园院基地的合伙人雷山巴喜欢自称“雷先生”：“赚钱不是雷先生的目的，只是手段。”[3] 唐风与雷山巴用第三人称讲述自己，主要是炫耀自己，引起听众的关注，获得别人的尊敬。而侯为贵用第三人称说话属于另一种类型：“为贵进来的时候，释延安刚到，还带来了一个和尚说，是要给‘小嫂子居士’念经。我对延安说了，家电终生保修，念经也要终生服务啊？释延安说，小嫂子居士相当于

---

1 ［古希腊］阿里安：《亚历山大远征记》，李活译，北京：商务印书馆，2003 年，第 266—267 页。

2 李洱：《应物兄》（下），第 677—678 页。

3 同上书，第 710 页。

VIP 会员。应物兄和为贵就别进去影响人家念经了，为贵是这么看的。你说呢？如果你一定要进去，我带你进去。”[1] 侯为贵用第三人称说话，表示谦卑，以求获得听者的好感。无论是哪一种方式，正如芸娘指出的，都表示了这些人极端良好的舒适感。这种舒适感抹平了他们对大学和社会的感知，都以成功人士自居的姿态面对社会。而应物兄的“自言自语”却不相同。在形式上，应物兄的“自言自语”将自己在第一人称、第二人称和第三人称之间自由转换。在功能上，应物兄的“自言自语”将那些无法当场直说的内容通过自言自语的方式表达出来。对应物兄自己而言，这是一种释放和宣泄。话语不敢当面示人，而只能以自言自语的方式让自己听到，这又暗示了当代知识分子的言说困境。应物兄的“自言自语”是话语防御策略，话语只向自己显露，从而确证自身存在的价值，并暗示了存在的荒诞性。

五、当代知识分子的应物：“一代人正在撤离现场”？[2]

应物兄这个名字的符号意义要大于应物兄这个人物的故事意义。他在小说故事中，虽被委以筹建儒学研究院的重任，实际上没有实权，无法推动事情的进行。相反，他的名字中“应物”两字，不仅可以用来观照小说各路学院派知识分子“应物”的道路方式，也激发出当代知识分子面对这个时代如何回应的大问题。

如果将“应物”作为一个问题，有三个方面需要思考：第一，何谓“应物”？这个问题，宋代欧阳修有句名言：“无常以应物为功，有常以执道为本。”应物兄也思考过这个问题：应物还是执道？应物兄

1　李洱：《应物兄》（下），第 717 页。

2　同上书，第 907 页。

自认为是“既应物又执道”[1]。“应物”是一种行为方式，而“执道”才是“应物”的目的。第二，何以应物？即应物的心理基础是什么。这个问题可以转化为“应物随心”[2]还是应物随时？司马谈对司马迁的谈话：“与时迁移，应物变化，立俗施事，无所不宜。”[3]这里说的虽是道家观点，但是表明应物是随时代变化而变化的。如果“随心”与“随时”能做到统一，那也不失为一件幸事。但是如果发生冲突呢？第三，应物的姿态是什么？“应物”而“无累于物”，是理想的状态。如何做到“应物”而“无累于物”呢？老子《道德经》：“天之道，不争而善胜，不言而善应，不召而自来。”[4]“不争”“不言”“不召”所说的“三不”观体现了老子“无为”而“为”、“不应”而“应”的哲学理念。应物兄的“自言自语”是否可视为“不言”之一种？如此看来，应物兄则为外儒内道的学者。著书立说以儒学为业，为人处世以道家为本。但是奉行这“三不”主张，又如何能济世应物呢？

围绕着上述问题，《应物兄》中的知识分子们是如何应物的呢？小说中芸娘说过一句话——“一代人正在撤离现场。”她所说的“一代人”当指他们在20世纪80年代成长起来的一代知识分子。“撤离现场”是一种行为方式，也是一种价值取向。《应物兄》中所写的知识分子并不局限于芸娘所说的“一代人”，程济世就不属于这个“一代人”，当然多数人物还是属于这个“一代人”的。“撤离现场”本身就是“应物”的方式。结合“撤离”的说法，我将《应物兄》中的知识分子分为三类，提炼出三种应物的方式：一类是程济世、应物兄和费鸣等人，

1　李洱：《应物兄》（下），第747页。

2　同上书，第673页。

3　同上书，第673页。

4　《道德经》，转引自《王弼集校释》（上），楼宇烈校释，北京：中华书局，2017年，第182页。

应物的方式是“转场”；一类是芸娘、何为、文德能等人，应物的方式是“持守”；一类是郑树森、吴镇、华清等人，应物的方式是“倒向”。

程济世、应物兄和费鸣等人因建立儒学研究院而聚集一起，推行儒学是他们应物的方式。程济世任教于美国，研究中国文化。费鸣是应物兄的学生。在这类人中，变化最大的是应物兄。20 世纪 80 年代的应物兄，感兴趣的是楚文化中原始的氏族图腾、神话以及魏晋风度。他读李泽厚先生的著作《美的历程》的“读后感”，题目叫《人的觉醒》。有网友指责应物兄是背叛了自己。应物兄认为 80 年代的自我“那并不是真正的自我，那只是一种不管不顾的情绪，就像裸奔”[1]。应物兄提出：“在八十年代学术是个梦想，在九十年代学术是个事业，到了二十一世纪学术就是个饭碗。但我们现在要搞的这个儒学研究院，既是梦想，又是事业，又是饭碗，金饭碗”。[2]“金饭碗”这个说法好像有点反讽意思，使人想起中国 20 世纪的“铁饭碗”一词。应物兄学术路向的转变，是时代使然。所谓“应物”，趋时是其中一种方式。费鸣恭维应物兄是“管理火种”的“领袖”，应物兄听后很受用，很激动。[3]应物兄借用张载的话——为天地立心，为生民请命，为往圣继绝学，为万世开太平——赞誉程济世，称之为“帝师”。[4]程济世在北大的演讲《儒教与中国的“另一种现代性”》重提中国为“中央大国”。程济世、应物兄这类知识分子建立儒学研究院，推行儒学思想，出自他们的本心。他们是严肃认真的。在儒学思想中，作为人格修养，有些内容是可取的。但是晚清以降，随着西方思想进入中国，儒学思想中的

1 李洱：《应物兄》（上），第 53 页。
2 同上书，第 196 页。
3 同上书，第 199 页。
4 同上书，第 284 页。

很多弊端显露出来。五四新文化运动时期，中国的现代知识分子们激进地反传统，“打孔家店”，是因为有让知识分子痛恨的现实原因：袁世凯称帝和张勋复辟都是借着“孔教”而上演的。金克木曾经指出，八股文的老祖宗在《论语》，言外之意是《论语》中的等级制度是为帝王专制服务的。如果说程济世和应物兄这一类知识分子的“转场”是“顺时”的“应物”，那么他们必将对儒学进行一番现代改良，而不是照搬。

文德能、芸娘、文德斯、何为等知识分子大体能保持 20 世纪 80 年代形成的理想主义。其中最有思想的是文德能，不过他死得早。文德能阅读广泛，尤其对欧洲思想理解很深，熟稔黑格尔、马克思、海德格尔等人的著作和思想。他的笔记是富有诗情的哲性语言。[1] 文德能对黑格尔的一段话尤其喜爱：

> 在我们这个富于思考和辩论的时代，假如一个人不能对于任何事物，即便是最坏的最无理的事物，说出一些好理由，那还不是一个高明的人。世界上一切腐败事物之所以腐败，无不有其好理由。[2]

这段话出自黑格尔《哲学全书》的第一部《逻辑》。文德能反复给这段话加批注，思考“好理由”与“腐败事物”之间的关系。“好理由”也是一种说法，一种词语。这种探索凝聚着对时代的思考，对历史上所有用“好理由”粉饰“腐败事物”的抵抗。芸娘说：“一代人正在撤离现场。”[3] 这句话是对 20 世纪 80 年代理想主义的回望，同时也是

1 李洱：《应物兄》（下），第 883 页。

2 同上书，第 887 页。

3 同上书，第 907 页。

对当下大学教育种种现象的不满。芸娘、何为、文德斯以及张子房等学者采取“持守”的方式以“应物”。

郑树森、吴镇等大学教授从鲁迅研究转向儒学研究，这种“应物”的学者非常荒唐，也是那种俗不可耐的类型。鲁迅被认为是五四新文化运动中最为激进地反对不适合时代进步的传统文化的人，这传统文化自然包括儒学思想。他主张少读或不读中国书，他诅咒那些反对白话、主张文言的人。除了郑树森、吴镇转向儒学研究，还有清华大学某教授从研究朱自清转向儒学研究，陆空谷的父亲海陆也转向儒学研究。芸娘用“倒向”一词形容这批人的转向[1]。“倒向”这个词语描写这批人的学术转向仿佛是一种行为艺术。

小说的后半部中，应物兄对“词”与“物”关系有一个思考：“词就是物，物就是词。”[2]“词”与“物”之间真的那么透明吗？小说中有这样一个细节：子贡会把“word（词）”写成“world（世界）”，应物兄会把“world”说成“word”。[3]两人似乎犯了同一个错误——混淆了“词”与“世界”的区别。不过，子贡是把词当成了世界，应物兄是把世界当成了词。不管怎么样，他们都是将“词”与“世界”混同了。也许，这里暗示了李洱自身的一个取向：“词”与“物”之间的同一性关系，恰好通向以语言的及物去实现知识分子的应物这一目的。如果说《应物兄》这一“词”的载体，实践了语言的及物行为，那么作为知识分子的李洱所做的“应物”会是什么呢？

小说一些主要人物的结局如下：卡尔文被查出患有艾滋病，上吊自杀。豆花举报了栾庭玉，然后在长庆洞自杀。栾庭玉被双规。应物

1　李洱：《应物兄》（下），第908页。

2　同上书，第911页。

3　李洱：《应物兄》（上），第460页。

兄找到了灯儿（曲灯老人）和张子房所住的大杂院。灯儿还活着，张子房在撰写《国富论》。这个大杂院就是程济世家的程家大院，前面的小路就是程济世所说的仁德路。天下第一的仁德丸子也是曲灯老人的手艺。之前那么多人考证过的程家大院以及仁德路的存在都是一种说法，都是一种修辞、一种“词”的集体梦魇。儒学大师程济世的儿子程刚笃让两个女人怀上了小孩：美国女人珍妮生的是三条腿的小孩，被珍妮掐死了；易艺艺生下的小孩也有问题。作为程济世弟子的应物兄因车祸去世，而济州大学儒学院还没有成立。这是否暗示了当代儒学的命运：无论是在国外还是国内，都是以怪胎面世？如果可以这样理解，那么整部作品就充满了强烈的反讽意味。

应物兄在赶回济州的路上出车祸去世。小说的结尾是：

> 他再次问道：“你是应物兄吗？”
>
> 这次，他清晰地听到了回答：“他是应物兄。”[1]

最后的回答，既可以看作应物兄“自言自语”式的回答，也可以看作旁人的回答。对于一个将要死亡的人来说，最省事以及最有效的确证，就是再一次称呼他 / 她的姓名。

李洱以语言游戏为中心的《应物兄》对这个时代做出了“应物”的回答，小说中各类人物的“应物”方式将留给读者继续思考。

1　李洱：《应物兄》（下），第 1040 页。

《简明逻辑学》导读

魏　宇　华东师范大学哲学系助理教授

非常荣幸参加我们这次“读书散疫，爱在华东师大”的活动，我很喜欢这个活动主题。我们都知道上海目前处在一个特殊的时期，每个人能做的事情好像不多，但是我认为我们个人是能够做一些很有力量的事情的。比如说认真遵守防疫政策，比如说勤洗手、戴口罩，再比如说我们今天所做的——读书。

我今天想跟大家分享一本书，名字叫做《简明逻辑学》，这本书是牛津通识读本 VSI（Very Short Introductions）系列中的一本。这套丛书迄今为止已经出版了 400 余本，主题涵盖的范围非常广泛，像“数学”“文学理论入门”“现代日本”“科学哲学”“佛学概论”等，每一本书都对一个特定的主题进行简洁而精炼的介绍，由该领域的著名专家所撰写。出版社的目的是想把这套丛书做成一个涵盖所有主要学科、可读性强并且包罗万象的工具书图书馆。

我要分享的这本《简明逻辑学》，它的英文书名是 *Logic*。诚如我们刚刚所言，这套丛书文如其名，非常简短，因此中文书名取作《简明逻辑学》。这个中译本有非常好的一点，在于书中包含两大部分，前一部分是中文翻译版，后一部分是英文原版，如果你对翻译有的地方不是很满意的话，可以对照着来看。此外，中山大学文学锋老师在网上公开了他的重译版《逻辑学简短入门》，翻译得更加准确可靠，强烈建议大家找来一起看。

这本书其实是根据 *Logic* 2000 年第一版翻译的，2017 年的时候这本书又出了第二版，第二版相较于第一版增加了一些内容，我们后面也会谈到，大家可以结合来看。今天的读书会，由于时间关系，不可能带着大家一章一章地来读这本书，重点给大家做一点背景介绍，包括逻辑学、逻辑史的背景介绍。之后我们再回到这本书，看一看书中包含了哪些较为关键的内容。

首先，逻辑学是干什么的？我们经常会说到“逻辑”这个词，日常生活中常常会使用“逻辑”这个概念。比如男女朋友吵架，可能会相互指责对方“你没有逻辑”“你不讲逻辑”。在听歌的时候也会遇到“逻辑”，比如《想见你想见你想见你》这首歌的歌词“用尽了逻辑心机，推理爱情，最难解的谜”。在追剧的时候，比如前段时间一部很热门的剧集《开端》，在豆瓣上就收获了这样一个短评，说《开端》拍得确实不错，“逻辑缜密，推理烧脑，角色的塑造也很丰满”，我们又一次遇到了“逻辑”。

我们几乎天天都会说到逻辑，一般也不愿意承认自己不讲逻辑，没有逻辑，因为我们会觉得这是一种批评。相较而言，很多时候我们会说“不好意思，我数学不好”，但是我们很少会说“不好意思，我没有逻辑”。如此广泛的应用让人不禁想问：作为一门学科，“逻辑学”究竟是研究什么的呢？这本书也尝试回答这样一个问题。在该书的第一章，作者引用了一个有趣的故事，希望能回答这个问题。故事来源于《爱丽丝镜中奇遇记》(《爱丽丝梦游仙境》的姊妹篇)。作者是刘易斯·卡罗尔，可能大家不知道卡罗尔也是一个非常著名的逻辑学家，在爱丽丝的故事里写到过不少古灵精怪的逻辑内容。

《简明逻辑学》里就引用了这样一个桥段：一天，爱丽丝遇到了一对喜欢强词夺理讲逻辑的兄弟，叫做特维德顿（Tweedledum）和特维德地（Tweedledee）。这两个穿着一样的兄弟在爱丽丝一时无语的时候就攻击挖苦她。哥哥特维德顿说："我知道你在想什么，但现在并不是这样的，绝不是。"弟弟特维德地说："反过来说，如果过去是这样的，那么可能是这样的，假如现在是这样的，那就是这样的，但现在不是这样的，所以不是这样的，这就是逻辑。"

大家听到特维德地讲逻辑，有没有对逻辑学更清楚一点呢？我知道并没有。逻辑学到底是干什么的？大家阅读这本书会形成自己的看法。我们暂且理解，书所引用的这个故事里，特维德地所做的其实是推理，虽然你觉得这个推理多少有点古灵精怪，有点奇特，但正如他所说的那样，逻辑学就是关于推理的。如果说得再详细一点，逻辑学的研究对象其实是推理的形式，而不是具体的、个别的推理。

逻辑学研究的一个目的就是通过研究推理的形式来帮助我们区别正确的推理和不正确的推理。举个例子，可能多少接触过逻辑学的同学都遇到过这样的推理——"所有人都是好奇的"，"苏格拉底是人"，因此"苏格拉底是好奇的"。逻辑学中通常画一道线来分割一个推理的前提和结论，横线上面的两句话，"所有人都是好奇的"，"苏格拉底是人"是推理的前提，横线下面"苏格拉底是好奇的"是推理的结论，这是一个具体的推理。

所谓推理的形式是指什么呢？我们把推理的具体内容给抽象化，我们把上述推理写成"所有 A 都是 B"，"a 是 A"，因此"a 是 B"。我们把"人""好奇的""苏格拉底"这些都抽象化，用字母代表，表示我们可以在字母的位置带入任意的内容。熟悉逻辑学的同学都知道，这个推理形式就是我们三段论逻辑第一格第一式的推理，也被称为“芭芭拉三段论”（Barbara）。

说完了推理形式，我们再说什么是“正确的推理”。正确推理通常指的是推理的前提要百分之百支持它的结论。我们在下面也给了两个例子，大家对照来看。首先刚才讲过的这个例子，是一个百分之百支持的推理：“所有人都是好奇的”，“苏格拉底是人”，因此“苏格拉底就是好奇的”，它的前提百分之百支持结论。相对照而言，下面这个推理就不是前提百分之百支持结论了：“1% 的人是好奇的”，“苏格拉底是人”，因此“苏格拉底是好奇的”。前提百分之百支持结论的推理在逻辑学上也被称为“有效的（valid）推理”，否则就是无效推理。研究有效推理的逻辑，就叫演绎逻辑。

《简明逻辑学》第一章“有效性：从什么可以推出什么？”正是从逻辑学非常关键的概念“有效性”开始讲起的。有效性或者是百分之百支持，简单说就是“保真”。什么意思呢？如果一个推理的前提是真的，那么会保证它的结论一定是真的。我们也可以详细地看，其实“保真”没有表面上看起来那么简单。它包含三种情况，我们列在这里。

如果一个推理的前提是真的，那么它的结论也是真的，这是一个保真的推理。如果一个前提中有假的，结论也是真的，这也算作保真的推理，因为根据定义，前提为假，那结论为真也可以。同样的道理，如果一个推理前提中有假的，而它的结论也是假的，逻辑学会认为也是一个有效的推理。所以有效性保真的定义，精确地说，就是不可能“前提是真的，而结论是假的”，除此之外都是可以的。书的第二章举了一个推理的例子，推理的第一个前提是“女王富有”，第二个前提是

“女王不富有”，结论是“猪会飞”。你可能觉得这个例子很奇怪，但是如果我们套用刚才逻辑学上有效性的定义，就会发现这也是个有效的、正确的推理。为什么呢？你看这两个前提，“女王富有”，“女王不富有”，其中肯定有一个是假的。因为它的前提有假的，所以结论是真是假就无所谓，你推出“猪会飞”当然可以。你可能觉得很奇怪，但它确实是符合我们逻辑学定义的一个正确的或者叫百分之百支持的推理。

有的时候我们也会把有效的推理比喻成一根优质的水管，水管的作用就是保证干净的水流进去，流出来的一定是干净的水。注意前提，你要倒进去干净的水。假如说你放入的是脏水，那就不要怪水管流出来是干净的水还是脏的水。无论如何，这是一个逻辑学定义，但是可能很多人直观上始终觉得这样的推理是有问题的，不是我直观上的正确推理对吧？怎么能够从“女王富有”和“女王不富有”推出“猪会飞”这样的结论呢？无论如何都让人觉得奇怪。

事实上推理不是逻辑学独有的东西，从某种意义上说推理是每一个人与生俱来的能力。不研究逻辑、不研究推理的人，对于什么是正确的推理也有着充分的直觉。比如我们在听某个报告或者听某位老师上课的时候，可能会评价说逻辑性很强，讲得很清楚；我们在追剧看电影的时候，也会评价其逻辑缜密、推理烧脑。实际上这就是对讲课、报告、剧情发展过程中所涉及的推理是否正确做出了评价。这种对于正确推理的直觉也受到了科学证据的支持。比如认知心理学家就做过很多关于人类逻辑推理的实验。这些实验是怎么做的呢？认知心理学家给被试看一些具体推理的前提，然后要求被试自己给出结论或者评价我们实验中提供的结论，之后心理学家再看被试给出的推理是不是正确的。结论是什么？许多逻辑实验都表明人的的确确具有基本的推理能力。

现在我们会遇到一个问题：一方面，人的确具有一些逻辑的能力，我们对“什么是正确的推理”可以有充分的直观；另一方面，现代逻辑学告诉我们的正确推理，让我们总觉得有问题，好像不都是正确的。面对这种矛盾、这种冲突，我们怎么办？书里提供了两个可能的方案：首先，逻辑学不是研究人们事实上是怎么推理的（这是认知心理学所要做的工作），逻辑学研究的是我们应该怎么推理。人们的很多直觉，书上说，都是具有误导性的。比如我们没有学习物理时，很多人似乎觉得地球显然是不动的，后来我们知道地球是在浩瀚的宇宙中做着无尽的运动。其次，逻辑学所给出的工具不是万能的，“只是适用于某些类型的推理，有很多其他类型的推理，我们只是刚开了个头”。开了这个头之后，逻辑学还能做哪些工作呢？或者说逻辑学如何发展呢？

假如你对刚才讲的现代逻辑学通用的“有效”推理的定义不满意，你可能觉得“如果前提真，那么结论真”这个定义里，前提和结论的“真”没有那么容易判定，没有关系，《简明逻辑学》的第十章“模糊性”，就是关于这样的担忧的。书上给了一个例子，说“一个 5 岁的人是一个小孩”，我们可以做一个简单的推理，“如果某个人是个小孩，那么一秒钟之后他还是个小孩”。这很符合直观感受，对吧？我们可以这样一点一点地推，“再过一秒钟他还是个小孩，再过一秒他仍然是一个小孩。如此过了 630 720 000 秒之后，他仍旧是一个小孩”。我们做出这样一个推理，但事实上如果一个 5 岁的小孩经过了如此多的时间，他早已是一个 25 岁的成人了。问题就是在哪个时间段，停在哪一秒的时候“他是个小孩”是真的，而到了哪一秒“他是个小孩”就是假的了呢？

当然，我们有时候没有那么容易判定真与假。后来逻辑学的发展，模糊逻辑（fuzzy logic）告诉我们，一个命题似乎不应该是非真即假、非黑即白的，我们可以把真值放宽为介于 0 和 1 之间的数字。我们可以选一个数字，比如 0.75，你觉得 0.75 就是一个可接受的水平，那么一个推理是有效的，当且应当。如果前提的真值不小于某个“可接受水平”，那么结论的真值也不小于这个“可接受水平”。这是一种方式、一种逻辑学的发展。

又或许你觉得“前提为真，结论一定为真”这个要求太强了，会认为“前提为真，结论大概率为真”这样的推理也是正确的推理。确实有的逻辑学家跟你的想法是一致的。这本书第十一章关于“概率”的部分就在说这个事情。例如，很多福尔摩斯式的推理都是前提为真，结论大概率为真而非必然为真的推理。书中举了一个例子，福尔摩斯遇到威尔森先生，对他说：“你外套右手袖子上足有 5 寸长的地方闪闪发光，而左袖靠近手腕经常贴在桌面上的地方打了一个整洁的补丁，这还能说明什么别的吗？说明你最近写过不少东西。”

严格地说，这不是一个前提百分之百支持结论的推理对吗？我们当然可以设想一种情形，威尔森先生并没有从事过大量的写作，他的这件外套是从某个从事大量写作的人那里偷来的，但显然这不是一个大概率的事件。在后来逻辑学的发展中，有些概率逻辑学家就认为“一个推理是有效的”应该这样定义：当且仅当在给定前提的条件下，结论发生的条件概率（conditional probability）大于结论不发生的条件概率。

简单介绍过逻辑学的背景后，我想做一些逻辑史背景的介绍。我们说逻辑学是一个既古老又现代的学科。说它古老是因为从发端上看，逻辑学历史悠久。我们常说逻辑学有三大起源：中国的先秦逻辑、古印度逻辑和古希腊逻辑。中国的先秦逻辑又称为“名辩学”，最重要的代表就是后期墨家的《墨经》或者叫《墨辩》。古印度逻辑又称为“因明”，它起源于古代印度的论辩术。“因”的意思就是推理的根据、理由，“明”就是知识、智慧。我们可以大概这样理解，“因明”其实就是关于推理的，因为理由而到达知识，到达智慧。

今天分享的这本书，主要涉及了古希腊逻辑，因为古希腊逻辑是现代逻辑的根基，现代逻辑就是以它为基础发展而来的。古希腊逻辑的开端，一个是亚里士多德，一个是斯多葛学派。我们前面说运用推理是理性人的基本能力，但西方系统研究推理的开端就在亚里士多德。亚里士多德所创造的逻辑可能很多同学熟知，就是三段论逻辑（syllogism），它研究的推理涉及“所有”“有些”等元素的词语。现代逻辑称“所有”“有些”为量词，该书的第三章就是关于量词的，其历史追溯到亚里士多德。

亚里士多德的三段论逻辑研究了四类基本的语句所构成的推理，包括“所有 S 都是 P”，“所有 S 不是 P”，“有的 S 是 P”，“有的 S 不是 P”。此外，亚里士多德还研究了模态词（modal term）的推理。什么是模态词？比如“必然”“可能”这些词所形成的这类推理也成为今天模态逻辑的滥觞。本书的第六章“必然性和可能性：什么会是一定如此的”就是关于必然和可能的介绍，它的开端也在亚里士多德。

斯多葛学派是古希腊亚里士多德之后另外一个研究逻辑的传统学派。和亚里士多德不同，斯多葛学派研究的核心重点不在于量词“有些”“所有”，而在于连接两个完整语句的联结词（connectives），比如“或者”“并且”“如果……那么”。书中也给了一个例子，“如果你去看电影，那么你就要花钱”，“如果……那么”这个联结词将两个完整的语句“你去看电影”和“你就要花钱”组合起来，形成一个复合句，这在逻辑学上称为条件句。书的第七章就是介绍“条件句：‘如果’中有什么”这种逻辑的研究，其开端就是在古希腊的斯多葛学派。

其实古希腊以后，整个西方中世纪到19世纪的逻辑学研究，都是围绕着亚里士多德三段论来进行的。在19世纪，当时的大哲学家康德甚至断言，亚里士多德的逻辑已经到了无可再改进的地步。康德说："从亚里士多德时代以来，逻辑在内容方面就收获不多，而就其性质来说，逻辑也不能再增加什么内容。"那能增加的是什么呢？就是提高逻辑的数学水平。我们说过逻辑学是一门既古老又现代的学科，说其现代的原因，就是在20世纪的时候逻辑学产生了重大的转变，诞生了新的数理逻辑（mathematical logic），打破了亚里士多德逻辑长达两千多年对西方思想的统治地位。

数理逻辑的源头是德国数学家、逻辑学家弗雷格，他提出了一套远比亚里士多德逻辑和斯多葛逻辑更为强大的逻辑系统。弗雷格的逻辑基本上就是我们今天所谓的谓词逻辑（predicate logic）。谓词逻辑即书中第三章、第四章所介绍的逻辑。我们可以做更多的背景介绍。逻辑系统只是弗雷格学术志业的一部分，其实他有一个非常宏大的计划，叫做逻辑主义（logicism）。想法是什么呢？就是数学其实能够还原为逻辑，他的逻辑系统就是为了实现这个目标而产生的。弗雷格的逻辑系统除了一些基本的推理规则，还加上一些他认为是明显正确的公理。弗雷格认为透过这些公理和推理规则，我们可以推导出所有的数学真理。这是一个非常宏大的学术愿景，但是这个梦想很快随着他在1902年收到的一封信而破灭了。

可能很多同学也很熟悉这段历史。寄出这封信的正是伟大的哲学家罗素。他指出弗雷格计划中最核心的系统有一条公理其实是内含矛盾的。罗素在那封信中证明了这个矛盾的想法，衍生出日后我们都很熟悉的罗素悖论。一个理发师说我只给本城所有不给自己理发的人理发，那么问理发师能不能给自己理发？你想如果他要是给自己理发，那么按照他的说法他就不给自己理发；如果他不给自己理发，那么按照他的说法，他就要给自己理发。这个问题其实很有意思。本书的第五章也提到了“自指：本章是关于什么的”，大家应该去阅读感受下。

历史好像开了个大大的玩笑，罗素虽然毁了弗雷格的毕生志业，同时他也成为了弗雷格的伯乐。弗雷格生前默默无闻，他的学说只有很少数的人留意，正是因为罗素的影响力，学界才慢慢注意到他，甚至后来弗雷格被尊称为当代分析哲学的鼻祖。罗素本人也是一个逻辑主义者，他同样抱有伟大的想法，认为数学可以还原为逻辑。他延续了弗雷格的计划，同老师怀特海合作，力图发展出一套能够避开罗素悖论的逻辑系统。

他们在这个过程中创造了现代逻辑中普遍采用的符号。书中虽然符号用得不多，但是所用到的这套符号就是从罗素和他的老师怀特海这里来的。当然后来罗素的逻辑主义也没有成功。大家知道这本书出了第二版，第二版相较第一版新增了一些内容，增加的第十四章、十五章就是关于这方面的介绍，讲罗素和弗雷格逻辑主义计划为什么没有成功。

为什么呢？20世纪有一个伟大的数学家、逻辑学家哥德尔探索了逻辑系统的极限与边界，他证明了所谓的“算数不完全定理”，大致说的是没有一个一致的公理和推理规则系统能够推导出所有的数学真理。他在数学上严格证明了这一点，彻底戳破了宏大的、泡沫一样的逻辑主义，这就是著名的哥德尔不完全性定理，这本书上也有提到。我们现在知道弗雷格和罗素的逻辑系统除了在符号上有差异，其他大致都是一样的，今天我们称他们的逻辑为古典逻辑（classical logic）。大家要注意，古典的意思不是古老，亚里士多德的逻辑是古老的，古典的意思是“标准”，是我们现在所有学习逻辑学的学生的入门课。

今天的逻辑学其实和哲学、数学、计算机科学都密切相关。计算机的出现和发展背后的不少观念，比如很多同学熟悉的逻辑门（logical gates），都是与逻辑学息息相关的。著名的逻辑学家冯·诺依曼、图灵等都曾帮助设计世界上第一台大型计算机。如今的逻辑学在计算机科学中依然有很多的应用（第二版新增的第十四章也提到这方面的内容）。现在国内外大学开设逻辑学的院系主要就是哲学系、数学系和计算机学系。我们可以说逻辑是起源于哲学，成熟于数学，而繁荣于计算机科学。正是由于计算机的应用性，让逻辑成为一个非常现代化的学科。

最后，我们重新回到这本《简明逻辑学》。这本书的作者格雷厄姆·普里斯特（Graham Priest）是一位著名的逻辑学家，也是一位哲学家。他在书的前言里说："这本书的目的在于探索逻辑的根源，它潜藏于哲学。"牛津大学出版社曾经为这本书做过一个音频版的宣传片，邀请作者来谈一谈这本书的特色。普里斯特说："逻辑的根是深深植根于重要的哲学问题的（its roots sink deep into deep philosophical questions）。"这正是逻辑让他深深着迷的地方。

大家也可以以此背景再去看这本书，其实很多关于逻辑的介绍依赖于对哲学问题的介绍，或者说是以哲学问题作为引子，来引出对现代逻辑学的介绍。今天很多哲学家希望逻辑学可以作为一个非常好的工具，帮助我们澄清一些哲学问题。这种想法由来已久，伟大的哲学家莱布尼茨曾提出一个很有超前性的想法，就是"思维是可以计算的"。如果大家的观点不一样怎么办？是打一架吗？莱布尼茨说不，"精炼我们推理的唯一方式是使它们同数学一样切实，这样我们能一眼就找出我们的错误，并且在人们有争议的时候，我们可以简单地说：让我们来算算吧。而无须进一步的忙乱，就能看出谁是正确的"。这就是莱布尼茨心目中的“普遍语言”。我们可以在普遍语言上做计算，而我们也一直非常希望逻辑成为莱布尼茨思想中普遍语言的重要组成部分。

最后我想跟大家分享的是，逻辑学是一个基础性学科。1974 年，联合国教科文组织就把逻辑学列为七大基础学科之一，包括数学、天文学等。2019 年，联合国教科文组织又将每年的 1 月 14 日定为“世界逻辑日”。恭喜大家，如果听到这个报告的话，你的人生又多了一个节日。2021 年，教科文组织的总干事奥德蕾·阿祖莱做过一篇简短而精彩的关于逻辑的演讲，她说：“因为担心失衡跌倒，我们的思想紧紧抓住逻辑这个扶手……逻辑之所以能够得到广泛的研究，也得益于并且可能主要得益于它具有诸多实际应用功能。逻辑在科学、工程学、认知心理学、语言学、传播学的发展中发挥了非常重要的作用……我们被逻辑包围，但却很少意识到其存在——我们经常在不知不觉中应用逻辑……值此世界逻辑日，让我们加强对促进和平和相互理解文化的共同承诺，而奠定这一文化的基石就是逻辑的意识、知识和理性原则。”这是一篇非常精当的演讲。

至此，我今天跟大家短暂的分享就结束了。《简明逻辑学》这本书的扉页上有这么一句话：“谨以此书献给那些思考过逻辑学，或将要思考逻辑学的人。”我也希望我今天简短的报告，可以献给我们思考过逻辑学的同学或者即将思考逻辑学的同学。我的分享就到这，谢谢大家。祝大家读书快乐！

乌托邦何处寻：勒古恩的《失去一切的人》

王　茜　华东师范大学国际汉语文化学院教授

今天和大家分享的这本书，是美国幻想文学作家厄休拉·勒古恩的《失去一切的人》（北京联合出版公司，2017）。这本小说以前曾经出版过另一个译本，译为《一无所有》（四川科技出版社，2009），两版的译者都是陶雪蕾。个人觉得《一无所有》这个题目更好，因为《失去一切的人》很容易让我们将注意力集中在一个人的身上，而《一无所有》是一种更普遍的生命状态。

选择一个科幻文学作品来讲，是因为我觉得文学的重要魅力就在于能在一定程度上和现实拉开距离，让我们有机会从仿佛有着硬壳般的现实世界里突围，去体验人生中可能触碰不到的维度。在文学的各种类型里，科幻文学的突围强度最高、力度最大，原因是很多科幻文学作品是在星球的层级上展开，作者会站在银河系或者整个宇宙的视角上来写某个星球的故事，这是任何现实主义文学都无可比拟之处。《失去一切的人》这本书写的是两个星球的故事。如果说现实主义文学作品的阅读体验是让我们比平时更深地扎根到生活的土壤里，那么阅读科幻文学的体验就是一种强烈的超越感，虽然我们的生命囚禁在肉体之中，但是精神可以站在宇宙之巅、光年之上俯瞰整个人类的生存。在这种视角的转换中，我们得以审视当下的生命。疫情当下，大家被迫足不出户，开启一次精神遨游，对于不自由的身体来说也算是一种安慰。

目前大家对科幻文学的期待更多朝着科学方面，认为科幻文学主要是描绘未来的神奇生活。科幻文学的种类非常多，硬科幻是比较科技硬核的，但也有很多的科幻作品只是把科技进步当成一种间离现实、搭建思想实验室的条件或手段。对这样的作品来说，科技进步的细节可能不重要，关键在于用这种科技进步作为砖瓦搭建一座跟现实隔离的房子，以便作者在这座房子里展示自己的宇宙观、人生观和社会政治观等，从而与现实形成互相映射的关系。

欧美在二十世纪六七十年代的时候经历过科幻文学的繁盛时期，出现了科幻文学的各种文体尝试。比如克拉克的《太空漫游》偏向硬科幻，看重的是对科技发展前景的展望和对宇宙的科学探索；《沙丘》是赫伯特对二十世纪六七十年代流行的系统论哲学观和生态系统理论思想的幻想式文学演绎；菲利普·迪克的《尤比克》塑造了一个逆时间顺序逐渐收缩和崩塌的世界，这就完全不关科学的事了；阿西莫夫的《银河帝国》比较复杂，既有很多关于科技方面的畅想，还有不少基于哲学理论对未来社会形态的想象。而勒古恩的小说放在乌托邦小说类别里可能更为合适。

说到乌托邦，大家首先想到的可能是 16 世纪英国空想社会主义创始人托马斯·莫尔的作品《乌托邦》，还有意大利作家康帕内拉的《太阳城》，它们都是在展示一种比现实更加美好的理想社会形态。跟这样美好的乌托邦相反的，叫反乌托邦，或者叫恶托邦，比较著名的如《1984》《美丽新世界》等，也属于乌托邦家族的作品。加拿大的科幻文学研究专家达科·苏恩文对乌托邦小说做了一个界定。他说，乌托邦小说是一种文学类型或语言文字的建构，其中建构的世界跟作者所处的社群相比，是根据一种更完美的原则组织起来的。这一建构的基础是间离，间离源自一种拟换性的历史假设。间离的意思是跟现实拉开距离。我们读《红楼梦》或者《人间喜剧》这样的作品，觉得没有间离感，会觉得小说里的世界就是真实的。但是假设《红楼梦》的故事不是发生在大观园里，而是发生在火星上，间离感马上就出来了。

乌托邦小说当然不是只靠换地方来制造间离感，它的间离手法是一种拟换性的历史假设，它替换了作为历史发展成果的人类社会形态。人类社会形态包括从原始社会、奴隶社会、封建社会、资本主义社会到社会主义社会这样一个系列，而乌托邦小说展示的社会形态既与现实的社会形态好像有某些可以关联、呼应或者印证的地方，又在相当大的程度上背离了它。苏恩文对文学书写的各类乌托邦做了一个基本的概括，他认为：第一，乌托邦应该是一个完整的和隔绝孤立的地点；第二，乌托邦一般是用全景式的扫描表达出来，关键是要呈现孤立地点的内在组织，把社会结构完整地呈现给大家看；第三，它是一个有形式的等级系统。

《失去一切的人》完全符合苏恩文对乌托邦小说的界定和形态描述。这本小说是关于两个星球的故事，小说里有两颗像地球和月球一样遥遥相望的行星，一颗叫阿纳瑞斯星，一颗叫乌拉斯星。乌拉斯星上的自然环境和地球特别相似，土地肥沃，物产丰盈，非常适合居住；阿纳瑞斯星却是一个贫瘠荒凉的星球。乌拉斯星上的社会制度不尽如人意，它比较容易让人联想起人类历史上曾有的各种阶级社会。有人说勒古恩写的这两颗星球是对美苏争霸时代两个国家的影射，我觉得这样讲局限性比较大，它们对应的并不是某一个具体的国家，而是对人类历史上一些政体、国家形态特点的抽取与集合。乌拉斯星上有鲜明的阶级差异，有为少数有产者服务的政府、军队，以及专门为政府服务的科学研究机构，当然也有大批处于社会底层的贫穷的劳动者。此外它还是一个消费社会，这一点跟我们今天的处境比较像。

在很早的时候，一批对乌拉斯的社会体制心怀不满的人自愿离开这个星球，移居到阿纳瑞斯星。小说是这样写的："飞船带上百万名选择了新生活的人们通过那道没有水的深渊，随后港口关闭，不再接受外来移民，仅对贸易协定允许进入的货船开放。"阿纳瑞斯星在移民之后就自动关闭，和其他星球隔离，以便不受干扰地实践其奥多主义社会理想。奥多主义理想是作者虚构的一个东西，很容易让我们联想到无政府主义的社会形态。在阿纳瑞斯星上，整个社会奉行平等自由的原则，没有贫富差别和等级差异，也不存在政府、军队等国家机构和武装力量，只有一个根据实际情况需要，负责调配全社会劳动力资源的协调系统，它们管的不是人，而是生产。值得一提的是，勒古恩把阿纳瑞斯星的自然环境塑造得特别严苛，那里空气稀薄，经常寒风刺骨，尘土飞扬，生命进化的最高形式就是鱼类和无花的植物；人们都知道，自己必须小心翼翼才能维持星球上脆弱的生态系统，精心利用每一份自然资源才能满足大家生存的需求。星球实行有机经济，人们过着非常简朴的生活，但是对奥多主义的信仰以及自由平等的人际关系，让大家感到充实和快乐。两个星球描绘两种社会形态，由于脱离了地球的束缚，作者就有了更多想象的自由空间。

这么听下来，阿纳瑞斯星似乎是个乌托邦，除了自然环境恶劣一点以外，其他都符合大家的生存理想。实际上这个星球也存在很多问题，这些问题是通过阿纳瑞斯星上一个年轻人谢维克的经历逐渐显露出来的，谢维克的经历也是整篇小说的线索。谢维克很有物理学天赋，他来星球上的一个城市阿比内深造，研究成果却被他的合作者和老师萨布尔署上自己的名字发表了。萨布尔非常嫉妒谢维克的才能，也限制他跟星球上其他科学家的书信来往，刻意隐瞒谢维克的研究成果在其他星球上获奖的消息，导致谢维克对萨布尔日渐不满。谢维克的研究成果在乌拉斯星上却特别受人认同，乌拉斯星向他伸出橄榄枝，于是谢维科决定前往乌拉斯星去寻找深入交流和研究的机会。

小说的第一章就是从谢维克登上即将飞往乌拉斯星球的飞船开始的，这时身后还有一大帮愤怒地高喊着“你是叛徒”的反对者在追赶他。推动谢维克离开的原因有很多，比如他从小就对乌拉斯星感到很好奇，很想知道那个被自己的星球不断告知很可怕危险的星球到底是什么样子，他想亲眼看看。除此之外，阿纳瑞斯星上的生活也有很多不尽如人意之处，比如全国人都要服从劳动力资源、工作岗位的统一调配，到什么地方去工作是不能由自己决定的。有一次为了应对全国范围的大旱灾，谢维克不得不放下手头的研究工作，被派遣到千里之外的一个农场，等半年后回到家里，却发现他的爱人塔科维亚带着自己的小女儿被调配到更远的地方去了。小说里是这么写的：“这个被疲惫思念和焦虑折磨的男人，眼里噙着愤怒的泪水，身子哆嗦着，心里涌起一阵强烈的失望和愤怒，还有一种不祥的预感。最糟糕的是你没办法把这一切归咎到某个人身上，社会跟他们不是对立的，社会为他们而存在，跟他们同在，他们就是这个社会。”这表达了个人和集体之间永恒的矛盾。此外，奥多主义维护个人自由的信条也存在自我矛盾。奥多主义尊重个体自由，却规定外星球的人不能进入，本星球的人离开之后也不能再回来。将打算前往乌拉斯星的谢维克斥为叛徒的做法其实是违背了奥多主义尊重个体自由的信条，这样看阿纳瑞斯星似乎也算不上一个真正的乌托邦。

来到乌拉斯星之后，谢维克一开始被奉为座上宾，因为他们觉得谢维克正在研究的共识物理学对他们研发光速飞船、称霸宇宙很有帮助。但是一段时间之后，谢维克的研究就陷入困境，由于迟迟交不出研究成果，乌拉斯星上的官员开始失去耐心，甚至把他软禁起来。谢维克一开始经常在乌拉斯星到处逛，这个充斥着琳琅满目的商品的世界让他头晕目眩，他一边逛一边感慨，在这里销售的成千上万的东西，没有一个是在这里生产的，都只是在这里售卖，那些在车间里辛勤劳作的人都在哪里呢？商店里所有的人要么是买东西，要么是卖东西，他们跟那些东西之间除了占有和被占有的关系之外，再也没有任何别的关联了。他在星球上碰到了一个名叫薇拉的漂亮女孩，而在谢维克看来，"她那女性的身体经过如此精心的装扮和修饰，几乎都不像一个活生生的人了"。薇拉从来不参加任何跟劳动和创造有关的社会生活，她唯一要做的就是想方设法装饰自己，吸引异性，获得财富。谢维克觉得薇拉很可怜，但是薇拉却觉得控制男性、享受男性提供的物质条件，是女性理所当然的生存之道。乌拉斯政府不允许谢维克带着可怕的奥多主义思想接近底层劳动者。有一次谢维克自己偷偷跑出来，找到劳动者居住的地方并且尝试在广场上发表演讲，向大家解释奥多主义，政府军队马上就出面镇压。历经种种，谢维克终于意识到，阿纳瑞斯星虽然不完美，却是一个充满希望的地方，他决定返回。

阿纳瑞斯星是一个不完美的乌托邦，这在乌托邦文学写作中并不独特，因为很多乌托邦作品都会写到自己世界里存在的缺陷，那么《失去一切的人》的乌托邦塑造有什么独特之处呢？在文学理论里有一个看法，文学作品的魅力并不是在于它的情节，而在于制造情节、陈述情节的手法与细节，它们构成了作品的"肌质"。这篇小说的肌质如下：从目录看小说共有 13 章，第 1 章和第 13 章的名字都是“阿纳瑞斯—乌拉斯”。双数章第 2、4、6、8、10 章叫“阿纳瑞斯”，描写谢维克在阿纳瑞斯星上的成长经历和生活遭遇，以谢维克克服重重困难离开阿纳瑞斯星作为双数章的结尾；单数章第 3、5、7、9、11 章叫“乌拉斯”，描写谢维克来到乌拉斯星之后的经历，以谢维克最终决定重返阿纳瑞斯星作为单数章的结尾。第 1 章描写谢维克登上飞船，决定离开阿纳瑞斯星的场景，第 13 章写谢维克经历了在乌拉斯星上的一番游历后决定返回，开着飞船即将在母星着陆的场景。从离开到返回，再加上描写谢维克在乌拉斯星球上的经历，也就是说单数章是一个按正向时间顺序发展的过程。在单数章中穿插地描写谢维克在阿纳瑞斯星成长经历的双数章却是发生在谢维克离开之前的故事。也就是说，《一无所有》既不是简单的顺叙，也不是单纯的倒叙，而是过去与将来并行展开、同时发生。在一条矢量时间轴上发生的故事被安排进一个共时性的叙事结构中。

在双数章里我们可以看到，谢维克对阿纳瑞斯的不满如何产生，想要外出探寻的心情如何形成；在单数章里我们可以看到，谢维克如何通过在乌拉斯的游历为自己的困惑探寻答案，终于明白自己认为真正值得过的生活是什么样子，从而回归之心日渐急切。在双数章的结尾，谢维克决定离开阿纳瑞斯，这本应该出现在第 12 章之后，但作者将其放在第 1 章，这就使小说表现出一个首尾衔接的环形结构。这使我们在阅读的时候产生一种消除线性时间体验的混淆感，因为过去、现在、将来好像在同时发生。现在是在过去对未来的向往中发生的，未来又引导人重新走上一条从过去就已经开始延伸的道路。从物理学的角度来看，时间是线性的，而在我们的生命结构里，时间却是环形的，就像表盘上的循环，对我们来说过去从来都不曾远去，未来也从来不曾缺席，过去和未来同时在现在之中绽放，所以我们拥有的每一个现在，其实都包含着过去和未来。

勒古恩小说的这种独特叙事结构给读者制造的共时性时间体验，其实也是小说中谢维克的共时物理学想要论证的成果。作为一个物理学家，谢维克相信时间有两面，一面是线性的，一面是循环的，它们同样真实。其实我们并不清楚真正的物理学理论如何解释时间，小说里谢维克的研究只是勒古恩为一个虚构的物理学家虚构的研究内容，但这种虚构对我们在日常生活里的时间体验而言不乏真实性。共时物理学是谢维克的物理学结论，更是勒古恩关于存在的信念，所以勒古恩借着谢维克之口说出这样的话："你不可能拥有当下，除非你同时接受过去和未来，只有认可过去和未来的真实性，当下才称其为真实。"

共时物理学与乌托邦又有什么关系呢？勒古恩塑造的是一个存在于时间之中，而不是空间之中的乌托邦，不完美的乌托邦并不新奇，更重要的一点是，《失去一切的人》中的乌托邦不是谢维克天生拥有的，而是由谢维克寻找获得的。假如没有乌拉斯上的一番经历，谢维克也许永远不可能把生于兹长于兹的阿纳瑞斯星当成他心目中的"乌托邦"。他可能永远只会看到阿纳瑞斯星上的麻烦和缺陷，却不能理解这种充满麻烦和缺陷的生活有何意义与价值，不能理解"不完美"本身如何成为推动人们坚守信念、追求完美的动力。正是因为阿纳瑞斯星的不完美，谢维克才会外出探寻并进而明白自己的心意所在，明白阿纳瑞斯的可贵。所以，《失去一切的人》中的乌托邦不是一个静态空间里完美的或者接近完美的地方，而是与一个人的生命历程相伴随的世界。

如果一定要对这样的乌托邦做一个界定，我想它首先是一个可以安置我们那些最珍爱的基本信念，允许它扎根的地方。其次，乌托邦自身应该也是一个必然内含着缺陷和不足的地方，因为绝对的完美只会带来停滞和死亡。很多作家都写有瑕疵的乌托邦，勒古恩却写出了瑕疵之于乌托邦的必然性。勒古恩非常喜欢中国的《道德经》，她曾经把《道德经》译成英文，“有无相生，高下相成”的辩证法在勒古恩的很多作品中都有所体现。最后，乌托邦不是一个由别人做好、放在我们面前、等着我们走进去的现成世界，而是一个要经过个体的艰辛探寻才能抵达的地方。总之，乌托邦是一个在过去、现在和未来的动态交织关系中生成的世界。这就是我对《失去一切的人》的乌托邦的理解。

除了乌托邦，这个小说还有很多可读之处，比如勒古恩借谢维克之口表达对消费社会的批判。谢维克非常讨厌乌拉斯星身陷物欲的状况，这里虽然有充足的空气、雨水、食物、衣服、历史和书籍，但是人人都拼命地想要占有这一切，所以谢维克说：“在你们这里什么都美丽，只有人的脸不美，而在阿纳瑞斯什么都不美，只有人的脸才美。除了其他男男女女的脸，除此之外，我们一无所有，我们只拥有彼此。在你们这里看到的是珠宝，而在那里看到的是眼睛，在眼睛当中你们能看到夺目的光彩，人类精神的光彩，因为我们的男人和女人是自由的，一无所有，但他们是自由的。而你们在占有的同时也被占有，你们身陷囹圄，每个人都孤立无援，孤独地守着自己占有的东西，你们在囚笼中生，在囚笼中亡。”虽然时至今日对消费主义社会的批判已屡见不鲜，但当批判性目光化作小说里那些生动的场景和细节，小说借着谢维克这个异星人的视角来看乌拉斯，就好像我们用旁观者的视角来审视我们生活的地球，观看视角的陌生化产生的批判效果依然令人震动。

科幻小说就像一个作为可能世界的思想实验室。“可能世界”这个概念最早由德国哲学家莱布尼茨提出，他认为在上帝的心目中有各种各样的世界，但是只有我们这个世界被选择了，并且得到实现。美国逻辑学家、哲学家克里普克认为，可能世界是我们的世界可能如此，虽然不构成具体的实在，但它们是实在的；虽然是我们抽象思维的结果，但又是独立于我们的思维的客观存在。可能世界不只是一种虚构的、单纯的理想或希望，同时也具有可通达的可能性，因为它们并非是飘浮在现实上的空洞想象，而是与现实事件在同一个根脉上生长出来的，它跟现实有相通性，说不定有一天我们真的就走到那条道路上去了。可能世界始终悬挂在现实世界的周围，始终环抱着它，这就动摇了现实世界作为唯一可能无可撼动的绝对真实性，它从哲学本体论层面展示了变革现实的契机与希望。

最后我想用苏恩文的话来结束这个讲座。苏恩文说："科幻小说既不是预言式的未来学，也不是诸如象棋之类的空洞游戏，它同样是一种'好像'，一项充满想象的实验，一个在人类与社会和自然的关系史中求新的方法性器官，一种认知模式……它并不是假装在现在的自然或未来的自然面前举起了一面镜子，而是在自然的种种的内在的——人类的、社会的或宇宙的——可能性面前举起了一面镜子。正如乌托邦小说一样，科幻小说也是一种'严肃的游戏'，一场在与各种现实之间的关系中展开的嬉戏，它教我们如何去理解，并且必要时，如何去改变我们的现实经验。"我非常认同苏恩文的这种说法，这些关于科幻的描述在勒古恩的科幻小说当中、在她的乌托邦世界当中也都有所体现。希望大家关注勒古恩的小说，关注科幻文学，更希望大家可以找到自己心中的乌托邦，并且生活在那里。

历史与当下的交遇：读《中美相遇：大国外交与晚清兴衰（1784—1911）》

金衡山　华东师范大学外语学院教授

今天我和大家分享的书是《中美相遇：大国外交与晚清兴衰（1784—1911）》，出版于2021年。作者王元崇是一位旅美华裔历史学家。这是一本讲述清朝与美国之间外交关系的书，里面有很多非常有趣的事，趁这个机会跟大家分享。书的腰封上面有这么一句话："今日中美关系之种种，滥觞于二百多年前的两国相遇。"这句话非常有分量，总结了此书的宗旨，我自己在读这本书的时候也有同样的感触。

我想先做一个声明，我的学术背景是英美文学，尤其是美国文学，在历史方面，我仅仅是一个业余爱好者。今天介绍的这本书完全是历史方面的，对我来说，评说这本书仅仅是出于好奇心的驱动，如果有说得不对的地方，尤其是不专业的地方，请大家批评指正。

此书是写给公众的历史书，通过说故事的方式讲述历史的变迁，跟一般的学术书有所不同。这本书很快就能从头到尾看完，但从中可以学习到很多东西，"故事生动，历史线索清晰，更重要的是，借鉴意义深刻"，这是我自己的感受，也跟我今天的题目有一定的关系。

书的内容我大致总结为几个方面：从乾隆时代一直到清朝后期，这期间发生的跟世界局势的关系，特别是与美国之间的关系；也包括美国华人的历史，他们所经历的辛酸和痛苦；还有清朝期间开始的中国幼童到美国留学的过程，在这本书里面作者认为这是中国留学的开始。根据此书的内容，我想讲四个方面的故事，也是我自己在读书过程中体会比较深的四个方面，分别是“体制与体面”“贸易与通约”“夫人外交”“‘他们’与中国”。

第一个方面“体制与体面”，即磕头与签约。17 世纪中叶，西方发生了一件事情，后来被认为非常重要，因为它确立了国际关系的体系。这件事情就是 1648 年签署《威斯特伐利亚和约》，发生在当时的神圣罗马帝国，也就是现在的德国北部。这个地方经历了几十年的战乱后，一些国家聚集在一起讨论和平协议。德国的威斯特伐利亚有两个城市签订了这个条约，一般被认为是国际体系建立的一个开端。国际体系建立的前提条件是要承认国家跟国家之间的平等关系，无论国家大小，主权和领土都上升为非常重要的事情。

与此同时，可以做一个对比。这本书一开始就提到清朝仍然维持一个朝贡体系，也就是以清朝为中心，其他国家派团到北京来进贡。在中国，朝贡体系早已有之。

朝贡体系跟清朝和外界之间有什么关系？我们可以举一个例子来说。1793 年英国马戛尔尼使团来华，他是英国人在印度的一个地方的统治者和官员。代表团来了以后，提出开展贸易、建立使馆、开放港口等要求，但是后来都遭到了乾隆的拒绝。其间发生了一件跟磕头有关系的事情。乾隆的官员跟英国人讨论在接见的时候，涉及三跪九叩的仪式，这是清朝跟藩属国之间通常会有的一种仪式。英国人不同意，最后讨论的结果是马戛尔尼单膝跪下，这是他们官员觐见当时的英国国王乔治三世的仪式。这件事反映的好像是一个礼仪之争，但实际上是一个体系之间的关系。

通过一些历史绘图，大家可以了解当时的历史背景。在马戛尔尼使团来以前，还不到1793年的时候，英国人画了广东港（Canton）的图。这说明，明朝以来，广州已经成为对外贸易的“窗口”。还有一张圆明园的图，也是洋人画的。为什么要提这件事？因为马戛尔尼使团带来了很多礼品，包括钟、表、观天象的装置，他们花了12天把这个观天象的装置重新装配起来，要放到圆明园里面去展览。乾隆是在热河接见的马戛尔尼使团。外国人把当时的接见仪式都画了下来。

前面讲了《威斯特伐利亚和约》，然后是1793年乾隆跟英国使团见面的故事，这是一个大的背景。现在我们直接跳到1844年，美国跟中国之间签订《望厦条约》。背景是第一次鸦片战争之后，看到英国跟清朝签订了《南京条约》，美国也想在中国获得更多权力。相关故事有很多，很有意思的是，也跟礼仪之争有关。道光皇帝拒绝了美国公使进京的要求，最后这个条约是在望厦签订的，具体地点是在澳门一个村的观音堂里。条约签订后，两方都表示了一定程度的高兴，此事看起来很平和、很简单，实际上反映了很多事。美国人高兴是因为签订条约，获得了很多利益，可以开拓更多的贸易；中国人高兴，尤其是道光帝比较高兴，是因为“扶夷”成功，意思是成功地拒绝了美国人到北京去签订合约，表现了维持朝贡体系的成功，这让他感到高兴。

这里发生了一件很有意思的事。美国人随访的时候，带来了当时的美国总统泰勒（John Taylor）给道光帝的一封信。从两段话的译文对照中可以看出很微妙的冲突：这封信的英文文字非常平和、简单，但是翻译成汉语的时候就变成了朝贡体。

比如这段话："The rising sun looks upon the great mountains and rivers of China. When he sets, he looks upon rivers and mountains equally large in the United States."翻译成中文后，这段话非常微妙地成为朝贡体的古汉语："日晃东升，即散皇舆之彩；阳光西下，甫生敝域之辉。""敝域"是指美国的地方，"皇舆"是指中国这里，显然"你"跟"我"之间是不同的。再比如这封信的结尾这样写道："And so may your health be good, and may peace reign."翻译成汉语后就变得非常复杂且意义丰富："伏愿九重宵旰，长歌日月，升恒万载，太平永固，山河带砺。"其中，"伏愿"是处于下层地位的写信者跟上层高贵者说话时需采用的姿态，很显然这里汉语表达的意思跟英文说的意思不太一样。

第二个故事说的是美国跟中国之间的贸易关系，最早可以追溯到1784年，美国大船"中国皇后"（Empress Of China）号到达广州，差不多一年后又回到美国，这是中美之间的第一次贸易。这个时候美国还没有联邦政府（华盛顿于1789年才做第一届美国总统），美国已经建国，和中国的贸易主要是到中国买茶，并将一些银元、西班牙的布匹运到中国。整个路线从纽约跨过大西洋，绕过好望角到澳门再到广州。从世界大局的角度来说，这反映了中国和欧洲之间的关系。在17世纪和18世纪，欧洲对中国的了解与日常用品有密切的关系，比如茶叶。茶叶在世界各地，尤其在欧洲非常盛行。通过对茶叶的了解，部分欧洲人对中国产生了一些正面的感情。

有一幅画是18世纪的法国人画的，描述的是中国人在钓鱼。很有意思的是，大致在同一时期，清朝的宫廷里也刮起了一股"西洋风"，一个传教士画了雍正皇帝穿着法国君主服饰的一幅肖像。

这可以表明当时中国在西方受到的欢迎和关注程度，但另一方面，有时候在一些具体事件上，态度也会变化，如美国独立战争以前于1773年发生的“波士顿倾茶事件”。这本书里提到的具体原委是，当地殖民地的人不愿意受东印度公司的压迫，他们要自己走私一些茶叶，但是跟英国政府发生了矛盾，所以他们开始阻止东印度公司的茶叶在美洲殖民地的倾销，于是发生了英国政府跟殖民地之间的剥削与反剥削的冲突。

但是，在这个事件中，茶叶被一些人赋予了政治内涵，他们把茶叶跟东方专制主义的思想结合起来。有些人号召不要喝茶，因为茶跟东方实行专制主义有关，专制主义是一种病。书中有这么一句话：“《波士顿公报》：列克星顿的爱国居民们欣慰地通知我们，他们在最近的一次集会上一致通过了反对消费任何种类的武夷山红茶，无论是荷兰还是英国进口的，为了表示他们的真诚，他们将镇上的每一磅茶叶都收集起来，然后付之一炬。”似乎不喝茶与爱国相关，可以促进爱国行为。很多时候，若追究受害者的缘由，可以发现与某个历史时期发生的一些具体事件有关，而这些事件其实又与弥漫在人们中间的一些观念和思想有关。从这个事件可以看出，对于东方国家的偏见在西方早已有之，有些人用专制主义来描述东方，一方面是要凸显他们的不同，另一方面则是为自己的政治目的服务。这是非常值得关注的一件事情。

从中美贸易的历史角度来说，前期是茶叶贸易，到1820年前后发生了一些变化，一些英美贸易商发现到中国来贩卖鸦片能获得暴利，所以美国商人进入广州开办公司私卖鸦片，获利非常多，其中一些人后来在美国成为望族。旗昌洋行（Russell & Co.）便是一例。有一个人叫德拉诺（Delano），他是20世纪30年代就任美国总统并成为美国历史上最伟大总统之一的罗斯福的外祖父。德拉诺也参与到贩卖鸦片的活动中，在中国获得暴利，后来在美国做慈善，给一些大学捐助，同时进入了政治领域。按照这本书的说法，一些美国人在中国贩卖鸦片为美国社会的财富积累与发展做出了贡献。当然，中国人受到了毒害，中国社会受到了挤压。通过这本书，我们可以了解一些细节，继而引发我们思考。

我讲的第三个方面是“夫人外交”：慈禧的认识。慈禧在 1898 年戊戌变法这一年的年底，接见了一些外国使团的夫人。此前她先接见了来自西方国家皇室的一些人，之后又跟驻北京使团的外国公使夫人有了一些关系，互相举办一些聚会。于慈禧而言，此类事被当成重要的事情去办，亲力亲为。对一些研究者来说，或许可以从中看出清朝后期如何跟西洋人打交道，如何通过这样一些活动争取在外交关系上有些突破。

当年的 12 月 13 日，也就是快到年底的时候，慈禧接见了一些外国使团的夫人。夫人团以美国公使太太康格夫人为首，她们因为能够亲眼看见中国的最高领导人而非常兴奋。康格夫人留下了很多日记、记述，还有一张照片是七国公使夫人及四名翻译在英国公馆面前留下的合影。

慈禧跟她们说“我们都是一家人”。这中间有一些细节值得注意。慈禧请她们喝茶，喝茶的时候她拿起杯子来先抿一口，然后再给大家，意思是说，只有把大家看成一家人，她才会这样做，这看起来令人很感动。

但是很快，1900 年的时候发生了义和团运动。义和团包围了北京，其中有一些外国使馆被包围了两个月之久，包括美国使馆在内，康格夫人也在这个使馆里面，美国海军陆战队一些士兵负责保护她们。两个月之后情况发生了变化，八国联军侵略中国，慈禧跟光绪逃离了北京。一年以后，他们又回来了。1902 年，慈禧接见了使团夫人，这时候她动了感情，流下了眼泪，说很遗憾发生了这样的事，保证以后不会再有这样的事情发生。

根据书里的说法，慈禧做了很多外交活动，在不到两年的时间里面，慈禧几乎跟驻北京外国使团（主要是西洋使团）的夫人们全都认识了。作者评价说，慈禧的外交活动产生了一定的效果，这个效果的影响直到现在。我对这句话非常感兴趣，“效果影响直到现在”，我非常想知道具体的内容，影响到现在到底是怎么回事。

慈禧不仅在国内做外交，她觉得她的影响也要延伸到国外去。这个时候，有一位美国人帮了她的忙，这就是美国艺术家、画家凯瑟琳·卡尔。其时，她在北京，在清廷里作画。她给慈禧画了一幅大型画像，送给美国当时的总统老罗斯福。1904 年这幅画在美国圣路易博览会上展览，后来被美国的博物馆收藏。在一定范围里，一些外国人看到了慈禧的画像，开始了解清朝。在画画过程中还有一些非常有趣的故事，比如，凯瑟琳是以慈禧的照片作为蓝本来画的，每次她工作时，慈禧都亲临现场，而且会提出一定的看法和要求。

慈禧的御用摄影师拍摄了慈禧和康格夫人以及其他使团夫人的合照，这张照片现在在美国史密斯学会的博物馆里，也让一些外国人知道了一些中国的情况。

最后一部分要说的是“‘他们’与中国”，即当下的借鉴。这跟我们理解当下中美之间的关系有一定的关联。这里讲两个外国人的故事。

第一个人叫蒲安臣，是美国共和党创始人之一。共和党是 1854 年的时候为了反对奴隶制，从原来的辉格党里面脱离出来成立的。美国民主党很早就有了，共和党则是在较晚时候才建立。共和党首位领导人是林肯，1861 年的时候，林肯任命蒲安臣为美国驻华公使。他很快就到了北京，成了第一批进入北京的外国公使之一。之前也有公使，但是他们都不在北京。1844 年签订《望厦条约》的时候，北京并没有外国公使，直到同治年间外国公使在北京才成为常态。

蒲安臣当了六年的驻华公使以后，1868 年清政府发现需要派外交使团到国外去。选来选去，在美国人跟英国人之间做选择，最后选择了美国人，就是蒲安臣。有一个理由是，蒲安臣在北京的时候跟清廷官员的关系比较好，同时执行的政策是按照对华“合作”的态度去做外交关系的。这成为他被选中的一个重要原因，他被清政府任命为使团领导，带领 30 人到达了美国。

这里要说一件具体的事情，是他签订了《蒲安臣条约》(Burlingame Treaty)，这是 1859 年第二次鸦片战争期间清廷与西方列强签订《天津条约》的续约。但是在《蒲安臣条约》里，有一些地方值得我们重视，其中提到：要以平等的态度和姿态来看待中国；承认中国领土主权的统一；中国使团在美国享有美国的领事任命权；中国国民和美国国民在对方国家里享有信仰自由；同时，中美平等，享有平等关系；等等。

另外值得注意的是，蒲安臣在纽约期间，参加了纽约一些社团举办的欢迎会。在 1868 年 6 月 23 号在欢迎会上，他发表了演讲，因为演讲内容里面经常出现“Let her alone”这句话，后来被叫做“勿扰她”演讲，主旨思想是要用平等的关系来看待中国。

我们知道，在那个时候，清朝日渐落魄，平等实际上是一种奢想，根本不可能做到。但是就这个美国人而言，可能是因为代表清廷，另一方面也出于他对平等、自由以及涉及政治和民生的信仰和看法，他把这些看法放到他自己所认为的国与国之间的关系之中。

在一张图片中，蒲安臣用孔子的话来解释中国人的文化，同时，提醒西方列强不要侵犯中国的独立和主权，重复了很多遍“Let her alone”。这句话非常有意思，他非常明确地说，“She has no hostility to you”，中国对你们并没有敌意，反过来，你们也不要用一种带有敌意的态度来对待中国。

另外一个外国人是娄斐迪（Frederic Ferdinand Low）。在同治年间的1871年，他是美国驻中国公使，这一年他给美国国务卿写了一份长篇报告，发回华盛顿，作为美国对中国关系的考量依据。这里面涉及的内容非常多，很遗憾我没找到英文原件，根据书里的中文原件我做了一些总结。非常重要的一个方面是，他提醒西方人看中国要注意哪些地方。比如，“大多数外国人所犯的错误，就是低估了中国才智和中国文明的价值。”“在他们（外国人）看来，中国人是一个低人一等的民族，当外国利益获取受阻的时候，或当他们挡在我们高兴地称为我们的‘高级文明’前进之路上的时候，他们（中国人）的权利、权益或成见极易被忽略不计。”“无论将来会发生什么，我认为有一件事情是明白无碍的，中国必须由中国人自己来治理。”这些都是非常明智的话，而且是从一个美国人口里说出来的。

最后，我想回到今天讲座题目里的题眼“历史与当下的交遇”。简单来说，我把它总结为三点。一是，从过去到现在，历史情境不同，但是东西方的成见依旧存在，这些事随着历史进程逐渐消融、逐渐减少是完全有可能的，但另外一些成见依旧会留存，这些成见是我们必须要面对的事。二是，破除这些成见的方法之一是我们要培养一种有同情的理解，简单地说，就是设身处地地从对方的角度理解对方。三是，需要注意的是，“东方主义”（Orientalism）这个词是美国比较文学研究学者赛义德提出的，简单来说，指的是西方对东方的居高临下的态度和目光，由此产生出很多诸如刻板印象、类型化印象等的东西。但同时，我们也要排除“西方主义”（Occidentalism），换句话说，我们对西方也有一些成见，也有一些刻板、类型化的理解。双方都要努力，通过同情的理解等方法，来摒除现在依旧存在的各种成见。就中美关系来说，这些成见是阻碍中美关系更好发展的很大障碍，因此我们要努力排除。这是读这本书时，我获得的一些思考。今天我就分享到这里，非常感谢！

《象棋的故事》导读

胡晓明　华东师范大学中文系教授
张　玲　华东师范大学教育学部副教授

张玲：今天我们与大家分享的是《象棋的故事》这本书。我们希望能够把《象棋的故事》，通过对话的方式，来跟大家分享。今年（2022年）是茨威格逝世80周年，在这样一个非常有纪念意义的时刻，我们来一起读他的著作，我觉得是非常有意义的。

胡晓明：茨威格是奥地利作家。历史上，德语国家包括奥地利在文化地位、文化的话语权方面是远远胜过英语国家的，特别在20世纪的时候。奥地利是欧洲的文化中心，它的大学以及它的音乐、戏剧、哲学，非常有名，它有文化的优越感。在德语国家诞生了非常多的艺术家。

大家都知道，茨威格最后是自杀的，他整个生命就是一个非常优秀的人文主义者的生命。当时的欧洲处于"二战"当中，人文主义欧洲面临着灭顶之灾，濒临毁灭的时刻。经过两次世界大战的重创，西方文明的摇篮和圣殿欧洲正走向毁灭。

茨威格在《昨日的世界》一书里感叹道：这样一个时代，从未有过像我们这代人这样，从精神的高处坠落，道德如此倒退。

后来他流亡到巴西，巴西虽然对他很好，但他一直找不到文化的根，所以他有点像世纪之交的王国维。王国维是殉了中国的文化，茨威格的自杀则是殉了欧洲的文明。可以说在他心目当中，欧洲文明毁灭，他也就不复存在了。

张玲：茨威格的小说，实际上是以一种虚构的方式，讲现实主义的故事。他写这篇小说的背景是非常特殊的，完稿于 1942 年年初，然后这一年他就自杀了。所以《象棋的故事》是他的绝笔，也是他对于纳粹非常精彩的声讨，是他最入木三分的作品。

他写小说的年代，刚好可以说是法西斯对整个欧洲，包括维也纳、奥地利、捷克，前前后后占领的十二年。这对整个欧洲的文化，可以说是明明白白的罪恶。法西斯居然能够在整个欧洲如此肆虐，对欧洲的文化以及每个人的心灵都带来了极大的摧毁。所以，这篇小说主要就是写了纳粹对人的精神的毁灭和伤害所带来的非常可怕的集中反应。

胡晓明：我们先来简单说一下故事情节，因为有些同学不一定读过。如果你真的去读这篇小说，让你会深深地被一个个引人入胜的情节所吸引，写作技巧是很高的。

这本小说最开始是讲一条轮船上面有一个世界冠军，这个世界冠军叫琴多维奇。我们一开始会以为茨威格就是想描写世界冠军，但是慢慢地，我们发现他根本不是在写世界冠军，真正的主角是在小说进行到一大半的时候突然出现的一个人物，叫 B 博士。

张玲：B 博士的出现实际上是非常有戏剧性的，因为世界冠军在船上非常傲慢，把船上所有的人都杀了个片甲不留。这时B博士出现了，寥寥几击就把整个战局给扭转过来，打败了世界冠军。

胡晓明：但是这个B博士非常地慌，下棋好像触动了他很不愿意提起的一桩隐秘心事。为什么他不愿意继续把这个棋下下去？这当中确实是有一个惊人的秘密，这就通过B博士对自己生平故事的回忆，展开了轮船之外的另外一个场景。这个小说里有两个空间，一个空间是在轮船上下棋，另外一个空间是B博士被法西斯所囚禁的囚室。

B博士原来是个贵族，帮皇家管理仓库物资。但在希特勒占领奥地利之后，法西斯要榨取财富，就把他囚禁起来，让他讲出那些仓库究竟在什么地方。我们看到这里就会越来越紧张，在这个过程当中B博士被折磨得很惨，有一本棋谱救了他的命，但这个棋谱又毁了他的命。

张玲：小说从轮船转换到另一个空间，B博士开始描述自己被囚禁的一年多中精神备受折磨和毁灭的经历。他是为奥地利的皇家管理资产的，纳粹为了抢夺这笔资产就把他抓起来，关到了一个单人间里面。表面上看这个囚禁的地方条件非常好，没有把他关到铁丝网笼罩的集中营里面。但是，这样一个看起来很人性、很文明的地方，实际上是一个更加精致、更加恶毒地毁灭他的精神的空间，会剥夺他很多东西。这个虚空几乎让他丧失了精神的力量。

最后，一件意外的事情救了他，他得到了一本棋谱。这本棋谱上面有150个残局，由此，他获得了精神上的操练，获得了精神上的力量。但是，在演变别人的棋谱之中，他慢慢地觉得没有新鲜感了，然后开始下一场更加激烈的游戏。这场游戏是什么？他把自己当成对手，自己跟自己下棋。

把自己当成对手，实际上是不可能的，是非常摧残人的。当你一方在下棋的时候，还要跳到另外一方，白棋和黑棋要互相跳换，自己跟自己残杀。而且他对自己提出了一个非常苛刻的要求，要能够提前三步五步，到最后就成了一个让人疯狂的游戏。终于，在这样一个互搏当中，他崩溃了……

胡晓明： B博士为什么在下棋的过程中会发疯？在他的经历中，有一个非常惨痛的东西，当时纳粹把他关在囚室里，让所有的时间、所有的生命都变得没有意义。世界冠军琴多维奇因为知道他的这个弱点，就重新唤起了他当时痛苦的生命记忆，重新把他的伤疤揭开来了。

当初，他是在一个生命近乎枯干的绝境当中得到这本棋谱的，而且他的训练也是在没有任何文化资源的情况下的极其单一的精神支柱。所以他非常地单薄，非常地脆弱，而且非常地暗黑，背负的是一种法西斯文化的精神折磨。而且这种精神折磨，内化成为一种自我强化的心理的机制，这种新的病态的机制就是不断自我搏斗，自我残杀。对方如果抓住这个伤口，点燃这个穴道，他就会重新回到非常痛苦的精神折磨中。

我们知道，茨威格跟弗洛伊德的关系很好，弗洛伊德对精神分析的一个大贡献，就是发现了人的潜意识有不同的自我，不同的自我当中是有剧烈的、内在的争斗、分裂、克制、挣扎等关系。当然这是人性的弱点，但是如果在极端的情境中放大这个弱点，那么对方就会利用这一点，让你回到那种情境中，就会导致你精神分裂，然后人就崩溃了。

张玲：实际上 B 博士的崩溃，可能一个是来源于他在监牢里失去自由、被剥夺自由的时候，在这个层面上一切都是虚空的。第二个，就是当他在虚空中，在绝望中，他唯一能够抓住的就是这本棋谱。第三个，他对这样唯一的精神游戏上瘾，到最后疯魔般反复，难以自拔。

胡晓明：我们回过头来讲，抓住他弱点的琴多维奇。作者在一开始就描写了这个人物的形象、性格。他真的是个流氓。茨威格讲了很多细节，比方说，这个人除下棋外，在任何领域里面都是惊人地无耻。他 14 岁的时候就不看书看报了，跟人文主义者丰富的精神世界完全相反，“他对世界上的任何一切都漠不关心”，这是茨威格的原话。

所以，在茨威格看来，象棋不光是游戏，还是艺术。这个所谓的世界冠军是非常缺乏想象力的，他完全没有把象棋放在一种无限的空间当中去再现的能力。再厉害的棋手，无论是想象力、气魄都超过常人，但是，在他那种冷酷的、为赢而赢的逻辑面前，都要败下阵来。所以这个人的内心世界是非常沙漠化的，是一个没有文化的粗鄙人物。

这恰恰映射了欧洲原先的贵族文化走向衰弱，以法西斯为代表的流氓文化成为一个新的趋势，是茨威格当时看到的欧洲趋势。我们在读这个人物形象的时候能读出来，茨威格是把琴多维奇看成他所钟爱的欧洲文明的反面来写的。欧洲文明是那样的丰富多元，充满了艺术文化的创造力、想象力，是一个拥有无限空间和时间的文化。

张玲：心理学上面有一类非常典型的人，叫做白痴学者。琴多维奇虽然是一个世界象棋冠军，但是实际上他可以说是非常典型的白痴学者。他除下棋外，是一个考试不及格，对其他任何事情都没有兴趣的人。

胡晓明：我们讲人文主义者，当然不只有一个单一的信仰、单一的资源，思想当然是不能被囚禁的。人文主义最重要的就是自由、包容、多元无限的想象力。

所以，B 博士因为被希特勒囚禁，他的背景就是法西斯对欧洲的一个很大的伤害，他身上有一个“伤痕”。他最后的结尾就是败下阵来，放弃了下棋。

在讲这部小说的时候，我注意到有三个东西。第一个就是棋谱，我觉得象棋的棋谱其实是有象征意义的，一方面拯救了他，一方面又害了他，让他进入精神分裂。棋谱其实是法西斯的反文明，因为法西斯就是一种单一的东西，就是要赢。

第二个是现代性。现代性本身如果不加以节制，就会走向反面，因为它背后的逻辑就是赢。所以象棋既是文明的产物，又是文明的异化。我们知道有很多文明的成果，像民主主义、物质文化、科技，这些都是文明的产物。但是，这些东西都可能会走向自身的反面，是对人的自由天性的一个伤害。象棋还有一个象征，是黑白二分的世界。因为棋盘绞杀就是“为赢而赢”的一个铁的逻辑。

第三个，自我互搏。B 博士在监牢里，为了自己的理性和生命能够得到保存，他就一方面是黑棋，一方面是白棋，这样自我互相搏斗，一个“我”要战胜另外一个“我”。像刚刚张老师说的，“不战胜就不罢休”这样一种逻辑，除了心理分析，还象征着什么？我觉得是欧洲知识人的一个危机。在 20 世纪思想中，弗洛伊德发现了本我。这个本我就是潜意识的魔鬼，就是人的欲望，是潘多拉的盒子。在茨威格所在的时代已经有了反犹太主义的兴起，维也纳那帮人对反犹太主义都是非常警惕的。在茨威格之后的世界，出现了对犹太人的残杀、种族的冲突、宗教的仇恨，以至于我们今天所看到的政党的极化，还有道德的绝对主义，也就是说古典人文主义的一种人与人之间的信任、宽容、自由都消失了。社会的撕裂、黑白的二分，甚至他所没有看到的我们今天的科技的异化，还有像学者史华慈讲的排他性的物质主义等，这些都是欧洲文明的新危机。

所以，我认为茨威格虽然不是像巴尔扎克那种百科全书式的小说家，但他是一个寓言式的小说家、思想型的小说家。他有点像当时这样一批小说家，像写《黑暗的心》的康德拉、写《1984》的奥威尔，还有像卡夫卡这样一种具有思想性的小说家。

张玲：在茨威格这本《象棋的故事》中，我觉得它的重点应该是 B 博士的精神从被剥夺到崩溃的整个过程，这里面是非常的惊心动魄，可以说是最精彩的部分。首先，他精神的所有资源被剥夺了。然后，人与人之间、自己跟自己造成了互杀。

所以，象棋变成了游戏中的游戏，变成了能够证明你还活着的唯一证明，到最后就会“象棋中毒”。而这可能是对人的精神最大的伤害。我们看到 B 博士睁开眼睛，就开始不断地凭空造出很多棋局来，这时候他已经脱离了任何的资源，就像一个疯子。而这个疯子又沉迷其间，甚至没有任何实际的排局，最后的状态完全是迷乱的，而在这个过程中他又是很享受的。这时精神上一种非常可怕的状况就出现了，可能这是茨威格向我们描述的最惊心动魄之处：当一个人的理性或者精神变成了他唯一的依靠，且需要通过这样一个东西来证明他存在的时候，那是十分悲哀的。当他描述的时候，我的脑子里好像出现了希特勒即将战败时在地下室里疯狂的样子。

我觉得茨威格的伟大在什么地方？他不仅把B博士看成了一个受纳粹伤害的受害者，还到最后，在若有若无之间，把他又好像变成了一个纳粹的化身。B博士在不断完成着他想象当中伟大的下棋游戏，最后走火入魔不能自拔，变成了一个非常疯狂的形象。

胡晓明：对。一些思想家，像马克斯·韦伯，都讲到了人类的理性。过度的发展或者理性的傲慢会变成一个铁笼，把人自我捆绑化。

有一个细节，B博士有个伤疤，这个伤疤使他在最后一盘棋中全身而退，没有导致精神分裂。作者茨威格在现场去触摸了一下他的手，突然意识到他身上的伤疤，这个伤疤是历史带给他的一个惨痛的记忆。作者在这里埋藏了一个隐喻，就是千万不要忘记法西斯的历史给我们带来的惨痛伤疤。也有些解读者认为，B博士最后的失败象征着作者茨威格对整个欧洲文明失败的失落感、悲剧感。

张玲：这本书是以B博士跟世界冠军的三场棋为线索的。实际上在游轮上面，它重演了B博士在狱中精神崩溃的整个过程，而世界冠军只是促进他崩溃的一个配角。作者用了拖延的方法，让B博士到最后整个崩溃。

这本书好在什么地方？我觉得在故事结尾短短的几十个字当中，有一个非常大的反转。前面几乎都是一个人的精神备受折磨、摧残毁灭、发疯等这样一些东西。但是，最后当B博士中了世界冠军的圈套，和他下第三盘棋，又经历了非常恶毒的拖延方法，实际上如同他重新回到了监狱里，不断被这样恶毒的手段所折磨，他全身重新发抖，就在马上要陷入崩溃的时候，茨威格掐了他一下，让他赶快停。他突然想起了医生告诉他的，永远远离象棋。所有像这样偏执狂的人、受到精神折磨的人，都得永远地远离这样一个输赢的游戏，所以他马上停下来了。

然后他非常优雅，用彬彬有礼的语言说："原谅我刚才这些非常错乱的行为，你赢了。"然后一个优雅转身，离开。这个时候，他以自己的认输，远离了输赢的争斗场。同时，我觉得这也实现了他精神上最终的救赎。

胡晓明：刚才张老师讲的内容让我一下子想到弗洛伊德。弗洛伊德跟茨威格是非常好的朋友，弗洛伊德葬礼上的悼词就是茨威格宣读的。所以这个小说当中弗洛伊德的痕迹是很深的。

张老师说，结尾优雅的转身、放弃是一个胜利，我也同意。弗洛伊德把人的意识分成三个"我"：本我、自我、超我。在B博士身上，他的"本我"就是他的非理性、他的疯狂、他的崩溃，这都是被调动起来的。他的"自我"，是当时他为了保密，为了对皇家的忠诚所遵守的那些贵族的原则。他的"超我"，是对文明争斗的放弃，优雅转身。因为在弗洛伊德的观点当中，文明是一种压抑，《文明及其不满》是弗洛伊德一本著作的名字。当文明走向不可控制的异化时，我们要将它舍弃。

当时，欧洲思想对原始部落其他民族的文明和生活，是有更多发现的。对自己的文明极其不满，恰恰可以用弗洛伊德的"本我""自我"和"超我"来解读。最终，它可以超越西方的文明。它不像浮士德是一种永远的追求，是西方文明的象征。

一些文章把阿城的《棋王》跟茨威格的《象棋的故事》做对照，其实二者完全不一样。阿城的棋王是一个道家式的高人，他完全不去追求胜利，永远都是自由的，本身就是一个胜利。从这个意义上说，这两部小说可以看作一个东西方文明的对照，非常有意思。

超越胜利，超越追求，超越“不断要去赢”，这才是我们要回到的文明本真。

张玲：建议大家在读这个故事的时候一气呵成。尤其是他在监牢里以及后面跟世界冠军争斗的时候，千万不要停下来。如果断开的话，感受就会损失很多。

胡晓明：我稍微总结一下。同学们可能会问：老师，对我们今天来说，在茨威格去世 80 年之际，重温这本中篇小说有什么意义？对我们有什么启示？

刚才我其实已经讲到了，故事说了很多当代世界文明的乱象。比方说，我们讲到的棋谱，就有着很丰富的象征：单一的对知识的追求、反人文主义的原教旨主义的信仰，还有文明走向异化及其内在的逻辑就是竞争、黑白分明、人群两极化等这样无休止的执着。

还有它展现了为赢而赢、为进取而进取的一种现代的技术优势。像海德格尔所说的，技术不是我们一般人所理解的技术，它指的是西方文明背后的一个逻辑，即为新而新、为进步而进步，完全是一种工具化的东西。其中没有人本身的存在，就是像尼采说的为权力而权力，为意志而意志。小说蕴含了很深的反思。

《象棋的故事》其实透露了一个先知般的寓言。比方说，在作者所处的时代，我们看到的是进步主义、物质主义、社会达尔文主义、科学，还有资本追求财富的贪婪。在作者去世后的世界，有冷战的开始，还有地缘政治、极化政治社会的撕裂等，这些都是小说所预示的。所以，我们把 B 博士看成对欧洲文明本身危机的忧思，文明就在异化当中。

张玲：80 年后，我们重新来读这样一个故事，常常有一种感慨：虽然在 1942 年，茨威格写完这本小说不久就非常惨痛地告别了这个世界，但是，不知道是茨威格太伟大、太智慧、太充满预见了，还是我们的世界太不吸取教训、太愚蠢，历史在重复。

《四书章句集注》导读

李永晶　华东师范大学政治与国际关系学院副教授

今天，我给大家介绍一本书，名叫《四书章句集注》，就是南宋时代的思想家朱熹（1130—1200）对儒学“四书”做的注释和解释。

提到“四书”，我们中国的学生应该都比较熟悉，这与我今天要分享的《四书章句集注》有直接的关系。现在，我想请大家先思考一个问题：今天我们为什么要读朱子的这本书？这也是我要讲的第一个问题。

我刚刚提到，我们中国学生是比较熟悉“四书”的：你至少会知道这“四书”是指什么——不错，就是指《大学》《中庸》《论语》与《孟子》，前两篇其实是《礼记》中的两章，相当于儒学的两篇长篇论文。这是我们在小学、初中的时候就获得的知识。我们总有各种机会接触到“四书”，尤其是《论语》，我们都熟悉其中的若干条内容。所以，上面的问题还可以表述得更具体一些：我们为什么还要重读我们都比较熟悉的《论语》？

提到《论语》，或者提到儒学，我想同学们都会有各种各样的想法。现在我给你三秒钟时间，想想当你想到《论语》、听到“儒学”这样的说法时，你会想到什么呢？此刻，你的脑海中一定会闪现出一些想法和观念。我要说的是，现在我们如果重新读一次“四书”，重新读一次《论语》，你可能会有另外一种看法。

那先说结论吧：在我看来，你此前的看法是什么并不是特别地重要。那重要的是什么呢？重要的是，你只要去读一读这些古典文本，你一定会更新你的认知：此前错误的认知会得到更正；此前粗浅的认识会得到深化；此前深刻的认识会让你再次心动，并获得新的启迪，你的思想和人生境界可能由此而焕然一新。

今天，我给大家准备了一句话，实际上就是《大学》篇中的第一句话，我们一起阅读、体验一下，一起检验我们对“儒学”的认识处于怎样的一种状态。

我们看《大学》中的第一句，一起读一下：“大学之道，在明明德，在亲民，在止于至善。”这是我们中国学生非常熟悉的一句话，那么它到底是什么意思呢？

首先，关于“大学之道”中的“大学”二字的意思，最常见的说法是说它和“小学”是相对称而言的。“小学”，你可以理解成 8 至 15 岁的学生学习的内容，也就是日常生活中诸如洒扫、应对、进退这样一些习惯和礼节；“大学”，你可以理解为在你长到 15 岁以上时，开始学习修身穷理、治国平天下等道理与规律。这是传统的讲法，但我认为这个讲法在今天不是很好，与现实情况不是很匹配。我们今天如果重读《大学》，就没有必要按照这个有关学习的内容去读。那我们究竟要怎么读呢？你要注意这个“大”字。这个“大学”不是今天意义上的“university”，不是同学们现在正在学习的场所。这个大学的首要含义就是一门“伟大的学问”：这个“大”是一个表达感叹的词，是用来赞颂“学之道”的。而“道”，本义是“道路”，引申为“正道”“法则”“当行之路”。那么，“大学之道”，即伟大的学问的正道在于什么呢？就是这句话接下来的几个字，“在明明德，在亲民，在止于至善”。

当我这么说时，同学们可能已经在思考了，这句话究竟是什么意思啊？同学们不要急，我可以先告诉你，认识这几个字，中国思想史上的先哲们可以说是花了近千年之久呢。不客气地说，自这句话出现后，一直到宋朝的朱子学这里，大家才把这几个字看明白。举个例子，汉代有一位著名的大儒叫郑玄（127—200），字康成，他把“明德”解释成“至德”，“至”就是冬至、夏至或者至高无上的至。于是，“明德”就是“至德”，字面意思就是至高无上的道德。这么一解释，我们似乎觉得明白了——好吧，明德就是至高无上的品德、美德。可是，同学们想一想，你们真的明白了他的意思吗？你现在可能意识到了，实际上他没有解释这个“明德”到底是什么，因为它是一个“tautology”，也就是同义反复。

但是，朱子给出了一个解释后，我们才明白“德”的真正含义。我们看朱子的原话：“明德者，人之所得乎天，而虚灵不昧，以具众理而应万事者也。”就这一行字，同学们千万不要小看了它；我刚刚说过，华夏世界最聪明的头脑，用了将近千年的时间才最终这样表达出来。

所以，“德”是什么，现在我们就明白了，它就是指“人之所得乎天”的那种天然禀赋。这意味着，《大学》首章第一句，你必须从宇宙论（cosmology）以及关于宇宙是具体如何演化生成的宇宙生成论（cosmogony）的角度去理解，否则我们对“明德”的认识就只能是一种表面的、浅显的、浅薄的认识。事实上朱子的意思正是，我们要在宇宙论，或者说在本体论（ontology）的意义上，去理解儒学。

好，我们继续看。“在明明德”，我们说这个“德”就是“人之所得乎天”的那一部分，它表现为“虚灵不昧”。那新的问题来了：它具体指的是什么？我们且看朱子的说法："盖自天降生民，则既莫不与之以仁义礼智之性矣。"这个"明德"的"德"，我们现在终于觉得明白一点它的意思了，它指人生而为人就必然会有的、被命名为"仁义礼智"的本性。

现在，请大家再回忆一下我在讲座开始时抛出的那个问题：当你们看到"儒学"二字、想到儒学"四书"的时候，你们想到的是什么？我想，多数同学联想到的可能就是"仁义礼智"这几个字，或者其中的一两个字，想到是一种伦理道德规范。联想到这几个字，当然不是错的；但如果止步于此，那只能说同学们的看法还停留在表面印象上。

这时候，你要看朱子的说法。朱子说，它们是"人之所得乎天"的，是天"莫不与之"、普遍赋予人的一些属性。换言之，这个"仁义礼智"，是人从天获得的本性，是宇宙本源、作为万物本体的那个"德"在"人"的这一层级上的显现。

从宇宙论的意义上来说，宇宙本体在天地万物的不同层级上是有不同显现的。在人的这一层级上，它就显现为仁义礼智之性。"仁义礼智信，温良恭俭让"，这可能是我们平时经常听到的说法。但它们的本源是什么？现在我们已经明白了，本源就是"人之所得乎天"的那个东西。同学们听到这句话时，脑海中可能会出现一系列新的疑问。比如，我们都会说，人不就是生物学意义上的人吗？我们有躯体：依据最近三个世纪的科学认识，我们身体的成分大约70%是水，我们由血液、细胞、组织构成，由各种化学元素构成，等等。那为何朱子会说"天降生民"，而且所有人都获得了一个所谓的"明德"？

朱子的这个说法和我们所熟悉的科学的进化论似乎是矛盾的，但事实上不是，因为这两个说法说的是两件事，是从不同的角度说"人的起源”。

你可以去仔细想一想，在生物进化论的链条上，你很难在某一时刻将“人”从那个链条中抽取出来，然后就说“人”出现了。换句话说，在宇宙的存在的层级上，人和其他的动物、植物、矿物、无机物，在这链条上你不容易将它抽取出来。今天我们都知道，地球大约有46亿年的历史，而所有生物的共同祖先，那个“真核细胞”，据说是出现于40亿年前。我们真的理解了40亿年是什么意思吗？那么，在什么时刻我们能将“人”从这个40亿年进化的时间链条上抽取出来？

我的看法是，我们需要某种文化的介入、某种观念的进入、某种文明的介入。换一个同学熟悉的说法来说，“人”的出现就是指人类觉醒的时刻。那么什么叫人类觉醒的时刻？因为时间有限，我这里只能先说结论：儒学讲的恰恰就是人类觉醒之后，人们面对世界、面对宇宙、面对自我和他者时获得的一种直观认识。

我们再看朱子的原文：“莫不与之以仁义礼智之性。”讲到仁义礼智，同学们会想到道德规范，想到伦理规范，其实并不是这样。坦率地说，“仁义礼智”这四个字比较难懂，比较难读。这四个字当中，尤其重要的就是第一个字“仁”。很多人为什么不理解儒学？因为他们不认识这个“仁”。你如果不识这个字，就不知道什么是儒学，就不知道什么是华夏世界最正统的、原汁原味的学问。

我们一起想一下什么是“仁”吧。“仁者，人也。”这个仁，你就可以理解成“人”，就是一撇一捺一个人。“仁者，人也；义者，宜也；礼者，理也；智者，知也。”仁义礼智我们替换四个字，“人”就是“human being”（人类）；“宜”就是合宜，处理事情得体得当；“理”就是符合某种规范和安排；“知”就是有清晰的认知。

我说这个“仁”字难读，是因为我们不容易理解“人”自身。我们要想真正理解“人”，就需要某种意识的觉醒，就要从进化的层级——从矿物、植物、动物的最高级别上，去认识“人”成立的这个事件。在一部分人觉醒之后，当他们获得了关于人的自我意识时，我们就说“人”出现了；而正是在这个时刻，人们就意识到了自己“仁”的本性。

这些说法自然显得比较抽象，于是儒学在这里又换了个说法：“仁者，爱人。”儒学思想家，或者说孔子，他用了一个“爱”字。那么，“爱”又是什么意思？由于这个字是我们现代汉语的常用语，我把这个问题留给大家去思考。我这里只是开了一个头，目的就是告诉同学们，从人存在的意义上去理解“仁义礼智”这四个字，而只有当我们明白了它们的意思，我们才能够明白《大学》中的“明德”，就是指那种光明的、伟大的、人从宇宙获得的非常尊贵的属性。

所以，这个“明德”实际上就是人在自我觉醒的那一瞬间，意识到的生而为人就必须有的“明德”。它不是我们在知识意义上理解的“仁者，人也；义者，宜也；礼者，理也；智者，知也”，因为它是一个综合性的对于人存在的把握。

我今天做这个导读，目的并不是介绍《四书章句集注》这本书是谁写的，朱子是做什么的，关于儒学目前有多少思想流派等。这个导读的目的是提醒大家，我们要运用自己的眼睛，运用自己的头脑，通过具体的文本，去反观并感受一下“人”到底是怎么回事。

比如说，无论你们此刻身在什么地方，你至少都可以抬起头来，看一下窗外，看看外面的风物，看看树木、花草、清风、白云。当然，今天在上海天色阴沉，看不见白云；今天是清明节。当同学们听到“清明”二字时，你们会想到什么呢？你们如果将“清明”理解成此刻窗外天空的颜色，那就要恭喜你们，你们获得了一种对于清明的直观感受。儒学的人，讲的是人要有一种丰富的感受性，而不是麻木不仁。感受性就是对人本身的感受，对自然万物的感受，这是“仁”的本义。

我们继续看“明明德”三个字。第一个“明”是一个动词，同学们应该是比较清晰的；所以，彰显上天赋予我们生而为人最尊贵的那一部分，这就叫“明明德”。“明明德”之后还要干什么？第二步，能够做到“推以及人”。就是自己获得了对明德的认知和体验之后，有一种不得已的冲动，希望帮助别人获得这种体验和认识。朱子言：“新者，革其旧之谓也，言既自明其明德，又当推以及人，使之亦有以去其旧染之污也。”推以及人，就是“新”的含义，让其他人也能够去除、洗除心灵上的某种污染。

说到这里，我们再读一遍朱子的注释：“明德者，人之所得乎天，而虚灵不昧，以具众理而应万事者也。”朱子说的究竟是什么？我们再换另外一个词，那就是你此刻的“心”——如果它是虚灵不昧的，而不是昏暗无光的，就叫做“心灵”。

在我们的日常用语当中，你的心即便不是“虚灵不昧”的，比如说你的内心充满了各种各样的烦恼、困惑，充满了各种的欲望，我们也称之为心灵。这时候，我们还会说心灵可能出现了问题。说到这里，你可能已经明白了，“心灵”在原本的意义上是指一种“虚灵不昧”的状态；只有当你的心灵处于这样一种状态时，你才能够恰当地应对万事万物。

所以，儒学对于最初的人性的认知是比较乐观的，所有人都有一种“得乎天”的“虚灵不昧”的某种本性。我们和“德”，和宇宙的本源是同构的，就仿佛天地、宇宙是虚灵不昧一样，我们的心灵也同样如此。

但这个说法又和我们日常的感触发生了冲突。我们环顾一下周围，反省一下自己一天 24 小时之内的状态，就明白了朱子接下来所说的这一句话是非常现实的："但为气禀所拘，人欲所蔽，则有时而昏。"

什么叫"气禀所拘"？简单地说，它既是指你先天从母体带来的一种物质性的构成，还包括你后天的饮食、你喝的水、你呼吸的空气。这些对每个人的成长发育会造成一种影响，这叫"气禀所拘"。什么叫"人欲所蔽"呢？你既然生活在此刻，一方面会受到有机体生物欲望的影响，另一方面会受到社会上人们共有的欲望的束缚，你的心灵受到这些影响就叫"人欲所蔽"。"有时而昏"，有的时候你的心灵就会因此显得暗淡无光，或者说是"无明"，这就是朱子对现实中人的一种描述。

同学们注意了，接下来朱子这句话异常重要："然其本体之明，则有未尝息者。"尽管你可能受到先天、后天的遮蔽乃至伤害，但你本体的那个"明"，却一直处于发光的状态。所以朱子接着说，"学者当因其所发而遂明之"。这才是儒学、《大学》所讲的"学问"的真正含义：你要抓住自己内心的"明"显露的时刻，你要在那个"明"的地方，顺着"明"的方向用力，最终将自己"本体"的光辉揭示、彰显出来。这么做的目的就是"以复其初也"，即恢复到你的本心，恢复天所赋予你的"明德"。这就是宋代新儒学对"明明德"的解释。

最后一句，"止于至善"。什么叫"止于至善"？我要再次强调，当你不明白儒学中的一些说法时，你最好看朱子的注释。对于这句话，朱子说"至于至善之地而不迁"，这不是说你要停止在一个所谓最善的境地。朱子说法的精微之处在于，"止"不是静止不动，而是包含着努力实现并加以保持的动态含义，因此他讲的是一个持续的实践过程。这个实践的目的是什么？此刻你可能已经猜到了：实现人天然的禀赋，实现人的完美。

你们如果这么读下来，可能就会以另外一种眼光观看《论语》中的第一句话了。“学而时习之，不亦乐乎？有朋自远方来，不亦乐乎？人不知而不愠，不亦君子乎？”这是大家非常熟悉的一句话。孔子说的到底是什么意思？有上面对“大学之道”的讲解，这里对这句话就不再展开了。我要说的是，你们要读朱子对于《大学》《中庸》《论语》与《孟子》的解释，这样就会获得比较新的或者比较深刻的关于儒学的认识。这其实是对我们今天为什么要重读“四书”的一个简单的回答。

最后，我简单地做一个总结。儒学讲的“学问”或者“学习”，指的就是让你“明德”的过程；你需要在“明德”的意义上、追寻自己存在的意义上，去理解学习的真正含义。你一旦通过某种学习获得了快乐，获得了愉悦，获得了内心的安宁，或者此刻你回忆到你曾经有过这样的时刻，那么这一时刻就是孔子说的“学而时习之，不亦乐乎”。这个“乐”，它来自什么？来自你对于你的“存在”本身，你对从天获得的那个“明德”的真实体验。

这种“乐”不是我们此刻能通过语言、能在理性上完全解释清楚的，但这不妨碍我们对这句话的认同，因为它可能是我们所有人都有的体验。人拥有这体验的能力，我们可以说是先天的，在哲学上也可以称之为先验的。总之，我们只有在宇宙论、本体论的意义上去理解“四书”中的一些说法，才能在理性上认识到儒学真正讲的是什么。

反过来说，我们如果不在这个意义上进入到儒学世界中，就很难获得关于儒学体系的整全性的属性。所以，我在拙著《大欢喜：论语章句评唱》中有这样一个说法：朱子学体系是华夏文明第二个千年最高表现。由于时间关系，我就不继续展开对这个话题的论证了。今天和同学们的分享就到这里，谢谢大家的参与。

中国“时”与西方的“时间”

——中国思想对法国后现代力量的启示

吴娱玉　华东师范大学中文系副教授

从古希腊开始，西方本质主义、二元对立的思维就逐渐成型，在这样的思维观照下，时间被想象为一个可划分、可计量、均质的线性模型。从印欧语系的时态就可以看出，时间在过去、现在和将来的坐标轴上做着匀速直线运动，正如尼采所说，若我们特别检视时间连续体的特点，会发现它只是由相互并置的各种“状态”组成。柏格森认为这就像是“项链上的一串珍珠”，这些“状态”没有“融合”（fondus）在一起，它们并不像旋律一样不可切分。柏格森认为正是这一特点阻碍了人们思考“时间绵延”不可切分的连续性。而与印欧语系全然不同的汉语，没有追求本体、存有、主客，没有动词变位、时间概念，是西方思维未曾触及的地方，因而呈现出一种独异性。朱利安认为，尽管从19世纪末开始，不少理论家已经开始反思线性的时间观，但在主体哲学、本质主义的土壤中浇灌出的人们无法揪着自己的头发离开地球，这需要跳脱时间视野，抽身西方思想，告别印欧语系，借由中国，绕道西方。中国古典文化经过朱利安的提炼、发酵、调剂、加工成为欧洲思想的一副强心剂，这不仅是对西方一直以来的哲学理念的再度审视和编码，也是对中国古典文化的重新建构和照亮。这是一个相互照应、彼此透视、抵达他者、反观自我的双向互动。而本文要追问的是：中西方的时间观呈现出怎样的差异？这差异背后是怎样不同的思维模式？在西方视野的比照中，中国呈现出了怎样独异的美学？

一、西方哲学中的时间谱系

首先，时间根据运动定义为一个可计量的连续体。亚里士多德认为，“时间和运动总是相连的”[1]，我们无法在它们之间做出任何分别。这里有两层含义：第一，时间的意识是依据变化来掌握的，时间若无变化便不存在。实际上，假如我们的思维没有历经变化，或我们没有察觉变化，我们就不会感觉到时间的流逝。第二，时间的本性是根据运动来分析的：我们探寻的是时间的本质，要从第一个分析出发去了解时间的运动元素为何；时间借由运动物体的轨迹而显露，于是变得可计算、可测量。亚里士多德从变化出发去认知时间，替换成从运动出发去设想时间的本性。时间被视为“变化—运动”；在时间的讨论中，这两个词被相提并论。而这一替换深深地影响了西方思想史，以至于以后的思想家都将变化等同于运动，例如，康德从先验主体来看，一切现象（显象）的先天形式具有“诸范畴”及“时间与空间”，先天综合判断意味着预设了一种超出纯粹概念范围的构造规则，构造规则即时空规定性。通过时空操作，异质的概念被必然地连接起来，从而得到先天综合判断。此外，康德认为，变化的概念以及与变化概念相

1 ［古希腊］亚里士多德：《物理学》，张竹明译，北京：商务印书馆，2019 年，219b，第 115 页。

关的运动概念（例如地点的变化）唯有透过时间的表象，并且只有在时间的表象里才可能发生。即便柏格森能够敏感地意识到把时间投射在空间上会造成扭曲，他还是认为两者的等同是不证自明的："我说的是运动，但是我同样也说的是任意形式的变化……"[1]可以看出，运动在起点和终点之间被思考，变化则从此状态进行到彼状态，两者可以被等量代换，正如亚里士多德说，"一切变化都由一事物变为另一事物"[2]，意味着时间可以通过运动划分为阶段，这些阶段的数目可通过对运动的比较而计量出来。运动是连续的，时间也就是连续的。因此，时间是可度量、可划分的连续体。"前后"不仅被用于时间范畴，还用来在逻辑上表达顺序的第一、第二。到了中世纪，时间则成为神的规定，遵循着从神创世到末日审判的时间线。而现代，牛顿在《自然哲学的数学原理》中说："绝对的、真正的和数学的时间自身按其本性均匀地流逝着，与任何外界事物无关。"[3]牛顿以独立于事物的时间为基础，建立了现代物理学。他假设时间是一种实体，均匀流逝，在此时间都表现为一个孤立的点，是绝对的、真实的、数学的，时钟就是这种匀速、统一的时间装置。

事实上，将运动等同于变化是将空间等同于时间，我们呼唤时间，回应的总是空间，从空间转换到时间，就是用连续取代并列，而真正的连续性却从未被探索。我们不会在运动中看到一系列变化，选取的只是不同的点，运动的连续性在每个位置相对应的瞬间被分解了，所以，时间的刻度与移动的位置就被当作我们捕捉到的瞬间，而这只不

1 ［法］亨利・柏格森：《思想和运动》，杨文敏译，北京：北京时代华文书局，2018 年，第 171 页。

2 ［古希腊］亚里士多德：《物理学》，张竹明译，225a，第 131 页。

3 张操：《物理时空理论探讨——超越相对论的尝试》，上海：上海科学技术文献出版社，2019 年，第 50 页。

过是用一个固定的、预设的、抽象的思想系统代替了运动的完整经验，是一种假设的建构，而运动的流动性、时间的持续性却从未被触及。时间被当做一个理想的空间，在这个空间里，我们将发生过的想象成在一条直线上。这是一种时间的展开，而非进化。柏格森区分了展开与进化，展开中各个部分是并列的，像扇子一般可以瞬间展开，但进化是从内部改变，它不能瞬间完成，这就是时间在进化中的连续性。[1]

其次，“现在”为把握时间的支点。对于西方形而上学而言，时间是一种以“现在”为中心的静止恒定之物。亚里士多德先把时间定义为“前后分离两端之间的间隔”，又把变化设想为“在起点和完成点之间进行的变化”，就此止步了，他忽略了事物变化这一连续的过程。亚里士多德以瞬间（stant）为基点设想时间。他借由两个瞬间的界限规定一段时间，可以看出，他将瞬间这一微小的间隔定义为可切分的同一的“现在”，规定了时间的可计量性和连续性。他所确定为现在（instant present）之间的便是这种具有物理、数学特性的瞬间，而时间便是根据此瞬间的前和后而成为“运动的数值”，标识时间意义上的前后早晚，并以此定义“未来”和“过去”。

“现在”被赋予了一个至高无上的地位。亚里士多德认为“以‘现在’为限定的事物被认为是时间”[2]。“现在”将过去、将来两种时态连接在一起，使时间成为一个连续的线性整体；同时，“现在”又将它们相互分割，使之成为两个不同的时间线段。时间中的每一刻都是“现在”，过去、现在和将来就分别成为已经过去的现在、处于当下的现在和尚未到来的现在，时间也就表现为一个由无数不同的“现在”所组成的均质序列。“作为这种分开时间的‘现在’，是彼此不同的，而

---

1 ［法］亨利·柏格森：《思想与运动》，杨文敏译，第11—12页。

2 ［古希腊］亚里士多德：《物理学》，张竹明译，219a30，第115页。

作为起连接作用的‘现在’，则是永远同一的。”[1] 于是，现在不再被个别思考，而与另一个相邻的“过去”或者“未来”关连，瞬间仍然作为界限运作着，不过它结合了另一个同样为界限的瞬间，这便是被两个瞬间包含而称之为“现在”的时间间隔。“现在”须借助“膨胀”（distension）这一概念，透过膨胀起点和终点这两个瞬间的间距去认知时间；透过“膨胀作用”才能重新使得两端之间隔的——“现在”具有延展性，继而重新让“现在”存在：以此松动了时间之“可无限切分性”对“现在”所造成的钳制。而遗忘了瞬间的本性（不固定的瞬间），也不再去思索为何这样的膨胀能够在现在里起作用。事实上，“现在”从时间中挑选、提炼成为一个抽象的点，而失去了时间本身的黏稠度和丰富性，它是一个无从切分且无法构组的“时间微粒子”，是不具延展性的。德勒兹提出了艾甬[2] 的时间，将每一个现在都细切为过去与未来的无厚度与无广延的瞬间，而不是将未来与过去相互关联的广阔与厚实的现在，这意味着现在是用来说明过去和未来的，但艾甬则不断分裂为未来与过去的动态瞬间，每个被分裂的时间都是一个临时的、独异的奇异点，艾甬让时间逃离现在，“在每一个瞬间中都有着不可测的未来与过去的共时性”[3]。

二、对时间之线的反思

当时间被定义为一条均质、匀速的时间之箭时，就会发现很多时刻无法纳入时间之流中。亚里士多德也意识到了这一点，早在《尼各

1　［古希腊］亚里士多德：《物理学》，张竹明译，222a15，第 123 页。

2　艾甬（Aiôn）源自古希腊，是生命、存在、“一段时间”’的意思，艾甬是包围宇宙的回环，意味着无限时间。与之相对应的是另一种时间 Chronos，这是切分成过去、现在与未来的线性时间。

3　杨凯麟：《分裂分析德勒兹》，郑州：河南大学出版社，2017 年，第 35 页。

马可伦理学》的结尾，他就谈论了“快感—运动”命题。他指出，如果没有处于时间里便不可能产生运动，却可能在时间之外体验快感，因为“在瞬间里发生的事是完满的整体”。如果说所有运动皆是为了某种形式目的而在时间里展开，例如房屋的建造，那么快感的“形式”则无论在何时皆是完满的，因为从能量到行动之间并没有流通的过道，快感是活动的圆满状态；所以快感的现在不再是一个点，而是一个“整体”，瞬间是完整的。快感的瞬间让行动完满达成，它是另外突然来到的瞬间，它就像是个多出来的瞬间，就像增添在身体活力之上的年轻光彩，这样的瞬间让我们跳脱、变化和生成；如此一来，快感的瞬间让我们跳脱到“时间之外”。这意味着总共有一些异质的元素无法纳入线性的时间秩序中。奥古斯丁在《忏悔录》中已经注意人们对时间流逝的感知是内在的，是过去在大脑中留存的痕迹；康德也提到人的外在感知塑造了空间，内在感知塑造了时间，他将时间的客观外在性拉入内在的维度。

到了当代，胡塞尔在《内时间意识现象学》中提到，在一段旋律中，人们感知到的连续声音并不意味着这些声音可以同时被听见，或前一个声响持续存在于下一个声响里，而是由于构成意识作用的意向，作为对即将来到之声音的等待，会延伸为“前摄”（protention）作用，而作为让刚发生的声音维持现状的意识则会延伸为“滞留”（retention）作用，因此，保留下来的初始记忆作为在感知里刚流逝的过去，会持续地扣住原始印象。它有别于将它再现的次要回忆，所以，当声音发出的当下转变为过去的声音时，印象层面的意识在持续的流动中总是“转换成”最新保留下来的意识，且该意识同样也持续不断地转换成保留意识，而印象层面的意识，在感知意识的“现在”（maintenant）之中，会一直把握所有流逝的声音，直至旋律完成。“每个声音感觉在那个使它得以产生的刺激消失后还从自身中唤起一个相似的并带有一种时间规定性的表象，而这个时间规定性在继续变化，这是一种独特的变异，只有在这种变异出现时，对一个旋律的表象才会形成，在这个旋律中单个的表象具有其特定的位置，摒弃具有其特定的时间量度。”[1] 这是一个连续的表象系列，在这种暂时展开的知觉活动中，有一种知觉可以赋予“现在”实质的厚度（une épaisseur），犹如“彗星尾巴”拖着紧扣在它身上的过去而延伸开来。现象学不只改变了感知观念（人们所感知的现象由于包含了刚经过的过去，而从此溢出了瞬间），也改变了“活动”的观念，而此“活动”是以“阶段”的方式来思考，是一个“连续体”，具有意向性目标的活动，如图所示[2]。

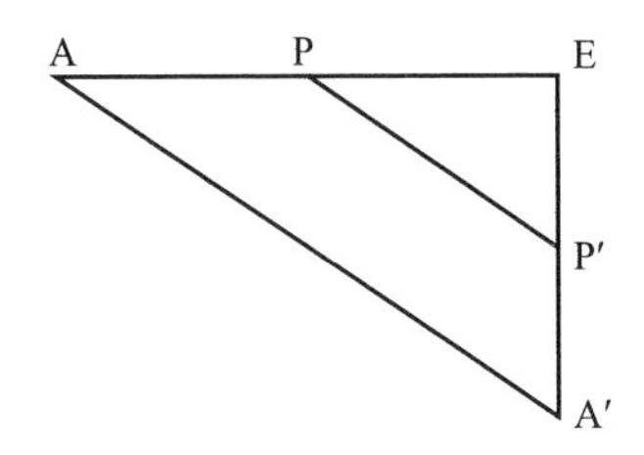

A 到 E 的水平轴代表流逝的时间，E 到 A′ 的竖轴代表时刻 A 的滞留，从 A 到 A′ 连续下降，现象可以构成时间是因为在任意时刻 E、P′、A′ 都存在。由于胡塞尔思考了“流动”（l’coulement）现象，他将注意力放在“持续改变的独特感知连续体”，实质的厚度仍依附在不停变化而形成一个不可切分之单位的连续于时间性客体性，他已经离开

1 ［德］埃德蒙德·胡塞尔：《内时间意识现象学》，倪梁康译，北京：商务印书馆，2017 年，第 46 页。

2 同上书，第 67 页。

了传统的终点目的论下所构想的时间性膨胀；他经由“当下”察觉到一种维系和展开的独特性，他转向了“流通”（passage）以及连续性过渡的思维。他在“现在”中所察觉的厚度并不能脱离感知的个别活动，它还是依附于特定的时间性客体，正是内在于此客体的时间性延展，透过其时间间隔定义出意识里之“现在”的延展。此当下的“厚度”关系到作为原始经验的感知，甚至关系到作为所有经验之根源的感知，而与总是全面展开的事物无关（其全面性甚至总是超越我们），也就是与我们只能将其命名为“生命”的东西无关。而且现在与未来和过去之间的界线不再是完全阻绝的，我们将发现现在仿佛笼罩着绵延的“光晕”（halo）。[1]

普鲁斯特的《追忆似水年华》开头冗长地描述了意识像气泡一样从深不可测的深渊里浮现的眩晕瞬间，这里没有跌宕的情节，而是记录了一个人的记忆。时间是一幅无序、散乱又详尽的地图，在这个无限空间里，神秘的细节、思虑、感觉、影像、色彩、气味、表情都被储存在大脑的褶皱里，这就是与我们经验相似的时间滞留，它不作用于主体意识，而是在神经中留下痕迹。柏格森也认为：“运动物体的先后位置确实占着空间；但是这物体由一个位置移到另一个我自己的过程是空间所捉摸不住的，它是一种在绵延中开展的过程……这里所涉及的不是一件物体，而是一种进展……运动是一种在心理上的综合，是一种心理的因而不占空间的过程。”[2] 可以看出，时间不是单一的点的连续，而在每个瞬间都包含了过去、现在和将来。

柏格森谈道：“运动不同于经过的空间。经过的空间是过去时，

1 ［德］埃德蒙德·胡塞尔：《内时间意识现象学》，倪梁康译。

2 ［法］柏格森：《时间与自由意志》，吴士栋译，北京：商务印书馆，1958 年，第 82 页。

运动是现在时，是经过的行为。这个经过的空间是可以分割的，甚至可以无限分割，而运动是不可分割的，或者要分割它，就必须在每一次分割时改变它的性质。这已经暗含着一种更加复杂的看法：经过的空间全部属于同一种同质空间，而运动是显质的，彼此之间不可代替。”[1] 集合是一种人为的封闭，是由明确的部分组成的；而全体是敞开的，它是面向外部的联结，敞开是对封闭的内部进行敞开。封闭的局部集合是“静态分切＋抽象时间”，绵延全体的敞开是“实际运动→具体绵延”。运动一方面，穿梭于局部之间；另一方面，表现着绵延或全体。例如，糖融于水，糖发生了变化，水发生了变化，而等待着的我也发生了变化。运动总是出现在一个具体绵延中，因此，每个运动都将有其质的绵延。也就是说，真正运动的根本特点在于它体现绵延或全体中的变化。通常的运动看似是从空间中的某点向另一点的局部位移，但是在这种局部位移的同时，整体也会随之出现质变。柏格森在《材料与记忆》中谈到了动物迁徙，每年 6 月左右，角马从坦桑尼亚大草原移动到肯尼亚，这不是一种漫无目的的纯粹移动，而是为了进食，从而由旱季的草原迁徙到更加肥美的草场；反之，当坦桑尼亚草原迎来雨季的 10 月，角马群又将重返故土，为来年的大迁徙做准备。在从 A 到 B 的迁徙中，A 点的环境变化所引起的资源耗尽，触发了角马群的运动，而当其到达 B 点，其进食行为引发了 B 点的环境变化，A、B 各自变化的同时还带来了两点之间关系的整体状态。因此，运动总是对某种变化的反映，牵一发而动全身，这种变化总涉及全体绵延的改变。并且，这在现代原子力学中可以找到印证。在这种意义上，德勒兹提炼出“静态

1 Gilles Deleuze, *Cinéma I L'image mouvement.* Editions de Minuit, collection: Critique, Paris: Minuit, 1983, p.9.

分切 / 运动 = 作为动态分切的运动 / 质变”这样一个公式来说明瞬间、运动与变化之间的关系，由此表明运动的根本性质在于它呈现出整个开放全体的变化。

然而，意向性依然建构在西方主体哲学的基础上，这不过是一次较为彻底的装修，而非一次釜底抽薪的重建。而柏格森批判了西方所呈现的时间概念之后，还是不免误入歧途。柏格森借由“绵延”的直觉来唤醒我们，若我们专注在“真实的绵延”之中——在我们感知里那静止不动且凝滞的事物将开始活络、动了起来，围绕着我们的一切将变得活跃，在我们内心深处苏醒。一种强烈的冲动将席卷万物。我们会觉得被煽动、鼓舞和牵引。我们将更深刻地活着……但他所说的“我们”（召唤着某共享主体的我们）失去了“认识—行动主体”的规范性结构后，在“共同领会”的层面上，他所说的“我们”无形中建构出一个共享主体以使人振奋，这需要借助主体哲学完成，依然是一种主体哲学的残余。

三、中国“时”的“变”与“通”

（一）“时”是“过程”，而非“时间”

朱利安谈到中国古人言“有生长却不见生长之始末者”（有长而无本剽者），是作为绵延的世界，我们无法知道它的开始和结束。“具有实在（实体）却不见确切处所的是作为延展的世界”（有实而无乎处者，宇也）[1] 将时间的绵延设想为无止境的延续。“往古今来谓之宙，四分上下谓之宇，道在其间”，在这个句子里，每个词皆是一般陈述，而没有西方表达中的过去、现在、将来时态。“古往 / 今

1　庄子：《庄子·庚桑楚第二十三》，郭庆藩：《庄子集释》，北京：中华书局，2016 年，第 800 页。

来”两组相互关联的词汇，既相反又互补，相互映照又彼此对立，一种恒常的变化古今，来去之中运作，这不是两种固定的极限，而是持续的流通，而“道在其间”，“道”没有明确的位置，道栖居在这两者之中却不占据特定的片刻或位置。可以看出，中国文化不设置二元对立，不拘泥于一隅，不追求本质，而是亦此亦彼、非此非彼，试图在两者之间开辟一条通道，这条通道包罗万象、潜能无限、不断生成。

基于此，朱利安断言中国没有像西方一样将“绵延”设想为一种纯粹的存有“时间”，没有把时间设想为一个孤立的自主体，也没有让时间脱离过程抽象成特定的时间。中国对自然的思考不是从运动中的个别物体出发，而是从阴阳这两种能产生无穷之交互作用的能量出发：当阳流散时，阴便会凝聚起来，阴倚阳而“发展”，阳取阴而“成形”；一则生，一则隐，两者的更迭是调节性的。中国思考的是这些阶段不间断地运行，中国思考的不是“时间”，而是过程。例如“恒常”（constant）和“永恒”（éternel），“恒常则是经由（au travers）变化来表现。恒常是变化中的不变项（ce qui ne varie pas）；而作为存有的永恒则是不变者（ce qui ne devient pas）。两者皆表明持久性，不过是以不同的方式展开：永恒的持久性依附于存有而成为沉思（theoria）的对象，而恒常的持久性则涉及了事物的运行，或者说，涉及了中国人所说的事物的‘运作’（functionnement）（用的观念）”[1]。正如西方的建筑由石头构成，为了在瞬息万变的表象背后追求永恒、本质、超拔和形而上，一种固定的理念世界，而中国的建筑是木头所制，这并不是因为中国古人不知道石头比木头更坚固，而是他

1 ［法］朱利安：《论“时间”：生活哲学的要素》，张君懿译，北京：北京大学出版社，2016 年，第 16 页。

们认为木头与石头、一与万物都是生死轮回、一岁一枯荣；生命，乃至世界都在不断运行、变化，生生不息，这是一个不断发展演化的“过程”。

朱利安称永恒指向本质的同一，而恒常则属于“〔自然的〕能力”（capacité）的范畴（德的观念）：恒常确保了不停转化之事物的运行，是使运行得以“畅通”（viabilité）的原因。恒常不以盲目混乱的方式演化，而是一如“天”或“道”之恒常性，让恒常的运行得以调节因而永不偏倚，并且得以不断更新。永恒存在于时间之外，恒常则是永不间断者。公元3世纪的王弼注解“道可道，非常道”的意思是“未形未名之前，以及有形有名之时”。道的后期清晰明白，但初始阶段却隐晦无形，难以言喻，深不可测。道之“常”（constance）是一种内在底蕴之“常”，它是生机勃勃、永不枯竭的底蕴、泉源和资产，具有调节作用而使生死、阴阳、活灭不断交替的内在，是一种通往存在的特殊化过程，而其回返则是借由内化退隐至潜伏的状态。朱利安认为中国人思考的不是“永恒”，而是无穷（sans fin）。正如中国的图腾龙，它本身并不存在，正因为无，反而被赋予不可想象的能量——它可以上天入地，吞云吐雾，它潜藏能量，虚虚实实，神龙见首不见尾；正因为变，它的能够量源源不断，龙深刻地展现了中国古人的思维模式，它象征着无穷、不竭、变幻、潜能。

（二）“变”与“通”的变奏

朱利安认为把握过渡的两个面向，进而理解这种运作（用）的内在逻辑，需要以两个互补的观念来框住过渡，这两个观念源自古代《易经》：“‘变—化’（mondication-transformation）和‘变—通’（modification-continuation）。因为‘变’是过程连续性中可被辨识的元素，它在朝向‘转化’（transformation）发展的同时确保了‘连续性’

(continuation),这有别于‘同一和它者’的逻辑。”[1] 朱利安进一步谈道，变有影响 (influence)、转化 (transformation) 两层含意，前缀“in-”和“tran-”为穿越、转变，fluence 意为流动，formation 为形成之意。

《易经》提出一种混沌之思，但这并非缺乏秩序而被宇宙取代的原始混沌，而是无法被概念、定义、形式照亮的物质“暗面” (robscurit)，是一种未分化的基底 (le fond)，所有个体的诞生皆源于此。在反思现代性的思潮中，海德格尔、布朗肖、巴塔耶、利奥塔、德勒兹等诸多理论家都试图回到世界原初状态，这是一个混沌的、未分化、不确定、无规则的状态，在这里，充满了偶然性、随机性、差异性和不可预测性格，这就是混沌现象。《易经》中的关键就是变，正如“在天成象，在地成形，变化见矣”，而这种变和西方的运动、异化都不同，而是自然而然的演化，它不是孤立的、有预设的，而是世间万物共生共在，自然演变，也正因为变，万物才通达、不腐、生生不息。朱利安的理论可以对照德勒兹的生成理论，正因为西方设置了诸多边界，解域才成为必然，德勒兹试图通过解辖域化 (déterritorization) 不断生成以通达他者发生事实上的链接。在他者的外部冲击下，块茎爆裂为逃逸线，“之间”的事物不断解辖域、再辖域 (reterritorialisation)，先 / 后与中心 / 边缘也得到了消解。可以说，生成就是一种不断变化、不断解域的状态。

中国文化把自然当作随时处于运作中的“过渡” (la transitions)，或一种绵延的过程，没有用形式、目的等范畴解释变化，没有预设物质或主体来主导变化。中国思想崇尚虚实相生、有无之间，它提防分别、避免僵化。因为一物之发展无法缺少另一物，一物已在另一物之中，两者

1 [法]朱利安:《论“时间”：生活哲学的要素》，张君懿译，第 83 页。

截然不可分。中国思想很早就发现事物无法独立运行，事物只有在关系中才能获得自身，所以，不是外在刻度计量的运动，也不是根据空间位移测量的变化，而是一种无法精准把握、内含无限潜能的“过渡”。这一思维不在于凸显单个事物的主导作用，而是强调事物之间的共生共在，强调流通的绵延不绝，强调不断更新演化的连续性。正如中国的园林艺术，它不如西方建筑（古希腊神庙、古希腊剧场、古罗马斗兽场、各种教堂等）一般独树一帜、高大庄严、一览无余，而是曲径通幽、一步一景，它强调与周边环境、四季变迁的配合，与情、景、天、地、人相呼应，避免僵化、固定，追求变化，每个园子都有自己的特点，彼此交相辉映、相互衬托，这集中表现了中国文化的内在思想和精髓。

所以说，中国文化不存在本质 / 现象、在场 / 缺席的对立，并没有一定要颠覆二元对立的执念，也没有追求本质高于现象、在场大于缺席的等级之分和深度模式，反而更注重有无转化、互利共生的层面，更强调“他者”的“功效”。具体来说，将“他者”纳入“自我”之中，“自我”就有可能展开背离自己的一段旅行，如此，自我内部蕴藏的多重力量会相互角逐、对峙，“自我”不再是铁板一块，凝滞僵硬的本质化的“自我”，正是“他者”让“自我”重新敞开、呼吸、生成，不拘泥于任何定义。“就如黑格尔不是在辩证法发展史的开端而是在其末端所提出的，一项 / 一方的本性不只是要跟另一项 / 另一方沟通而‘交缠’（s'entremeler），还要不停地进入对方（passeré carter lui），不停地把自己抽离己身，或者可以说‘远离自己’，黑格尔说的以便‘成为自己’（pour devenir soi）；此刻，‘他者’产生‘成为’（génèrerle devenir）。”[1] 可以看出，“他者让双方总是‘畅通’，不停地在此之间里

1 ［法］朱利安：《间距与之间：论中国与欧洲思想之间的哲学策略》，卓立、林志明译，台北：五南出版图书公司，2013 年，第 101 页。

交流，永远都在开展的过程之中”[1]。于是，朱利安得出他的结论：“必须有他者；也就是同时要有间距和之间，才能提升共同 / 共有。”[2]以纳入“他者”的共同不是相似，不是重复，不是同一，与其说“共同”是以超越差异而取得的，不如说，“共同”是来自“间距”并且透过“间距”被提升，“共同”在“之间”里才是实际而有效的。

小结

事实上，关于时间的想象已经在物理学中得到印证。在爱因斯坦广义相对论里，不存在单一的时间，而是复数的时间，如同两个先分开再放置到一起的时钟。他想描述的不是事物在时间中演化过程，而是事物在自己的时间中如何演化，以及时间相对于彼此如何演化，世界中的不同事物交织在一起，以不同的韵律跳跃、舞蹈、共振。进一步说，时间是量子化的，它只能取特定值，不能取其他值。这说明时间是分立的，而非连续的，像袋鼠一样从一个值跳向另一个值。中国古人已经接近这样的思维模式，他们不把时间当作一条统一、均匀、有序的射线，而是无数个时间岔路的叠合。在这里，不同事物都惬意、自由地栖居其中，这造就了差异的两个概念——“生活”（vivre）和“生命”（une vie）。“生命”是时间性的延展，即从出生到死去两个端点展开，这是外部视野下的一个客观、超验的维度。朱利安认为西方人对“生活”不具反思能力，甚至没有获取观看它的距离：“生活”不能倒退，不能延长，不是活在出生与死亡的起点和终点之间，也不活在生命的间隔里。因为主体的意识无法看到自己生命的开端或终点，

1 ［法］朱利安：《间距与之间：论中国与欧洲思想之间的哲学策略》，卓立、林志明译，第 101 页。

2 同上书，第 91 页。

出生和死亡只是一种随机且偶然的节点，它们都是从见证者，即他人眼里得出的，而“生活”所涉及的却是连续性的活动，“生活”不需辨识开始和结束，不需要意识的分辨与建构。在“生活”中时间不能用形而上学来把握，而是以直觉、感觉的维度来体悟。“生活”是过渡性（transitionel）的，属于内在性样式。在这个意义上，中国的“时”破除了西方二元对立、本质主义、形而上学等一切僵化固定的思维模式，它可以“游刃有余”（通畅）、“迂回进入”（自由）、“气韵生动”（生成），在时的变幻中逍遥自得。

《灵长目与哲学家》导读

蔡 蓁 华东师范大学哲学系副教授

我今天想跟大家分享的书是《灵长目与哲学家》。这个书名可能听上去会让人觉得有点奇怪，因为“灵长类动物”通常是我们在《动物世界》或者《国家地理》中看到的角色，而哲学家研究的内容对于我们普通人来说似乎是特别高深的东西，这两者怎么会放在一块儿来讨论？

我们先来认识一下这本书的作者，以及他在这本书当中要讨论的问题和这本书的基本结构。这本书实际上是一个文集，有很多作者，但它是围绕着一位作者的一篇核心文本来展开讨论的。这篇核心文本的作者叫弗朗斯·德瓦尔（Frans de Waal），一个荷兰裔的动物学家。我听过他本人的现场演讲，他是一位非常有趣，说话带一点荷兰口音，同时也非常具有公众影响力的学者。

德瓦尔的灵长类动物学研究有什么特别的地方呢？通常来说，一听到灵长类动物，我们的第一个反应就是它们特别聪明，它们会使用工具，有的甚至会制造一些工具；有的能够认识一些简单的符号文字；有的还可以玩电子游戏。但是大家想一下，我们对于灵长类动物这些通常的认识，实际上都是基于它们个体所具有的认知能力。而德瓦尔对于灵长类动物的研究比较特别，就是他特别关注这些动物的个体间能力，即它们彼此之间互动的社交能力，还有它们表达情绪、传达情感的能力。

在这本书当中，第一部分（也是核心部分）的内容实际上就是德瓦尔试图将灵长类动物的社会本能跟人类道德之间建立起一种关联，从而回答这本书副标题所提出的问题——道德是怎样演化出来的？即人类道德的起源是怎么一回事？这本书的第二部分是一些著名哲学家对于德瓦尔看法的评论，最后是他本人的回应。今天的分享将集中在前两部分，尤其会围绕德瓦尔自己的观点来展开。

德瓦尔需要处理的一个核心问题就是“道德是怎样演化出来的”。起源在哪儿？在书里，他首先介绍了一种关于这个问题特别流行的答案，而且是一种非常古老的答案，实际上是批评的一个靶子。这个理论是什么呢？他给这个理论起了名字：关于人类道德的“贴皮理论”，即所谓的“Veneer Theory”。简单来说，这个理论认为道德只是人性最外层的贴皮。打个比方，大家都见到过一些廉价的家具，它们表面上贴了一层光鲜华丽的外皮，外表很漂亮，里边都是一些糟木烂渣子。这种观点认为人性其实也是这样，我们人性当中的最内核就是自私而残忍的。道德是一件文化的外衣，是理性选择的产物，跟我们的自然天性之间是断裂的。

提到这种观点，德瓦尔在开篇就讲了一个很著名的人物：英国的哲学家霍布斯。霍布斯的名著《列维坦》里设想了早期人类的生存状态，他称之为“自然状态”（State of Nature）。我们的祖先是一种什么样的自然状态呢？简单来说，就是每个人都在尽可能多地争取自己的利益，所以就陷入了一场“所有人针对所有人的战争”，人对彼此就如同狼一样凶残。这句话本来是一个古罗马的谚语，经过霍布斯的引用之后变得广为人知。他说人类过着“孤独、贫困、污秽、野蛮而短暂的生活”。这当然不是一种好生活，那怎么办呢？你看不惯别人，但是你也弄不死他，那怎么办呢？要不然我们坐下来聊一聊吧，我们约定好在别人下去做核酸的时候不要偷吃他的零食，虽然我们确实很想去偷吃别人的东西，但是我们彼此退让一步，达成一个协议，遵守一些规则。虽然我们并不是自愿地进入这种契约、规则的环境之下，但是为了保全自我利益，也只能如此。所以说，社会化的生活并非人类的自然天性当中就有的。

德瓦尔进一步说，在现代科学当中，尤其是达尔文的“进化论”出来之后，关于人性的图景似乎并没有得到改善。他特别谈到一个进化论者赫胥黎，这个名字大家应该都很熟悉，高中课文中严复的《天演论》实际上就是翻译了赫胥黎的著作。赫胥黎自称是“达尔文的斗犬”，坚定地为达尔文“物竞天择，适者生存”的进化论进行辩护和捍卫。但是在道德这件事情上，德瓦尔认为赫胥黎实际上跟达尔文有一个分野——达尔文认为，人类道德可以从我们的社会本能当中得到演化的解释；但赫胥黎认为，在每个个体都在为自己的生存而残酷斗争的进化论图景里，利他之心从何而来？他看不到道德能够自然生发出来的可能性，因此他在这一点上背离了达尔文。他用了一个比方，说道德是人类理性的伟大胜利，就像一个园丁要将如同杂草一般的自私、不道德的天性时时加以压抑和修剪。因此，“贴皮理论”实际上认为人类道德是不可能从我们的生物本性当中自然地生发出来的。

德瓦尔接下来做的工作，也是这本书的主要部分所要讲的，就是对这种“贴皮理论”进行反驳。他反驳的根据来自几十年的研究当中所揭示出来的灵长类动物非常丰富的社会行为和情感世界。他主要从两个层面来展开他的观点，这两个层面实际上也构成了他所认为的人类道德最为基本的构成性要素。他发现在灵长类动物的生活当中，其实已经具备了这些构成性要素——这两个层面一是共情，二是合作互惠以及相关的情感。

我们首先来看共情怎么理解。简单来说，“共情”就是我们感同身受地去体会、理解他人心理状态的能力。我们用古代哲学家孟子的一个经典例子做个解释。孟子说如果我们看到一个小孩掉到井里，你会自然地立刻生发出“怵惕恻隐之心”，会特别想做点什么事情去救小孩。孟子说“恻隐之心，人皆有之”，而且是仁爱的起点和开端（就是所谓的“仁之端”）。德瓦尔特别认同这个观点，他本人也是孟子的粉丝，在书里大段引用了一些孟子关于人性的观点。但他同时也注意到，在关于共情的研究当中，有一种观点认为人类的共情能力实际上要预设较高的认知能力——如果要进入、理解、体会他人的情绪，我们首先要区分自我跟他人。我们要知道事情是发生在别人身上的，而不是自己身上的；而且我们要对他人目前的处境做出评估，推断在这个处境之下他人究竟是一种什么样的情绪，是怎样的认知状态。其中就会有很多的认知加工环节。而动物的认知能力有这么高吗？如果没有这么高，它们怎么可能会有人类这种意义上的“共情”呢？

德瓦尔建构出了一个关于“共情”的俄罗斯套娃模型，想要说明即便是这种高阶的、认知性的共情，也大致有一个内核。这个内核非常接近孟子所说的直接、自动的情绪传染的反应，是高阶的认知性移情的一个不可或缺的、构成性的基础。他有创意地揭示出在灵长类动物（尤其是跟人类在基因谱系上最接近的灵长类近亲黑猩猩）身上可以找到一些非常丰富的认知性共情的例证。他的观点主要基于他对黑猩猩针对特定对象的帮助行为的观察和研究。接下来我们通过几个例子来解释一下他所说的这种“帮助行为”是什么。

第一个例子是，有一天在猩猩的园子里，管理员把猩猩玩的轮胎清理干净，在高处挂成一串。有一只年老的雌性黑猩猩科罗姆（Krom）特别想拿到其中最后面的轮胎，但是它年纪比较大了，体力也不太好，尝试了很多次都拿不到，很失望地要走开。正在这时，一只成年的强壮雄性黑猩猩杰克（Jakie）（科罗姆的侄子）非常矫捷迅速地蹿到那一串轮胎上去，准确地拿到了科罗姆特别想要的轮胎并交给它。德瓦尔说，亲属之间的帮助行为本身很常见，但这个行为之所以有意思，就在于杰克能够准确地知道姑妈科罗姆在这种个性化的处境之下想要什么。不是所有的黑猩猩都想要拿到那个轮胎，所以它必定是能够判断出它的姑妈此刻的需要。

第二个例子是一只倭黑猩猩库尼（Kuni），这个故事更加神奇，涉及跨物种的帮助的行为。有一天，库尼生活的区域里掉落下来一只翅膀受伤的鸟，库尼很小心地用手把这只鸟抓起来捧在手心里面，给它理顺羽毛，并且做出试图帮助它飞起来的动作。大家可能在动画片里见过这种事情，但是灵长类动物学家观察到这样的事情之后，会去思考和预设：它做出这样的事情，背后需要有什么样的能力？首先，它需要知道自己跟鸟的需求是不一样的。否则，即便它今天看见这只鸟受伤了想要帮助它，很有可能会给它一只香蕉，而不是去把它的羽毛理顺。所以，它知道对于一只鸟来说，什么样的举动是能够缓解目前受伤的状态的。这样跨物种的帮助行为在动物界当中非常罕见，所以这是一个很有意思的例子。此外，他还提到母狒狒宾提（Binti Jua）在动物园里救起一个落到园子里的小孩的故事。

德瓦尔想要通过这些故事表达的是，灵长类动物这类行为是针对他者的特定需要的。与工蚁没有任何个性化对待地喂蚁巢里的卵所不同，黑猩猩能够识别出他者的特定需求。这种识别以及做出反应的能力，要求行为者具有较高的认知能力。德瓦尔试图表明，这种认知性的移情和共情在黑猩猩的社交生活里是大量存在的。

书中有一张图，主角是一只壮年好斗的雄性黑猩猩，刚刚打架打输了，所以表情不太高兴，在大声吼叫。这时后面来了一只少年黑猩猩，它本来是看热闹的"吃瓜群众"，没有参与打架事件。这时它走过来，伸出胳膊环绕住这只打输的黑猩猩。这在黑猩猩研究里是一个典型的安慰的行为——它知道打输的猩猩是一种什么状态，知道它可能需要什么。德瓦尔认为这是一种认知性共情的表现和反应。

我们还可以看到亲子之间的认知性移情：一只小猩猩爬树爬到一半，卡在那里，上也上不去，下也下不来。于是它开始叫并伸手求救。这时它的妈妈迅速赶过来，妈妈知道它家"熊孩子"陷入了什么样的麻烦当中，很快把小猩猩解救了下来。德瓦尔还特别比较了黑猩猩亲子之间的这种共情案例跟猴子之间的共情案例，他发现猴子的母亲没有黑猩猩的母亲这样如此了解幼崽的需求，所以黑猩猩的母亲更加接近人类的母亲，它的保护欲、警觉以及对幼崽心态的准确把握能力是非常强的。关于"共情"的话题，我们就讲这么多，欢迎大家去看书，了解更多的故事。

接下来，我们讲第二个层面，关于社会性的动物。我们经常会看到一个现象：动物之间会有互相合作、彼此互惠的行为。德瓦尔特别观察到的是，在灵长类动物（尤其是在黑猩猩和卷尾猴）当中，才会有在非亲属之间分享食物的行为。

两只黑猩猩分享香蕉，是一个典型的分享食物（food sharing）行为。由此，我们首先要问的问题是，它们分享食物是一种随机的行为吗？比如说选择分享的对象，是不是今天我心情好，看你顺眼就掰给你半根香蕉？德瓦尔发现其实并非如此，它们食物分享的行为跟它们另一类行为——梳理毛发之间有非常密切的关系。

我们人类都担心秃头脱发，但是我们的灵长类亲戚却饱受毛发太多的困扰，他们经常要清理毛发当中的寄生虫，有些地方自己够不到，所以经常需要互相梳理毛发。德瓦尔观察到，之前帮助过"我"梳理毛发的黑猩猩，后来更有可能得到"我"（也就是之前的受惠者）分享食物的机会，"分享食物"与"梳理毛发"两者之间是有关系的。这件事情也很奇特，因为很多动物界当中的合作都是立刻看得到回报，属于一手交钱一手交货这种类型的合作。但如果我早上帮一只黑猩猩梳理了毛发，我可能要等到晚上饿了的时候才能得到回报，这是一种"delayed reward"（迟到的回报）。这意味着行动者是有记忆力的，它对于周围个体曾经对自己做过什么，心里是有本账的。而且，它还能够接受有可能无法得到回报的风险。一般都是在有一定规模的共同体当中，才能够生发出这种类型的合作。

更加有意思的一个问题是，但凡是在有互助合作的社会性生物的群体当中，个体就会对合作的后果以及如何分享资源持有某种期待。比如，最近上海市民都很流行邻里互助，以物易物，前两天我家洗衣液不够了，我知道邻居家缺酱油，我就想着用多余的酱油去换点洗衣液，这就是一个"交换"的行为。既然涉及交换，我们会有很自然的一个想法，就是换多少才合适，接下来，让我们来看看这些灵长类亲戚有没有这样的想法。

我要给大家介绍的是德瓦尔本人特别得意的一个实验，实验对象是卷尾猴。相比于大个头的猩猩，卷尾猴个头小，比较容易跟人合作。它们两两配对，分别被关在自己的小笼子里。如果它要跟实验员换东西，就把手里的石头交给工作人员，工作人员就会给它换吃的。灵长类动物的口味跟人类是很像的，都有着对甜食的共同热爱，所以大家大致就能知道它们更爱吃什么了。接下来大家注意，当这些猴子观察到同伴交换的收益时，前后反应的差别是怎样的。

实验开始时，左边的猴子用石头换了点黄瓜。黄瓜虽然没那么好吃，但也能接受，但是当它发现隔壁猴子居然拿到了葡萄时，就变得很焦躁。后来实验员再给它拿黄瓜交换的时候，它就非常愤怒，开始摇栏杆、拍桌子。我在听德瓦尔现场讲座的时候，他说："我觉得这些猴子的反应，跟华尔街上那些抗议金融资本家收割普通民众利益的抗议者没什么两样。"从这个实验中我们看到，卷尾猴似乎可以对酬劳做出衡量，对于自己和他者获得的酬劳与付出的劳动进行比较。

实验中有一个细节，第一只猴子发现同伴拿到葡萄后，在第二次交换的时候，它把石头在墙上磕了一磕。它认为是不是因为这块石头有什么问题，导致它没有得到葡萄。但它发现并不是石头的问题，所以它更加愤怒了。德瓦尔说："能够分享食物和进行合作的灵长类动物可能对酬劳的分配和社会交换具有一些情感性的期望，这些期望引导他们对不平等表示出反感。"通过这样的研究，德瓦尔试图说明合作以及与合作相关的一些情感反应，我们可以在我们的灵长类亲戚那里找到一些非常原初的种子。

接下来，德瓦尔试图建立起他的一个核心观点，就是人类跟动物在道德发展上实际上有连续性（并不是说猴子、猩猩就具有道德，他没有这么强的观点）。他想说的是，我们可以在灵长类动物那里找到一些道德情感的构成性要素（building blocks）；进一步地，由交换扩大的共同体以及对于共同体的关切（community concern），灵长类动物也是有的（当然没有人类如此成体系）。如果对这种共同体的关切和生活特别感兴趣的话，大家可以去看他的另外一本书《黑猩猩的政治》。如果你喜欢看宫斗剧，那么你不会失望的，在这本书里能够看到黑猩猩们为政权的更迭费尽心机。

最后一步，他说道德演化的第三个阶段就是“判断和推理”，他承认这个层次确实只有人类才有，所以他说“this is where the similarities end”，即我们和我们灵长类亲戚的相似性到此就结束了。但他实际想说，这些根基和种子在我们生物性的本质里是有的，因此强调的是演化的连续性。这就是他的观点。

接下来我想给大家介绍的是哲学家们对德瓦尔理论的看法。我截取了两位哲学家的看法，第一位叫克里斯汀·柯斯嘉德（Christine Korsgaard），她长期在哈佛大学哲学系任教，一度当过哲学系的掌门人。她是一个硬核的康德主义者，康德主义这个门派在人类道德的起源和本质上有很强的理性主义立场。柯斯嘉德在她的文章里面说：“道德是一种规范性，这种规范性根源上来自于人类反思性的自我意识。”也就是说，人类头脑当中有各种各样的欲望去驱使我们的行动，但是人类可以跟这些一阶的欲望拉开距离，退后一步，从第三人称的视角去审视我们所具有的种种欲望，然后决定我们究竟按照什么样的欲望去行动。她继续说：“哪怕是有智慧的灵长类动物，由于缺乏反思性的自我意识，只能出于它们最强烈的欲望而行动。”德瓦尔的研究实际上展现了丰富的动物一阶欲望的图景，但柯斯嘉德认为动物的心智就好像是一个各种欲望在彼此角力的角斗场，动物本身没有决断的能力，任凭最强烈的欲望驱动。可能有同学觉得好像自己也是这样，觉得自己就是很随性的性情中人。但柯斯嘉德说即便人类被欲望选择，按照欲望行动，“人类并非为自己的欲望所必然化”。比方说你既有对于甜食的欲望，同时又有节食减肥的欲望，你最后被食欲打败，吃了这块蛋糕，柯斯嘉德认为即便如此，你并非是被你的食欲所必然化的。这种处境下，你仍旧是选择顺应你的食欲去行动，我们仍旧是有自主性的。她认为这是人类道德的最根本来源，而这样的东西在灵长类动物身上是找不到的。所以她特别强调人类道德的独特性，“人类与动物在道德上的区别并不是程度上的（difference in degree），而是类别上的（difference in kind）”。

接下来我讲第二位哲学家菲利普·基彻（Philip Kitcher），他对德瓦尔的工作有更多的同情。他主要研究的领域是科学哲学，尤其是生物学哲学，目前在哥伦比亚大学任教。他所回应的题目是“How to Get Here from There?”，就是怎样从这些灵长类的亲戚到我们人类这边来？我截取一些要点跟大家分享。他评论关于猴子的公平感实验，认为严格来讲，这个实验可能仅仅揭示了动物意识到存在更好的酬劳，以及对酬劳的一种以自我为中心的期待，即它想拿到更好的东西。但我们人类所说的公平感更多的是资源在不同的人当中能平等地分配。在这里他提到在一些哲学讨论会上，有人说在这个实验当中，如果那只一直拿到葡萄的猴子，看到同伴一直拿的是黄瓜从而拒绝接受葡萄，直到同伴也拿到葡萄它才开始吃葡萄的话，这个实验才真正变得有意思起来。实际上，这些讨论是在探究怎样的结果更能够反映我们人类所说的公平感。

刚刚提到基彻对于德瓦尔的工作有很多同情，因为德瓦尔的工作意义在于表明，与我们的祖先最具亲戚关系的这些灵长类动物绝不是彻底的利己主义者。基彻更感兴趣的实验是我们前面提到的杰克跟姑妈科罗姆之间的互动，在这个互动里面，杰克是一只成年的强壮黑猩猩，它帮助姑妈不会给它带来任何将来的收益。所以我们的灵长类亲戚也许给我们提供了人类利他倾向、利他心理起源于灵长类动物的证据，但是基彻认为德瓦尔给出的演化图景还是过于粗糙。基彻强调，我们人类理解道德规则并做出规范性判断（normative guidance）的能力是如何演化出来的？怎么样从那边到这边来？他试图为这样的演化进程和链条填补一些可能缺失的环节，并认为语言能力的进化和文化演化是很重要的一个环节，而这样的一些概念为德瓦尔填补了一些论证上的缺陷。

以上是两位哲学家的评论，还有另外一位，他叫彼得·辛格（Peter Singer），他在动物权利领域是一个主张动物福利的先行者，也对德瓦尔的观点做出了一些回应。德瓦尔在动物权利上有一个很有意思的观点是，他认为与其强调动物权利，不如强调人类对于动物的义务。他开玩笑说动物能捍卫自己的权利吗？难道它能请个律师为自己打官司吗？不可能，所以更多的是要强调人类对于动物的义务。辛格对这样的一个说法也给出了回应，大家有兴趣的话可以去看书。

最后，德瓦尔也有回应，尽量试图吸纳这些哲学家的看法，看上去还是蛮谦和的。但我认为德瓦尔内心深处应该是不买账的，因为我听过他在演讲当中说哲学家有的时候让他很抓狂，因为他觉得卷尾猴的实验确实能够说明猴子有最起码的公平感，但哲学家一定要说公平感是法国大革命的产物。因此，这本书的书名严格意义上来说应该是“Primatologists and Philosophers”（《灵长类动物学家和哲学家》），他把哲学家可能不太看得上的灵长类动物和他们拉到一张桌子上来，可能有作为灵长类动物学家最后的倔强和调皮在里面。

对这本书的分享，我就简单讲到这里。我个人很喜欢这本书，我觉得它既有趣味性，同时又非常有营养，“可盐可甜”。希望阅读这本书会帮助大家从每天做核酸的焦虑当中暂时抽离出来。谢谢大家和我共同度过这半个小时的时间。

张锐评《奶酪与蛆虫》

——梅诺基奥：宗教异端或世俗先知？

张　锐　华东师范大学历史系讲师

引言

卡洛·金茨堡（Carlo Ginzburg），一位享誉国际学术界的意大利历史学家，微观史学派的代表人物之一。1966 年，他发表了自己的处女作《夜间的战斗：16、17 世纪的巫术和农业崇拜》；1976 年，他的第二部作品《奶酪与蛆虫：一个 16 世纪磨坊主的宇宙》简称《奶酪与蛆虫》问世，自此一炮而红。

“犹太人和无神论者”，是金茨堡对自己的定义。他长期关注意大利“边缘”地区的庶民阶层，将 16 至 17 世纪与巫术有关的审判案件，视为近代早期欧洲阶级斗争的主要文献。在金茨堡的作品中，我们可以发现一个共同的特征，那便是通过挖掘宗教裁判所的古老档案，来试图理解受审者的心理活动和真实信仰。

这些被研究的对象，大多来自意大利共产党人葛兰西（Antonio Gramsci）眼中的“底层阶级”（subaltern classes），颇似法国史学之父米什莱（Jules Michelet）笔下女巫式的反抗先锋。对于这样一种选择，金茨堡曾坦言其背后的原因是基于战争和迫害的记忆。

1944年的夏天，为了躲避纳粹分子对犹太人的杀戮，刚满5岁的金茨堡与母亲和外祖母逃到了意大利佛罗伦萨郊外的一座小山丘上。然而不幸的是，一家人的藏身之处却意外成了战场的最前线。在这生死关头，外祖母告诉金茨堡，如果有人问他叫什么，就说“卡洛·坦齐”。这是外祖母父亲的名字，而她本人也是家中唯一的非犹太人。针对这段经历，金茨堡直到多年后才恍然大悟，就在那一瞬间，自己突然变成了“犹太人”，一个有别于其他意大利人的特殊群体。

按照金茨堡的说法，《奶酪与蛆虫》正是那股“特立独行之激情”的产物，它源自“对异常与正常之彼此关联的思考”[1]。在二十世纪六七十年代，意大利颇为激进的政治环境和全球左翼思潮的广泛传播，为本书的诞生奠定了基础。全书的主人翁是一位磨坊主，他的名字叫多梅尼科·斯坎代拉，人称“梅诺基奥”。与金茨堡第一部作品中的“本南丹蒂”相似，梅诺基奥同样来自意大利弗留利（Friuli）大区，因为声称自己是“先知”[2]，且世界是从腐坏中被创造出来的——正如“奶酪与蛆虫”一般——而受到宗教裁判所的“异端”指控。面对审判官们的拷问，梅诺基奥表现出一种超然脱俗的态度，他的证词更是闪烁着一种“令人着迷”的离经叛道[3]，透露出一种根深蒂固的口头文化，反映了百姓对于社会变革的强烈愿望。

1 ［意］卡洛·金茨堡：《奶酪与蛆虫：一个16世纪磨坊主的宇宙》，鲁伊译，桂林：广西师范大学出版社，2021年，第iii页。

2 同上书，第224页。

3 同上书，第iii页。

一、文化

1966年，意大利穆里诺（Mulino）出版社发行了《历史笔记》（*Quaderni Storici*），为金茨堡的创作提供了沃土。在杂志主编威尼斯大学莱维（Giovanni Levi）教授的长期耕耘下，学界逐渐将研究重心从精英阶层转向底层民众，为微观史的兴起铺平了道路。

在意大利的史学界中，长期存在着一种争议，即金茨堡笔下的特殊“个案”是否具有普遍性。换言之，弗留利的“庶民文化”（subaltern culture）能否折射出一种暗流涌动的“大众文化”（popular culture）？关于“大众文化”，芒德鲁（Robert Mandrou）将其归为工业化以前，欧洲社会“被支配阶级对支配阶级所提供的文化副产品的消极适应”；博莱姆（Geneviève Bellème）视其为一种对支配阶级文化的回应，具有部分“独立自主的价值理念”；福柯（Michel Foucault）则认为它具有一种“绝对的外部性”，处于“文化以外，或是一种前文化”；而巴赫金（Mikhail Bakhtin）相信，大众文化与精英文化之间相互影响、循环往复[1]。

梅诺基奥个案体现的是底层文化与精英文化之间的一场对话，其内容关乎所谓的“人性问题”[2]。宗教法庭传递给读者的是那种你一言我一语的现场感，既真实又虚幻。每一场审判，都会有一名书记员（或称“公证员”，notary）以书面形式记录下发生的一切。这种严格

1 ［意］卡洛·金茨堡：《奶酪与蛆虫：一个16世纪磨坊主的宇宙》，鲁伊译，第xxviii页。

2 la questione della natura umana，参见C. Ginzburg, «*Ma tu dove sei?*», in *uno storico, un mugnaio, un libro, Carlo Ginzburg, Il formaggio e i vermi, 1976–2002*, a cura di A. Colonnello e A. Del Col, Trieste, ed. Università di Trieste, 2003。

的司法程序，其意图在于防止不正当的行为发生[1]。因此，针对底层阶级的研究，文献资料往往是间接的，以第三人称的语气进行转述[2]。只有大量翻阅法官的提问和被告者的答复（时常前后矛盾），那种大众信仰的暗层才得以浮现。弗留利磨坊主案例的特别之处在于，一系列鲜为人知的民间元素被嫁接到了一个“理念复合体”的身上，他的理念包括“宗教激进主义”“自然主义”，甚至“有关社会改革的乌托邦理想”[3]。

金茨堡认为，“历史将一种语言置于了梅诺基奥的支配之下”，而他在运用这种语言时，“表现出了罕见的清晰思路和理解能力”[4]。从磨坊主对所读之书的叙述可以推断，他的理念不来自任何一本特定的书，也绝非受外界影响的结果。无论是他的慷慨陈词，还是他的远大抱负，都源自一种古老的口头传统。当然，这种世代相传的传统不仅属于梅诺基奥本人，也属于16世纪很大一部分社会群体。因此，一场起初以一个个体为中心的调查，最终发展成了对工业化以前的欧洲大众文化，甚至是农民文化的普遍性假说[5]。

的确，梅诺基奥的案例很容易让人联想到那些受到过人文主义熏陶的“异端分子”，他们曾一次又一次地呼吁宗教对话、信仰自由、返璞归真等。然而，这样的个体出现，也离不开当时社会变革的大背景，即印刷术的发明与宗教改革的爆发。印刷术让梅诺基奥有机会阅读书籍，重新审视自己长久以来接触到的口头文化。至于宗教改革，它不仅结束了精英阶层对于知识的垄断和信仰的特权，更是对天主教会千

1 参见 E. Masini, *Sacro Arsenale*, Genova, 1621。

2 ［意］卡洛·金茨堡：《奶酪与蛆虫：一个16世纪磨坊主的宇宙》，鲁伊译，第xiii页。

3 同上书，第xxx页。

4 同上书，第xxxi页。

5 同上书，第xvii页。

年的传统发起了挑战。或许，正是这场改革的风波影响了梅诺基奥，不仅赋予他直面权贵、据理力争的勇气，也让我们有机会一探16世纪意大利乡村磨坊主的内心世界。

二、宇宙

16世纪下半叶的弗留利，是一个带有明显古旧特征的社会，封建贵族阶层的权贵们继续在宗教信仰方面起着支配性的作用[1]。对于我们的主人翁梅诺基奥而言，他似乎不太认可天主教会的圣统制[2]。在他看来，宇宙“是从一片混沌之质中形成的”，“就像奶酪是用奶制成的，而蛆虫会在其中出现”一样。“我们所见的万事万物，都是上帝”，至于那个被钉死在十字架上的耶稣基督，只不过是“一个人”，是“上帝的众多儿女之一”[3]。

在当时百姓的眼中，梅诺基奥的想法着实有些怪异，因为这与天主教的正统教义格格不入。按照教会的传统，耶稣具有完全的人性和完全的天主性（神性），两个本性的结合是“毫不混淆、毫不变更、毫不分割、毫不相离”。早在公元一世纪，初期教会就曾澄清过基督信仰的真谛，否定过异端的思想。因为当时的一些犹太裔基督徒（Ebonites）认为耶稣是上帝的义子，仅仅是一个人。后来，教宗圣维笃一世于公元190年驳斥了此观点，公元268年的安提约大公会议、公元382年的君士坦丁堡第一次大公会议和罗马主教会议也都予以否决。当然，最为人熟知的要属天主教的亚流派（Arianism），这一派人士因不承认耶稣的神性，而导致教会陷入了长期的争辩之中。这场争

1　［意］卡洛·金茨堡：《奶酪与蛆虫：一个16世纪磨坊主的宇宙》，鲁伊译，第26页。
2　同上书，第7页。
3　同上书，第8—11页。

端甚至惊动了罗马帝国的皇帝君士坦丁，他于公元 325 年号召各地主教前往尼西亚参加大公会议。经多方讨论，亚流派的思想最终被定为异端，遭到众人的摒弃。

金茨堡在书中提到，梅诺基奥平时总是喜欢把话题引到“和上帝有关的那些事上……然后，他又会争论不休，大声为自己的意见辩护”[1]。如果他出生在一个多世纪之后，没准会被人当成“宗教妄想症”患者，送进疯人院。然而，在反宗教改革期间的欧洲，“最普遍的一种做法，就是将这些人认定为异端分子并起诉他们”[2]。按照当时的传统，一切关于信仰的问题都应该高高在上，论述之人必定学富五车、博古通今，绝非等闲之辈所能企及。为此，梅诺基奥身边的乡民曾劝他说：“看在上帝之慈爱的份上，别再说这些事儿了！”他的好友安德烈亚·比奥尼玛神父也告诫他：“多梅老兄，别再说这种事了，有一天你会后悔的。”[3]

不幸的是，神父的话一语成谶。52 岁的梅诺基奥果真被人告上了宗教法庭，其原因在于亵渎神圣[4]。更糟糕的是，他并非偶然为之，而是经常散布“谣言”，企图令人改变信仰，以“厚颜无耻的巧言邪说”蛊惑人心[5]。最终，他被戴上手铐，押送至宗教裁判所的监狱当中。

三、审讯

自 1584 年 2 月 7 日起，梅诺基奥正式开启了自己的受审之路。在此期间，他曾拒绝一位律师的服务。他表示，是上帝想要自己被带到

1　［意］卡洛·金茨堡：《奶酪与蛆虫：一个 16 世纪磨坊主的宇宙》，鲁伊译，第 4 页。
2　同上书，第 13 页。
3　同上书，第 5 页。
4　同上书，第 8 页。
5　同上书，第 4 页。

法庭上，其原因有四："第一，让我忏悔我的错误；第二，让我为我的罪作出补赎；第三，帮助我摆脱邪灵；第四，让我的孩子们和所有属灵的弟兄引以为戒"[1]。至于自己的不幸，他起初觉得是"邪灵"使然，但也可能是"魔鬼或别的什么东西诱惑了我"。到了后来，他又咬定这一切都是因为"胡思乱想"而造成的[2]。当然,他的"胡思乱想"并非空穴来风，而是基于自己的阅读经历。事实上，正是印刷书籍与口头文化的碰撞，才使梅诺基奥能够"从脑袋里琢磨出"属于自己的想法[3]。

就梅诺基奥这个人物而言，金茨堡认为他一定不是生活在社会边缘的那种人。的确，他曾经担任过镇长和教堂的管理人，知道如何阅读和书写,"甚至还学过一点拉丁文"[4]。据说,他的家中藏有一些禁书，尤其是意大利文版的《圣经》。这些印刷品为梅诺基奥带来了讲话的底气，将纠结于心底的理念和幻想发泄出来。因为觉得讲的道理都源于《圣经》，所以他对自己的论点也就格外地固执。此外，可以确定的是，他还购买过一本中世纪加泰罗尼亚编年史的译本，即《圣经辅读》（*Il fioretto della Bibbia*）。这本书由多种素材汇编而成，除了含有哲罗姆翻译的武加大译本《圣经》（Vulgate，"武加大"意为"通俗"，故又称《拉丁通俗译本》)，还包括几本"伪经"[5]。对于天主教会来说,《圣经》的"正典"或"正经"（Canonical Books）一词来源于希腊语 *kanon*，其词根为闪系语 *qaneh*，本意为"芦苇"，后指用来度量长短的"尺子"，有规范、标准、法则之意。《圣经》的正典是指受教会承认的经

1　［意］卡洛·金茨堡:《奶酪与蛆虫：一个 16 世纪磨坊主的宇宙》，鲁伊译，第 186 页。

2　同上书，第 57 页。

3　同上书，第 70 页。

4　同上书，第 2 页。

5　apocryphal gospels，原文第 59、79、219 等页中称之为"次经"，此处翻译有待商榷。

书总集，按照德国慕尼黑大学教授、著名的神学家拉内（Karl Rahner）所言，可起到“信仰准则”的作用。

值得一提的是，为了应对马丁·路德掀起的宗教改革，天主教会于1546年在意大利北部的特兰托召开大公会议，并借此机会强调了天主教的《圣经》源自希腊文撰写的《七十贤士本》，以“武加大译本”为权威，其书目“从梅瑟五书起，到若望默示录止”，共73卷，其中旧约46卷、新约27卷。然而，基督新教只承认其中的66卷，包括39卷旧约和27卷新约。为了避免混乱，天主教以“首正经”（Proto-canonical Books）来指双方均承认的39部经卷；对于存有异议的7部经卷，以“次正经”（Deutero-canonical Books）命名。至于“伪经”（Apocrypha）一词，则指那些富有犹太或基督徒色彩，但来源不详，有可疑之处，且未被纳入《圣经》的著作（如书中第77页的例子，又如《喜年纪》《救主童年福音》《伯多禄大事录》等）。

在审讯期间，梅诺基奥曾坦言自己的“罪过”：一方面，正是因为读了不该读的书，他“深受困扰”；另一方面，则是基于对基督教义理解上的偏差[1]。他多次提到，“人与上帝的关系同人与邻舍的关系相比，并不重要”，甚至“爱邻舍比爱上帝更为重要”[2]。对此，擅于引经据典的审判官们认为梅诺基奥的观点难以立足，因为《圣经》上写道，既要“爱上主”（《申命纪》6章5—6节），也要“爱人如己”（《若望一书》4章9—11节、《玛窦福音》22章37—39节、《马尔谷福音》12章29—31节）。这两种“爱”同等重要，并无主次之分。如果一个人对身边的亲友都不理不睬，甚至横眉冷对，那么爱上帝也必定是句空

1 ［意］卡洛·金茨堡：《奶酪与蛆虫：一个16世纪磨坊主的宇宙》，鲁伊译，第187页。
2 同上书，第83页。

话，是个谎言[1]。

就这一点而言，金茨堡也表示，梅诺基奥试图用“充满基督教、新柏拉图主义和经院哲学色彩的术语”,“把宗教简化为道德问题”[2]。在阅读时，他时常将文章的字句孤立起来，加以扭曲，把不同的段落相提并论，匆忙类比[3]。在无意间，他窃取了别人的“思想残片”，获得了“语言和概念的工具”[4]，进而“将自己的宗教观点同教会的谕令对立起来”[5]。他曾调侃说，自己是名“先知”[6]，并志在发起一场宗教改革[7]。似乎正因这一点，审判官们才认定他“是个地地道道的异端分子”，并在其两次入狱后，最终判处了火刑。

四、憧憬

在工业革命前的欧洲，由于交通的闭塞，即便是最小的定居点，也至少会有一座由水力或风力驱动的磨坊。这里是人们互相接触，彼此交流的地方。较其他人来说，磨坊主这一特殊群体更加容易接受新的思想理念，并将其传播开来。

针对梅诺基奥这般“小人物”，金茨堡称其为口头文化和书面文化碰撞的产物[8]。第一种文化，几乎是身体的一种延伸扩展，而第二种文化则是“思维的产物”。可以说，后者较前者的胜利，是抽象对经验

1 参见 J. Ratzinger, *Deus Caritas Est*, 2005, n.16－18。

2 ［意］卡洛·金茨堡：《奶酪与蛆虫：一个16世纪磨坊主的宇宙》，鲁伊译，第85页。

3 同上书，第109页。

4 同上书，第129页。

5 同上书，第57页。

6 同上书，第224页。

7 同上书，第167页。

8 同上书，第70页。

的胜利。通过阅读，梅诺基奥体会到了那种“高高在上”的感觉。而这种快感只需要花“两个索尔多”，从威尼斯购买一本“粗制滥造、颠倒无序”的《圣经辅读》即可。梅诺基奥对自己的原创思想感到骄傲，也正因为如此，他才迫不及待地向最高宗教权威阐述它们，因为“审判官们不想让我们知道他们知道的那些东西”[1]。

从他身上，我们不仅发现了一种欲与权贵试比高的信念，还隐约窥探到了一种宗教宽容主义的愿景，在“不同的国度中，有人信这个，还有人信那个”[2]，而上帝就像是“一位儿女众多的父亲，不论是穆斯林、犹太人、基督徒还是异端分子”，他都视之为“自己的孩子”[3]，并“赋予了每一种教徒按照其各自律法生活的意志”[4]。虽然，梅诺基奥的言论在当时的人看来可谓是天方夜谭，但在20世纪60年代却成为现实。1962至1965年，罗马教廷召开了举世瞩目的梵二大公会议，其间提出了与不同宗教进行平等对话的基本方针[5]。而这一点也恰恰印证了四百年前梅诺基奥的“预言”。

在我们的磨坊主看来，中世纪对于宗教宽容的呼声，有必要再次出现在这个教会改革、战争纷起、打击异端的时代。[6]他渴望一个“新世界”和“一种新的生活方式”[7]。这里的新世界并非是那“新发现”的大陆，而是一个“有待建立的新社会”[8]。梅诺基奥梦想着“农民乌托

1 ［意］卡洛·金茨堡：《奶酪与蛆虫：一个16世纪磨坊主的宇宙》，鲁伊译，第125页。
2 同上书，第96页。
3 同上书，第131页。
4 同上书，第106页。
5 参见 *Lumen Gentium*, 1964, c.2, n.16。
6 ［意］卡洛·金茨堡：《奶酪与蛆虫：一个16世纪磨坊主的宇宙》，鲁伊译，第103页。
7 同上书，第164页。
8 同上书，第173页。

《安乐乡》，老彼得·勃鲁盖尔绘制于1567年，现陈列于德国慕尼黑老绘画陈列馆

邦”式的生活，处处是“流着牛奶的大河……流淌的蜜露”[1]。正如旧约《圣经》中上帝承诺给梅瑟和以色列子民的应许之地，那个“流奶流蜜”的长寿之乡[2]。

放眼16世纪的欧洲，梅诺基奥绝非一个孤立的人物，他代表的是一大群向往美好生活的“底层民众”。人们对于“伊甸园”般生活的渴望，几乎遍布当时所有的艺术作品当中，如世界最古老的美术馆之一德国慕尼黑“老绘画陈列馆”（Alte Pinakothek）中珍藏的老彼得·勃鲁盖尔（Pieter Bruegel the Elder）的名画《安乐乡》（*The Land of Cockaigne*）。画中描绘的正是那从中世纪流传下来的“牛奶与蜜露”

1 ［意］卡洛·金茨堡：《奶酪与蛆虫：一个16世纪磨坊主的宇宙》，鲁伊译，第175页。
2 《出谷纪》第3章17节，《申命纪》第11章9节。

之地，反映了穷苦百姓对于乌托邦的无限憧憬。

总结

梅诺基奥的结局可谓令人惋惜，不禁让人产生一丝丝的忧伤之感。临刑前，他曾写下几句拉丁文的祷词：不要让我们陷于诱惑，但救我们免于凶恶[1]。或许，这里的诱惑正是指那些令他“胡思乱想”的印刷制品，因为他怎么也没想到，一本价值“两个索尔多”的书，在为他打开了精神世界大门之后，会让他付出生命的代价。

迄今为止，《奶酪与蛆虫：一个 16 世纪磨坊主的宇宙》这本书已被翻译成 20 多种语言，可谓微观史学的代表作之一，其重要性不言而喻。继它之后，类似的作品如雨后春笋般出现，尤其是意大利的里雅斯特大学（University of Trieste）历史系教授安德烈亚·德尔·科尔（Andrea Del Col）所著的《多梅尼科·斯坎代拉，人称“梅诺基奥”》[2]，从多个角度补充了本书的文献史料，廓清了历史迷雾，提供了全新的历史视野（如梅诺基奥被告，是因为拒绝了女儿的追求者等）。

多年前，当笔者还在意大利罗马大学求学时，因金茨堡多次受邀来母校讲课，而开始接触微观史学这一概念，并阅读了本书的意大利文原著。也许有人会说，从结构上来看，这本书并不能算是一本严谨的学术专著，更像是一部情节动人的历史小说。的确，本书篇幅不足三百页，却分成了 62 章，部分章节只有 1—2 页，实属另类。此外，书中大篇幅地引用了以弗留利方言和拉丁文撰写的档案原文，即便是对于意大利本国人来说，要弄懂全部，也绝非一件易事。当笔者在撰写博士论文《多罗特使与早期罗马教廷对华政策》时，曾有幸前往罗

1 [意] 卡洛·金茨堡：《奶酪与蛆虫：一个 16 世纪磨坊主的宇宙》，鲁伊译，第 226 页。

2 *Domenico Scandella detto Menocchio*, ed. Biblioteca dell'Immagine, 1992.

马教廷信理部〔原罗马宗教裁判所（Holy Office）由教宗保禄三世于1542年创立，是天主教反改革期间设立的重要行政机构，有别于中世纪宗教裁判所，或西班牙、葡萄牙的宗教裁判所〕查阅档案，对于其中文献的复杂程度深有体会。回国后，在华东师范大学历史学系，笔者多次推荐学生阅读本书的英文译本，并一直很期待中文译著早日问世。

本书的译者曾获得第四届中国传记文学奖的翻译奖，拥有深厚的文字功底。这一点在译著中表现得淋漓尽致。值得一提的是，译者在书中的最后部分谈到了《圣经》版本的选择问题，为保证叙述流畅、文体通俗易懂，而采用了基督新教的《和合本》，让人不禁感慨译者的良苦用心。只不过，无论何种选择，均难保面面俱到。因此，笔者认为具体情况还需具体分析。比如上文提到的圣经术语，即“次经”和“伪经”，其定义在新教和天主教中大相径庭，由于《圣经辅读》是一本源自中世纪的读物，结合其内容，故而在这里使用天主教术语较为恰当。以此类推，又如“堂区”（parish）和“教区”（diocese），“宗座大使”（nuncio[1]）和“特使”（legate）；更不用说第六章中涉及的七件圣事（路德只承认其中两件，即圣洗和圣餐），以及所谓的“圣物”（relics），在新教中早已不复存在，但在天主教世界仍十分普遍，即“圣髑”，专指那些被列入圣品（真福品）的圣人遗体、遗骨（一等圣髑）、遗物（二等圣髑）或与之相接触的物品（三等圣髑）。最后，译者在书中提到了“不识字的人”（omo sanza lettere[2]）外文拼写有误，实则是原文中引用的段落为弗留利方言所致，并非错误。

不论如何，金茨堡在这部作品中，成功地利用意大利偏远地区磨

1 ［意］卡洛·金茨堡:《奶酪与蛆虫：一个16世纪磨坊主的宇宙》，鲁伊译，第234页。

2 同上书，第67页。

坊主的个案，根据他的“极端”证词，引发了人们对于天主教反改革期间异端群体的心理状态和信仰变化的思考。梅诺基奥曾像“先知”一般劝告乡民，每个人都应通过自己的努力，成为新世界的开创者和主人[1]。虽然，他最终被判为“异端”，但随着不久后“三十年战争”的爆发，一个崭新的世界还会遥远吗?

1 ［意］卡洛·金茨堡:《奶酪与蛆虫：一个16世纪磨坊主的宇宙》，鲁伊译，第182页。

聊天掺爱的时代：剧透爱尔兰小说《聊天记录》

梁超群　华东师范大学外语学院教授

同学们好，老师们好，请大家忍受半小时我的塑料普通话。今天我分享的题目是“聊天掺爱的时代”，聊一下爱尔兰 2017 年的小说《聊天记录》（2019 年出版了中文版）。“I was cold like a fish...The inside of my body was hot like oil”（我当时面冷如水中之鱼……身体的内部有滚油般热烈），这是我本来的题目，想以此让大家对这部小说的语言风格有个感性的认识。

我先讲一下什么叫聊天掺爱的时代。我认为从浪漫主义以来，所有的爱情小说都有一个模式，那就是恋爱加聊天。恋爱为君，聊天为臣，聊天担任的是各种辅助角色。恋爱淹没聊天，所以人间的爱欲俨然是宇宙的第一推动力，这个实在是浪漫主义的谎言和非常善良的馈赠。其实浪漫主义之前小说并不是这样，以前的世界没有那么无趣，要好玩得多。比如说奥斯汀小说的模式，就是我们今天谈的聊天加恋爱的模式，也非常符合汉语所谓的“谈恋爱”，“谈”是首先打头的。

我这里列了几部奥斯汀的小说，第三部我特别写成了《挨骂》，这个是打字的时候出来的。因为我觉得也很对，大家都知道《爱玛》这部小说就是前半部书都是女主乱点鸳鸯谱，后面被男主骂醒了，然后干脆就恋爱了。这个恋爱不是为了恋爱，当然也是为了恋爱，为了堵住他的嘴，为了更方便地和他没完没了地聊天，所以奥斯汀的模式就是聊天加恋爱的模式。恋爱是一个佐料（side dish），聊天才是主菜（the main course），才是正经事，这是奥斯汀的模式。

我这里引用了毛尖老师的一段话，我觉得写得非常出彩。大家不妨读一下，“所有身体的欲望，已经置换成言语的欲望，所有的诱惑，也都不是临床的诱惑”。她这是在评点上海最近的一部电影《爱情神话》。“《爱情神话》绝对是好事。不仅克服了床戏，还能克服吻戏。……所谓神话，既是传说，也是神神道道的话。”这几句话让我拍案叫绝，来自毛尖在1月份的《文汇报·笔会》上发表的一篇文章，叫做《从此，没有铁证如山的爱情》，我觉得跟我今天说的有一点相合之处。当然毛尖的境界是我不可企及的，我以引用她的语言为荣。

《聊天记录》这部爱尔兰小说实际上记录的是政治化时代的聊天，它和《爱情神话》是完全不同的两个世界，一个是上海，一个是爱尔兰的都柏林。《爱情神话》的聊天可以说是喝咖啡，在摩卡与美式之间切换，也可以说是广场的大妈舞、广场太极，这里没有任何贬损的意义，我认为这是一种新的境界。而爱尔兰小说《聊天记录》的聊天是在酗酒和品酒之间切换，不是广场舞，而是哈姆雷特的比剑。哈姆雷特的比剑大家都知道，最初就是一个比赛。当然了，哈姆雷特认为它只是个比赛，实际上背后有阴谋，所以游戏变成了杀戮。

那么《聊天记录》里到底聊了什么？表面上是感情，但它有一个潜文本，就是当代各种时髦的文化、政治理论，就是说它构成了一个所谓知识分子小说、概念小说。而这个小说有点“势利”，没有经过专业文科训练的同学可能有点读不下去。大多数还读得下去，因为它的爱情故事依然是非常迷人、非常感性、非常切入肌肤的。

我引用一下《纽约客》在 2017 年这本书发表时的书评，书评的题目是“A New Kind of Adultery Novel”（婚外恋小说的一个新类型），书评有个副标题，我把它翻译成中文，马马虎虎翻了一下，“这是她的长篇处女作，一个令人振奋的概念研究，但小说写人更出色”。我对这本书的认识，要高于《纽约客》的书评，我认为它是对当代理论（文化理论、性别理论、权力理论等）有真诚而反讽的操作，它循着文学的路径引导角色与读者走出理论的迷宫。这句话在这里不宜展开，我认为所有的华东师大文科生都值得把这部小说读一下，看一下在天才女作家眼中，当代的各种文化政治理论是一个什么样的角色。

这个作者叫萨莉·鲁尼（Sally Rooney），2017 年的时候只有 26 岁，可能刚刚研究生毕业。也就是说，这部小说写于她在都柏林大学三一学院读研究生的时候。“A writer of rare confidence”（拥有非凡自信的作家），这个评价非常高，“with a lucid，exacting style”（风格上可谓清明、精准），配得上这样评价的文学家是不多的。“lucid”（清明）这个词让我想到乔治·奥威尔，“exacting”（精准）这个词很少有人配得上。

萨利·鲁尼我应该把她放到爱尔兰传统当中来让大家认识一下。这里我提到了爱尔兰很多如雷贯耳的名字（乔伊斯、奥斯卡、萧伯纳、叶芝……），相信大家无论专业是文科还是理工科都知道。我这里有一个比较简单粗暴的评价，也就是爱尔兰在整个英语世界从来就是文学的首地。简单地说，英格兰负责商业，苏格兰负责思想，爱尔兰负责文学，最富有思想的文学。我认为鲁尼就是乔伊斯的传人，是一个非常有颠覆性的创新者。

《聊天记录》是我前年在一个博士研究生的推荐下阅读的，读了以后非常震撼。最让我震撼的就是她如此精准地抓住了“后浪时代”的青年人日常（这个“后浪时代”也可以定义为后浪漫时代），重新点燃我对文学的希望。在所有的话语实践与艺术（准话语）实践中，毕竟只有文学，最能担当砸开城门的破城锤的角色。我反复跟我的研究生在课堂上叨咕的一句话就是“文学引导哲学，文学引导理论”，而不是相反。

中国人不一定熟悉鲁尼，但在欧洲她可以说是如雷贯耳、名声赫赫，因为她是驰名欧洲的大学生辩手。她读书时是都柏林大学辩论队的最主要成员，在整个欧洲的大学生辩论会上得了冠军，被评为全欧洲最杰出的大学生辩手。这个就说明她对当代文化理论、政治理论等各种理论达到何等熟稔的程度，因为在今天的任何形式争论中，没有这个带引号的“理论”是开不了口的。同时她也有表达这种理论、表达这种思想的语言智慧，所以我说她是思想、语言、才智兼具的天才。

但是 2015 年她在《都柏林评论》上发了一篇文章，专门来讲自己作为一个辩手的生涯，既回顾，又表达要告别辩手生涯。她专门在重要报纸上发文章来告别辩手生涯，这是为什么？我认为这和她的文学创作有重要的关联。因为辩论就是玩思想，玩语言，辩论常常意味着你为某种可疑的道德立场，想尽各种“修辞机制”来为它进行辩护。而她要探索的文学是思想加语言，文学从来就是超越思想和语言的。所以她要在由当代文化理论和现实政治所构建的错综复杂的迷宫当中，借着文学的这根绳子走出来，引导这个世界走出来。当然她没有这样明白地表达，我认为她有这样的文学野心，因为她是一个不可轻视的天才作家，今年还只有 31 岁。

这本书的封面上有一男一女。书中主要角色有三女一男，其中这个男主人公是帅到要让人伤心的那种形象，女二号是另外一个美艳得让人伤心的形象。同时这个女二号是一个行走的思想、行走的当代文化理论，非常有趣，非常开脑洞的一个角色。

那么他们聊天聊什么内容呢？我把它简单粗暴地理解、归纳一下，就是被理论绑架的爱情、被理论赋权的女性。我们常常听到有人说，当你很自信满满地说完一句话以后，有人突然说你被洗脑了，这时候我们会怎么样？顿然这个气焰矮了半截，因为我们突然意识到也许自己是处于某种语言的套路中而不自知（过去时），然后我们被另外一种语言套路给套路了（正在进行时）。这感觉有一种毁灭性在里面，同时可能觉得开了脑洞。中国成语名之曰“恍然大悟”，有一种自己被重新打碎、再次组合的那种感觉。

这里我举例一句话，就是“作为一个女性主义者，我有权利不爱任何人”（as a feminist I have the right not to love anyone）。这就是理论和爱情被捆绑到一起时我们的尴尬生活。说是被理论赋权（赋能）的女性，然后我也提了一个问题，这个赋权究竟是赋权还是阉割？当然答案永远是在这两者之间，因为这两者之间有两个岸，而我们的生活之流在这两个岸之间奔流，这就是当代生活。

现在继续回答他们究竟聊什么。我刚才说这是一部知识分子小说，有的时候你会读得不知所云。当然不知所云的段落不会太多，因为它毕竟有很多表面的爱情的诱惑，它不能让你轻易地放弃。这是我长篇引用的一段（在书中，他们有各种聊天，电子邮件聊天、即时通信聊天，用各种工具的聊天，还有当面聊、电话聊），这一段文字，实际上花了半分钟时间的聊天。这里就是女主人公“我”和女二号（或者说思想上她简直是女一号）博比（Bobbi）的聊天。博比说：“爱情是什么？爱情是一种对资本主义的挑战，因为爱情意味着低到尘埃里放弃自我，所以它是对以资本主义自私为第一原则的挑战。”但是她又说：“爱情是奴性的，爱情是共谋的，爱情就像母亲无私地将孩子养大，不带有任何谋利动机。所以它表面上与市场需求理论相矛盾，实际上它只是提供了免费劳动力。”进一步延伸，可以得出怎样的结论？“资本主义为了利润而驾驭爱情。”就是说，爱情是资本主义的马，而且是一个免费劳动的马，免费奔跑的马。然后“我”继续说：“爱情是话语实践，免费劳动力是（话语的）效果。”大家对当代理论熟悉的话，“话语实践效果”这个词就非常熟悉了，“reverberate with all of you”（可以在你们所有人心中激起共鸣）。这就是当代理论特殊的语言，特殊的术语。所以最后说，“在这个意义上我是反爱情主义者”。这一段话基本上来自上海译文出版社《聊天记录》汉语翻译版。我稍有删改。

她们聊什么？聊德勒兹，聊纳粹，聊福柯，聊拉康，当然也聊爱情，聊婚姻，但那是理论之火烧烤的爱情与婚姻。

“Who even gets married? said Bobbi. It’s sinister. Who wants state apparatuses sustaining their relationship?”（“谁还结婚呀？”博比说道，“婚姻太邪魅了。谁这么想让国家激起来维持自己的人间关系呀？”）这里得出的结论就是反爱情、反婚姻，而且非常雄辩，雄辩到让人无语，这是我的一个判断。这里的后半句话的意思是，如果爱情需要一个国家机器来维持（所谓国家机器这里主要就是指婚姻制度），那么这还是爱情吗？这句话非常雄辩，是不是？但是我又要问，这个雄辩让你的理智非常接受，让你的情感非常抵触，所以无语之后是什么？我觉得整本书以及我们自己都会探索自己的生活之路，毕竟理论是灰色的，也是强大的，而生命之树常青。当理论明显是一种毒药的时候，或者当理论明显是一种苦药的时候，我们是浅尝辄止，还是另造新药?

书没有告诉你结论，但是它一直在这个边缘试探，一直在这个边缘招手，一脸魅惑，敦促我们爬到深渊的边上往下看，看看深处到底是什么。当然我们知道一句话，就是“当你凝望深渊的时候，深渊在回望着你”。我相信每一个经过当代政治文化理论洗礼，以及经过华东师大洗礼的人，都有这个勇气凝视，而且不怕反凝视。

那么这一部小说说的是什么?它说的是反资本主义时代怎么爱。我不知道中国学生听到“反资本主义时代”这个词有什么感觉?其实我们现在是非常去政治化的，我们的政治意识远远没有西方很多国家的大学生们那么强。而在像爱尔兰这样的文化当中，它的反资本主义意识远远强于美国。什么叫反资本主义时代的爱情?我用琼瑶阿姨举例（现在大学生对琼瑶阿姨不是那么了解，但是在我们这个时代，我们是都被琼瑶阿姨所洗脑的），我说琼瑶阿姨虚构了一个世界：资产阶级的烦恼是一种幸福的烦恼。她的小说里面所有主人公都在烦恼着资产阶级的烦恼。我们虽然不是资产阶级，但是我们却烦恼着资产阶级的烦恼，我们是何等幸福。这个就是琼瑶阿姨给我们灌的迷魂汤，非常了不起的。文字非常感性的琼瑶，提供了一个文学天堂，在这个天堂里面哺育了很多傻男傻女，包括我们很多人。所以我这里的一个判断就是，中国的琼瑶是全世界资产阶级爱情的中国式顶峰。琼瑶不是中国的独特现象，全世界都有琼瑶，但琼瑶又是独一无二的，可以说是集大成者，是时代精神的体现。

而《聊天记录》对这样的文学世界进行了釜底抽薪式的破坏。表面上她还是琼瑶阿姨的灰姑娘获得王子拯救（社会拯救）、灰姑娘拯救王子（精神拯救）的套路，但是整个小说在重新“套路”、重新定义一切，包括重新定义灰姑娘、重新定义王子、重新定义爱情、重新定义聊天、重新定义朋友。因为书名是“*Conversation with Friends*”（《与朋友聊天》），但是书中问道：“What is friend? What is conversation?”（朋友是什么？聊天是什么？）很有意思，一切都重新定义。

在今天这个后浪漫时代或者说“后浪时代”，作为一个男性读者，我很自作多情地觉得：这位女性作家对男性表达了非常深刻的同情。因为什么？因为理论阉割了男性，同时理论让女性陷入虚无。我不要给大家一个误解，说这本书在完全否定理论。这本书说，理论给我们赋权赋能，但理论同时就是双刃刀。

我这里面有一个引用，是博比和“我”之间的一个对话。“我”为男主进行辩解，说：“他都是被动的，都听我的。”她说：“被动就是他的诡计，没错，他可以拒绝你，因为他就是喜欢被动，这样到头来一切都不能怪罪于他。”这个闺蜜就是作为驰名欧洲的辩论高手的作者的半个化身，之所以说半个，是因为作者本人的真实自我没有那么极端，但是她有一种非常雄辩的逻辑思路。

我这里得出一个结论就是，这种雄辩或者说诡辩无坚不摧，在欧洲几百年来的性别之战中，这种诡辩让你赢得辩论，但是失去生活（世界）。当我说生活的时候，我是指幸福的种种机会；当我说世界的时候，我指的是包括权力和机会都在内的复杂现实。所以这是一个尴尬时代的尴尬爱情。

整本书里一再出现“反讽”这个词，甚至生造出了一个“非反讽”。你看这两句话：“Is it like, you have fun talking to him online, or like, you want to tear him open and drink his blood?”（是不是有那么一种感觉，就是一方面你跟他线上聊天很好玩，另一方面你又想撕裂他的身体，喝他的血？）“I touched the buckle of his belt and said: we can sleep together if you want, but you should know I'm only doing it ironically.”

（我摸了一下他皮带的搭扣，说道："你要想呢，我们不妨睡觉，不过你要知道我做这个事情是带着反讽的态度做的。"）这些冷峻的、反讽的语言，竟然都是来描述爱情的。什么叫反讽？反讽就是我们面对一切都保持着有距离的观察、审视，看到它的两面性。这在思想上让你强大。但是，如果当你沉浸在爱情中的时候，你还在观察自己的一言一行，还是那种反讽的态度，那么爱情就变得冰冷了。有俗语云"一半是海水一半是火焰"，但被反讽蛀坏的爱情，没有那种双重的幸福，只有双重的尴尬。当然了，现实从来就没有完全被理论所征服过，所以这种反讽在那么一个空间、在那么一个时间，有时候它是被迫消退的。也就是说生命之树常青，我们大家并没有完全被反讽所绑架。

另外一个总结就是粗暴的理论和复杂的世界之间的矛盾。这部小说让我想到了《奥赛罗》。我在年轻的时候写了一篇论文，它的一个核心思想就是"有爱你就脆弱"。奥塞罗作为一个大将他是何等威武，但是有了爱情他就那么脆弱。而他的对手，没有爱的伊阿古，我觉得就像那种强大的现当代文化政治理论，巧言令色、魅力无穷，但同时蛊惑人心。

这部小说同时让我想到了《哈姆雷特》里的那种复杂世界和简单命令。简单命令是什么？复仇，这是一个简单且非常有效 handle（抓住，应付）这个世界的方式。但是哈姆雷特的尴尬在于什么？面对复杂的世界，他不愿意，无法以这种简单的方式来处理这个世界。这里的粗暴、有效和温柔是纠结在一起的。当你不愿意简单粗暴地对待世界的时候，你的一些行为效果又常常是粗暴的，就像哈姆雷特伤害奥菲利亚一样。

总结一下这本书，这个世界，尤其是有点走入歧途的西方世界，依然是工具理性统治的世界，这个工具理性说得有些抽象，大家可以具体化为权力、技术、力量。而与这个世界周旋的方式，我认为书中体现了两种方式，一种是文学的方式，一种是理论的方式。当然我们从来不是让其中任何一个角色取代另一个角色，让任何一个获取霸权，而是让工具理性、文学、理论相互周旋，相互谈判。在这个过程当中，让文学拯救理论，匡正世界。

大家听我讲来，可能有点让人畏怯，觉得这小说是不是太理论了？不是的，这小说非常感性，如果不是直播的话，我甚至要用别的词来描述这部小说的很多文字。我举一些例子，比如说关于爱欲的新隐喻，“the moment he touched me I felt hot and passive as if I were asleep”；关于失恋的感觉，“my body felt used up and worthless to me. I didn’t want to put food or medicine into it any more”；很多瞬间有非常克制又极其传神的文笔，“Nick came out of the house, carrying plates. I felt myself swallow, hard”，这些句子读来让我都会停下来琢磨一下。另外一句话，“The words seemed to go past my mind, like they went straight into my body and stayed there”，让人感叹。这个作者真的是语言简洁而精确。

最后我要说的是爱情诚可贵，自由价更高，若为聊天故，两者皆可抛。疫情时代，同学们且读且记且思考，聊天掺爱的时代，爱情或可无，聊天不可缺，且聊且珍惜。谢谢大家，希望你们爱上这本书。

《全球冷战》导读

姚　昱　华东师范大学历史系教授

今天我很荣幸能与大家分享冷战史研究领域中的一部经典论著，这就是由著名冷战史专家文安立（Arne Westad）教授所著的《全球冷战：美苏对第三世界的干涉与当代世界的形成》（简称《全球冷战》）。此书 2005 年以英文出版，2012 年由北京大学历史学系牛可教授等人翻译中文版出版，问世后对世界和中国学界产生了极大的影响。该书首次出版距今虽已有 17 年，但依然是冷战史研究、世界当代史研究学者必读的一个里程碑式著作。学者们依然不断与这本书展开对话，并借鉴其观点、论述方法、分析角度。因时间和本人学识均有限，所以这里我仅对该书的一些特点提出个人浅见，与大家共同商讨。

要了解《全球冷战》此书的主题、脉络和主要观点，文安立教授的个人经历是一个很好的切入点。文安立教授于 1960 年出生于挪威，青少年时期正逢西方民权主义运动兴起和蓬勃发展，因此在本书中我们看到有相当篇幅论述当时美国民权运动兴起对美国冷战政策的影响，而他对大国干涉的猛烈批评也反映了以理想主义为主要内容的社会批判运动对他所产生的巨大影响。文安立教授在攻读博士期间求学于美国的北卡罗莱纳大学教堂山分校，这是美国外交史研究的一个重镇，其问题旨趣和研究进路独树一帜。我觉得他的这一教育经历对于理解这本著作的一根主线非常关键，这一点我后面会进行介绍。另外，二十世纪七八十年代，文安立曾在第三世界广泛游历，不仅就职于南非和巴基斯坦的国际援助组织，也到中国长期访学并与中国学者保持着密切的联系。他与第三世界的这种密切联系以及由此而来的对第三世界事务的高度关切和同情，在这本书里都有极好体现。文安立博士毕业之后先后任职于北卡罗莱纳州大学、约翰·霍普金斯大学、挪威诺贝尔研究所、英国伦敦经济学院，现在为耶鲁大学历史学系讲席教授。相对于传统的美国学者，文安立的北欧出身、第三世界游历、在美国以外的地方任职，都有利于他跳出常见的大国视角，从一种更加广阔的角度来重新审视冷战，那就是这本书标题已经点出的“全球”视野。

《全球冷战》之所以影响巨大，从国际学术界冷战史研究的发展历程来看，我认为它对冷战史几大脉络的发展均起到了重大推动作用。第一，这本书比较充分地展示了中国在全球冷战中的重要角色，与当前国际学者十分关注这一问题的热潮有密切联系。由于种种原因，以往的冷战史研究对于中国的角色、地位、影响都关注不够，如老一代冷战史研究权威加迪斯、莱弗勒等学者，一般着眼于美国、苏联或者欧洲在冷战中的角色，对中国着墨不多。随着在海外机构任教的陈兼、张曙光、刘晓原、翟强、李小兵、张晓明等学者和中国内地的沈志华、杨奎松、牛军、章百家、李丹慧等学者对中国与冷战的关系进行深入研究，中国在冷战中的角色与影响越来越受到国际学术界的关注。但总的来说，现有研究还是集中于冷战中的中国与欧美大国之间的关系，对于中国与第三世界的冷战互动关注较少。文安立教授的《全球冷战》

出版后，在其影响下有越来越多的青年学者关注这一问题，并有一些重量级专著问世，其中比较有代表性的有哈佛大学杰瑞米·弗里德曼（Jeremy Friedman，文安立的学生）的 *Shadow Cold War: The Sino-Soviet Competition for the Third World*，和乔治·华盛顿大学的裴斗虎（Gregg A. Brazinsky）的 *Sino-American Rivalry in the Third World* 等，分别对中国与苏联、美国在第三世界的竞争进行了很好的论述。就此而言，《全球冷战》是一本展示中国在全球冷战中的角色和作用的承上启下的重要著作。

第二，这本书与此前大多数冷战史研究最大不同的是其第三世界视角，正是这一点令其在第三世界冷战史研究脉络中具有绝对重要的地位。以往研究的关注焦点是大国——如美国、苏联、中国，或者中型强国——如英国、法国等，在冷战中的角色与作用，但对于在世界占地面积最广、人口众多的第三世界在冷战中到底扮演了何种角色，现有研究多进行个案探讨，缺乏系统性探究。《全球冷战》站在全球史角度书写冷战史时，对第三世界这一个长期被忽略的，或者被认为是被动的群体给予了特别的观照。这一写作视角和内容上的调整在当时是非常少见的和重要的，对冷战史研究中主流大国视角、欧美视角进行了重要的矫正。在其影响下，越来越多的研究尝试从东亚、阿拉伯、伊斯兰、南亚、非洲、拉美等视角来重新理解冷战，比较新的代表作有加拿大麦吉尔大学的吕德量（Lorenz M. Luthi）教授的 *Cold Wars: Asia, the Middle East, Europe*。

第三，这本书还对于现在方兴未艾的冷战史、意识形态史和帝国史研究脉络起到了很大的推动作用。就意识形态史研究脉络而言，这就需要提到北卡大学教堂山分校的研究传统。该校有一位美国外交史研究的巨擘韩德（Michael H. Hunt），专攻美国意识形态与美国外交之间的关系。韩德教授有一本已经译成中文、影响很大的专著《意识形态与美国外交政策》（*Ideology and U.S. Foreign Policy*），对美国意识形态对其外交政策的影响进行了经典阐发。同时韩德教授还在北卡主编了一套"New Cold War History"丛书，出版了一系列引领国际冷战史研究的前沿著作。在我国非常有名的雷迅马（Michael E. Latham）教授所著《作为意识形态的现代化》（*Modernization as Ideology*）就是其中之一。它是了解美国社会科学和知识分子与冷战关系的必读参考书。但以往研究多关注美国意识形态对其冷战政策的影响，较少关注苏联意识形态对苏联冷战政策的影响，以及意识形态在美苏冷战和第三世界冷战中的作用。就帝国史研究脉络而言，很早以前我国在冷战史研究里面也曾经有一段出现过帝国的概念，但一般都是把它作为一个意识形态批判的靶子，批判美国是帝国主义，批判苏联是社会帝国主义，从学术角度对其进行严谨研究的不多。近年来，国际学术界发现美国和苏联都具有某种帝国形态，即它们虽然都是现代国家，但是有能力也有意愿对其他国家进行影响和控制。文安立教授在伦敦政治与经济学院的同事祖波克（Vladislav M. Zubok）有一本已经译成中文、影响很大的专著《失败的帝国：从斯大林到戈尔巴乔夫》（*An Failed Empire: The Soviet Union in the Cold War from Stalin to Gorbachev*），就提出了苏联是一个革命意识形态帝国这一引起很大反响的判断。《全球冷战》对上述两个脉络进行了整合，提出了这样一个非常重要的概念，即美苏两国在冷战中表现出了有别于以前的殖民主义帝国的新帝国形态——意识形态帝国，他们对世界其他区域、国家的影响在很大程度上是因为他们各自秉持的、在世界各地及各个人群中均能产生巨大反响的两大意识形态——自由主义和正义主义。这一"意识形态帝国"概念对于理解《全球冷战》这本书是一根非常重要的主线。

《全球冷战》除前言和结语外，主体共分十章。我的阅读结论是，这十章都围绕这一主旨或是这一系列彼此相关的问题展开，即美苏作为意识形态帝国，在以零和博弈为原则的冷战对抗中，为什么会形成对第三世界进行强烈干涉的倾向？其干涉主义的内容和特点是什么？这种干涉主义和第三世界革命浪潮之间如何互动？最后，这种互动对于美苏、对于冷战以及对于第三世界都造成了什么样的影响和后果？

这本书有一个关键词贯穿各个章节——“高级现代主义”。这一关键词是借用自新马克思主义领军人物戴维·哈维（David Harvey）。哈维认为，美苏在意识形态上虽看似对立，但有一个共同点，即都认为本国政治—社会—经济制度是一种高级现代主义，而第三世界的政治、经济、社会状态是一种不正常的、落后的、必须要进行改造的社会状态，必须依照美国或苏联的高级现代主义模板进行照搬和改造。《全球冷战》强调，正是将自身制度认定为“高级现代主义”这种优越感，解释了美苏为什么在介入第三世界事务时，都有非常强烈的要依照本国制度为模板而对第三世界进行深入社会改造的执念，即使其社会内部不乏质疑和反思，也未能改变这个趋势。文安立认为，美苏这种难以自省的“高级现代主义”意识形态和要将自身这套制度推行于其他国家的执念，令这两个国家分别变为自由帝国和正义帝国两大新意识形态帝国。美国认为自己作为一个前殖民地而迅速成为世界上最强大的国家，其成功秘诀在于自身强烈的自由主义，因此将这一理念推广到全世界每个地方，就可解决贫困、争端、战争等问题。而苏联也认为，自己作为一个实现了迅速强大的前落后国家，正是因为高举反对一切剥削和压迫的正义大旗，可通过将正义原则推广至全世界的办法来彻底解决第三世界面临的独立、发展等问题。但这仅仅是美苏两国一厢情愿的想法，第三世界对两大国干涉的看法和反应十分复杂。第三世界这时候面临的首要任务是实现民族国家的独立和发展，保持自己的独立和适合本国国情的发展，第三世界国家无法抛弃自身的文化、历史等因素而完全照搬美苏模式，必须调和自身与外来因素。

根据上述分析，全书论述结构可大概分为五个部分。第一部分就是第一、第二章，主要探讨美苏两国高级现代主义意识形态是怎么形成的，以及随之而来的干涉主义是怎么形成的。这两章的核心看法是，美苏两国精英都认为本国是人类社会发展的终极样板，可以通过把本国的观念、制度、政策推广到第三世界的方式来彻底解决第三世界面临的问题。当这一思路与冷战这种被美苏双方认为是零和博弈的对抗局面相遇时，华盛顿和莫斯科都觉得，第三世界是传统欧洲殖民帝国崩溃后不容有失的权力真空地带，如果自己不积极进入和干涉，势必会落入敌手。这样，在对本国“高级现代主义”的自信和对国际局势的冷战零和博弈认知双重影响下，两国精英双方均开始积极干涉第三世界事务并很快变成了一种例行化的政策，在很长一段时间内已经难以扭转。

但美苏干涉的对象非常复杂，这就是第三世界革命浪潮的出现。这是第三章的内容，我归纳为第二部分。第三世界在冷战时期面临的最急迫任务是追求自身民族国家的独立和解放。在与旧殖民帝国进行斗争的过程中，第三世界自身力量薄弱，既需要外部支持，还需要找到办法统合各种前现代社会力量与殖民者展开斗争。面对这样的局面，第三世界各国的民族精英们对两大意识形态帝国持非常复杂的态度。首先，这两个帝国都支持非殖民化运动，第三世界都积极寻求这两大国的支持和援助。这里《全球冷战》借鉴了著名国际政治学家、挪威学者吉尔・伦德施塔德（Geir Lundestad）提出的“受邀的帝国”（Empire by Invitation）这一概念，即在许多情况下，美国、苏联之所以介入第三世界，并不是仅仅自己主动的行为，也是当地精英、人民主动邀请他们介入以对抗传统殖民强国的结果。其次，第三世界的许多精英和人民的确也仰慕美苏在现代经济建设中所取得的成就。第三，第三世界的领袖们又觉得自身的文化传统、社会制度、宗教等均有可取之处，不能完全照搬美苏模式，而应根据本国情况进行有选择的借鉴。这就是为何后来第三世界在借鉴社会主义模式时会出现大量的变形，如阿拉伯社会主义、乌贾马社会主义、尼赫鲁社会主义等，都是希望能调和美苏现代模式与自身本土特色的尝试。

《全球冷战》的第四、第五、第六章组成了该书的第三部分，主要说明了二十世纪五六十年代当美国处在优势地位时两大帝国对第三世界的干涉，特别是自由帝国美国在古巴、越南以及南部非洲怎样以自由名义来进行干涉、如何在干涉中背离了自己的目标和原则这两个问题。章节展示了美国的最终目的是在相关国家实现个人的自由，但在干涉过程中却经常与能够保护美国自身冷战利益的独裁政权合作，有时候默许或支持英国、法国、荷兰在第三世界国家的殖民统治，甚至容忍南非的种族主义。美国的这些实际做法，反而造成了它所干涉的许多第三世界国家人民丧失了个人自由，并在美国内外产生了极大的反弹。比如，美国对亚非拉诸多独裁政权和种族主义政权的容忍和扶植，引起了美国国内民权运动的激烈反对，也遭到了全世界的谴责，反而损害了美国对自由理念的推广。

《全球冷战》的第四个部分为第七、第八章，主要讨论在20世纪70年代和80年代初，随着美国实力相对衰弱、苏联实力相对上升，苏联怎么干涉第三世界而美国如何进行反应的。在文安立看来，与美国一样，苏联以正义的名义对第三世界进行干涉时也背离了自己的目标和原则。虽然苏联号称要推动全世界、全人类的解放，反对一切的压迫和不平等，但在具体行动中经常对各国共产党人持歧视的态度，觉得其他国家共产党要么不是成熟的共产党，要么没有真正掌握马克思主义，这反映了苏联共产党人并未能真正坚持正义的标准。而在1962年古巴导弹危机中，当苏联自身安全利益和古巴安全利益产生矛盾的时候，苏联为保护自身利益而进行了退让，令此时斗争态度坚决的古巴十分不满。同时，苏联对第三世界非常不了解，其决策机制有严重的问题。例如20世纪70年代以后主导苏联联系第三世界的不是苏联外交部门，而是克格勃，但克格勃对第三世界的理解存在着极大的偏差。以上种种，都令苏联对第三世界的干涉偏离了其原来的目标和原则，苏联在第三世界的介入更成为其不堪承担的重负：苏联入侵阿富汗、对其他第三世界的经济援助不仅成为其沉重的经济负担，还制造了自己与其他共产党国家之间的矛盾，削弱了整个社会主义阵营的力量。

《全球冷战》的第九、第十章，作为全书第五部分，论述美苏对第三世界的干涉与冷战结束之间的关系。从20世纪80年代初开始，美苏冷战发生重大变化，苏联实力快速下降，美国和西方阵营的整体实力上升，双方对第三世界的干涉再次发生攻守转换，对冷战的终结产生了巨大影响。

通过上述梳理，我们可以看到，《全球冷战》一书比较全面地、综合地论述了两大意识形态帝国对第三世界干涉的全过程，以及它所产生的方方面面的影响。正因为其视野广阔、叙事宏大、层次丰富，《全球冷战》出版后于2006年获得美国外交史学界的大奖班克罗夫特奖，而且有大量的专业书评对其进行评价。

作为一个中国冷战史研究者，我觉得《全球冷战》有两个方面特别值得中国学者学习和借鉴。第一，文安立在此书中展现了他突出的综合能力和广阔视野。就笔者所见，到目前为止有关世界当代史的研究论著中，还没有其他著作能达到这个层次。《全球冷战》围绕着战后世界最重要的一个历史现象所展开的学术探究和对话，不仅限于历史学，也包括国际关系、社会理论、政治学等学科和方向等。此书将很多散布在各个领域和方向的研究成果进行了很好的整合和升华，推动冷战史学者从更为广阔的角度来重新审视冷战，为后来者超越原来的大国视角、外交史视角等提供了一个很好的参照，也为后来者提出了更高的学术要求，所以从整体上拔高了国际学术界的冷战史研究水平。就此而言，《全球冷战》的问题意识、研究视野，非常值得中国学者学习和借鉴。

第二，在具体的写作手法方面，《全球冷战》一书展现了一本优秀的历史著作如何生动叙事的能力。我非常赞同鲁迅先生对司马迁所著的中国史学经典《史记》的评价，即好的历史著作应当为“无韵之《离骚》”。对此我的理解是，优秀的史学著作除应有极高的专业性和严谨性外，还要能妥当剪裁史料、安排章节和铺陈文字，表达出作者对人类面临的若干重大问题的关切和思考，从而引发不仅仅限于专业读者还包括各行业读者对人类命运曲折往复的共鸣和深思。《全球冷战》这本书虽然旨在描述美苏冷战是如何蔓延至第三世界这一宏大命题，但面对浩如烟海的史料和研究成果时，文安立以一本书的篇幅，向读者们展示了如何通过动人而易读的历史叙事方式，将意识形态史、国际关系史、大国关系史、全球南方史、精英史、大众史、国际政治史、全球史等在研究旨趣、重点和内容上都有很大差距的研究成果，精彩地呈现给各种读者。

但立足于中国学者的关切，我觉得《全球冷战》一书也略有微瑕。第一，文安立在该书中承认，他更加关注的是第三世界中的革命问题。对第三世界国家独立后面临的发展问题着墨不多。但从中国和东亚角度来看，发展问题在冷战史研究中的地位不可忽视，因为东亚国家和地区在冷战后期实现了普遍快速发展，这与东亚冷战密切相关，特别是那些作为美国盟国的、原来在经济上比较落后的亚洲国家和地区在经济上的快速增长，反过来又对冷战的结束产生了巨大影响。而《全球冷战》一书对此极少涉及，对冷战阵营在第三世界的经济竞逐篇幅极少，往往是每一章最后一节仅有简略论述，是一个较大的遗憾。

第二，此书主旨是突出第三世界和意识形态在全球冷战中的角色和影响，但它对大国之间硬实力竞争的起伏论述过少，是另一遗憾。尽管《全球冷战》对美苏如何干涉第三世界进行深入的描述，但未能揭示为什么 20 世纪五六十年代美国干涉较多，七十年代变成了苏联干涉较多，但到八十年代情况又发生了逆转。究其原因，美苏两个大国、东西方两大阵营之间的硬实力——特别是在经济、科技方面——的较量，是两大意识形态帝国对第三世界干涉力度的决定性因素。此外，因为《全球冷战》主要侧重于美苏对第三世界革命的干涉，主要着眼于各种硬干涉手段，如军事、政治、隐蔽行动等，对更能长期发挥作用的软干涉手段，如经济（贸易、援助、投资）、文化交流、科技感召力等涉及较少。《全球冷战》这一论述的不足遮蔽了一些重要问题。例如，最后苏联为什么力不从心要退出在第三世界与美国的竞争？为何二十世纪八十年代苏联对第三世界的援助数额不多，但苏联社会对此却极为反感，从而成为苏联领导人不得不急于摆脱的一个政治包袱？虽然因为一本著作因其主题而在论述时会有取舍，但《全球冷战》未能探究这一问题，我觉得是一个较大的遗憾。

第三，《全球冷战》的确对美苏两大意识形态帝国对第三世界的干涉进行了深刻批判，但没有对第三世界自身进行批判。国际学术界目前在对第三世界援助问题上有较大的反思，因为从战后到今天，第三世界接受了西方与社会主义国家的许多援助，但最终依靠援助实现自身可持续发展的国家极少，更常见的情况是，援助在第三世界反而助长了诸多腐败、浪费等现象。而且许多第三世界国家之间经常爆发矛盾、冲突，甚至是战争，主要是彼此之间的矛盾和内部的矛盾造成的。值得注意的是，书中特别列举了第三世界许多精英人物，他们在推动第三世界民族独立时起到很大作用，但在推动民族国家发展问题上出现了各种各样的问题。因此，第三世界目前面临的各种问题除了像文安立所强调的那样与外部大国的干涉有关外，与其自身是否有关？就此而言，这一问题又与前面两点相关，为什么在冷战初期作为世界上最落后的东亚各国和地区会在冷战后期快速发展，而原来情况较好的拉丁美洲、中东反而落后？这是一个与当前发展问题紧密相关的问题，是值得认真讨论的。

当然，瑕不掩瑜，《全球冷战》一书是值得大家一读再读而且可读性很强的经典历史著作。

《海贝与贝币：鲜为人知的全球史》导读

赵崧杰　华东师范大学思勉人文高等研究院研究员

近年来，得益于越来越多海外全球史著作在国内的译介与中国学者在全球史领域的耕耘，国内读者得以从新的视角审视中国与亚洲、中国与世界以及世界不同区域之间的联系与互动。澳门大学历史系教授杨斌的著作《海贝与贝币：鲜为人知的全球史》(简称《海贝与货币》) 于2021年年底在国内上市。该书是2018年12月劳特利奇出版社（Routledge）出版的英文著作 *Cowrie Shells and Cowrie Money: A Global History* 的中译本。该书讲述了产自马尔代夫的海贝横跨亚非欧大陆流动的历史。作者在书中充分诠释了海贝流动的全球化特征，并示范了如何通过跨区域研究将“全球史”与“地方史”这两个重要主题相联系，在写作思想与方法上对全球史、边疆史、区域史等领域提供了诸多启示。

本书的作者杨斌教授于2004年8月在美国东北大学获得世界史博士学位。博士毕业后，杨斌先后在美国、新加坡、中国澳门等地任教，他的博士论文《季风之北，彩云之南：云南的形成》在2004年获得美国历史协会古登堡（Gutenberg-E）奖，在2021年被翻译成中文，即将出版。他的研究领域十分广泛，最早在中国人民大学工作时研究党史，到美国后开始转向全球史视野下的边疆研究并完成了博士论文。他目前正在进行的研究还涉及医疗史、科技史等问题。根据杨教授自述，2000 年他在云南结束了田野工作后开始关注海贝的问题。云南在很早之前就开始使用海贝作为货币，一直使用到 17 世纪。在他的博士论文中，有一个章节专门讲云南的海贝。在此之后，他又陆续发表了三篇关于海贝的文章。在 2000 年以后，他又进行了多次田野考察，搜集了多种语言的文献，最终在 2018 年完成了英文版著作，2021 年又出版了中文版，也就是我们今天看到的这本《海贝与贝币：鲜为人知的全球史》。

这本书上市后引发了学术界的热议，首都师范大学历史系的岳秀坤教授撰写的书评对这本著作给予了非常高的评价，他说："杨斌先生这一部《海贝与贝币》是继《火枪与账簿》后中文学界又一部成功的全球史著作。他的目标是为读者描述一个曾经长时间存在的'贝币世界'的整体图景。这一对象的呈现，对我们既有的世界历史认知模式构成了挑战，促使相关研究要对自己的习惯思维加以怀疑和反思，其价值不可谓不大。"《新京报》评选《海贝与贝币》为 2021 年度十大好书，推荐词说道："海贝本是海洋生物学研究的对象，现在却被历史学者从时空的海洋中打捞出来，赋予全新的意义。作为财富与权力的象征，古代贵族对它趋之若鹜，将其转运千里。对海贝的执迷连接起了世界最早的交流网络。在金银货币主宰天下之前，海贝也曾经作为贝币，在全球贸易中扮演着举足轻重的角色，创造出史上第一个世界货币体系。透过海贝，我们窥见人类历史上最宏大的文明全景。"

20 世纪 90 年代末杨斌教授还在美国东北大学攻读世界史博士学位期间，全球史研究已开始引发学界的广泛关注和讨论。作为一个新兴的学术研究领域，全球史学者主张从整体性角度看待人类社会的发展进程，重点关注不同地区间的联系与互动。近几年随着学术界对外交流越来越多，许多全球史的著作被翻译和引进。但大部分著作关注的是 16 世纪地理大发现以后，西方的技术、文化、物质对世界的发展、对全球文明变迁产生的影响。能够把长达 1 500 多年、横跨亚非欧大陆的交流勾连起来的研究并不多见，这也是今天我想把这本书推荐给大家的重要原因之一。

在这本著作里，杨斌教授提出了世界史研究中的一个重要问题，就是如何看待“全球性”与“地方性”的关系。这两者之间具有某种张力，因此他说世界史或全球史考察的是一种跨地区的联系与互动。我们过去在研究历史时，往往以国家或一个地区为对象，受先天预设的“中心—边缘”观念的影响。而本书则提倡一种跨区域的视野，关注不同区域间的联系和互动。很多时候，世界史或全球史研究挑战并解构着地缘政治的边界或地理空间的划分，因此世界史学者有一个很重要的目的，即挑战、质疑现在地缘政治的边界和地理空间合理性，思考它在历史上是否也是这样的，以及它是如何被塑造出来的。杨斌教授曾说，全球史和地方史包括国别史，它们之间具有某种张力。全球史诞生的意图并不是压制地方、地区或者国家的一些主题、角度和叙事，恰恰相反，全球史是从它们当中产生而且是脱颖而出的，与它们互相补充、相得益彰，从而得以更好地理解人类的历史。学者米拉尼·利斯特强调，全球化更应该被认为具有产生显著文化多样性的能力。我们过去在研究一个地方、一个区域的时候，更多看重的是它和中心地区产生了怎样的联系，以及地方本土的文化是怎样的，而杨斌教授则提倡用一种全球性的角度来解释地方问题，比如，当全球化的浪潮席卷而来的时候，新的文化如何被创造出来。海贝的传播过程正是地方性和全球性相互博弈的反映。因此我们进行跨区域研究的时候，不仅要考虑到该地区本身的地方性，也要考虑到全球性对这个地区带来的影响。

本书的主角海贝是一种海洋腹足纲软体动物，主要出产于热带和亚热带的浅海区域。与其他地区的海贝相比，马尔代夫的海贝具有坚硬度高和体型小的特点，重量仅 1 克多，便于保存和携带。马尔代夫就是世界上最悠久、最重要的海贝产区，这里出产的海贝体积最小，所以世界各地都喜欢使用马尔代夫出产的海贝。马尔代夫处在印度洋海洋贸易的必经之处，在历史上也是商业非常发达的地区。今天许多人都把马尔代夫当做一个旅游胜地，觉得它的主要经济支柱是旅游业，认为如果没有旅游业的话它可能比较落后，实际上这种认识比较片面。在历史上，马尔代夫是一个非常重要的贸易枢纽，商业非常发达。作为一个岛国，马尔代夫缺少种植粮食的土地，所以，他们必须和孟加拉进行交易换取大米以满足生活需要。马尔代夫除了盛产海贝，还有鱼干和椰索，商船就把这些物品运到孟加拉地区来交换大米。孟加拉地区在获得了大量的海贝后，就把海贝作为小额货币使用，他们原先使用的货币主要是铜币，但受制于有限的产量，铜很快被海贝取代。14 世纪初，中国人汪大渊就曾经到过此地，他后来写的《岛夷志略》把马尔代夫称作北溜，说："当时北溜尚无国王，只是一个渔港，出产椰子索、鱼干、贝壳等货物，与乌爹、朋加拉等地商人交易，一船贝壳交换大米一船有余。"《明史》也把马尔代夫写作溜山国，永乐十年（1412 年），郑和出使马尔代夫，1416 年溜山国国王亦速福使朝贡，之后又有过三次朝贡。1430 年，郑和再次出使溜山国，跟随郑和出使的马欢在所著《瀛涯胜览》有专章《溜山国》。由于中国在明清时期一直处在宗藩体系中，认为东南亚国家、其他周边国家是藩属国，与它们之间是一种封贡关系。很多海贝随着马尔代夫的进贡船只到达中国江南地区，明朝时期江南地区有非常多来自马尔代夫的海贝。杨斌教授在这本书中提出了他自己的一个看法，贝币的传播构成了一个非常庞大、持续时间非常长的贝币世界。一位研究东南亚史非常著名的学者杰弗里·冈恩提到，外来文明令一些区域的历史支离破碎，主要是指西方地理大发现后进入东南亚地区，把原来的贸易体系、文明联系打断了。他在自己的研究里提出从“世界区域”（world region）的角度来解读不同文明之间的相遇和交流。在全球化早期，世界不同区域就有非常密切的联系，不同文明之间有相遇和交流，这是非常重要的。东南亚地区实际上是一个世界性的区域，一旦进入这个区域，将面对来自世界各个地方的货物、人员，它背后由一张庞大的交流网络所支撑。这是“世界区域”给我们的启示。

回到贝币的世界，从公元4世纪起，亚非欧大陆就出现了一个贝币的世界，而贝币在这时成为最早的全球性货币。在此后的几个世纪里，它逐渐向东扩展到东南亚沿海地区，向北进入到中南半岛，大概在9世纪到10世纪扩展至北端的中国云南地区；最晚在14世纪贝币世界已经将南亚、东南亚和西非的广大地区纳入其中；到16世纪，随着新航路的开辟，欧洲人进入这个区域，贝币世界开始和西欧世界的体系发生重叠，最后逐渐被纳入统一的全球体系。

我们为什么要关注印度？因为印度是海贝传播的第一站，当时它跟马尔代夫的交往比较密切，濒临孟加拉湾的东部沿海地区以及印度的中央平原上都广泛地使用了海贝，这个区域实际上也是历史上印度几大王朝的中心地区。海贝在进入印度后，和当地铸造的金属货币形成了一种双重的货币体系。海贝最初是被用作一种小额货币来使用，但随着金属货币的缺失，贝币逐渐在官方和民间的经济活动中占据主导地位。17 世纪中期，当英国东印度公司到达印度时，当地人已经将贝币作为普遍的支付手段，因此英国人为了和当地人贸易，就不得不接受以贝币进行交易。18 世纪初，东印度公司开始逐渐控制印度的海贝贸易，他们对当地人征税时也接受用海贝来支付。同时，英国人不仅在当地使用海贝，也将海贝运往欧洲，在欧洲拍卖之后再送到西非。这和当时奴隶贸易相联系。因为在西非用海贝可以购买大量的黑人奴隶，黑人奴隶被运送到美洲的种植园里成为主要的劳动力。如此，海贝把印度洋和大西洋以及新大陆和旧大陆这两个世界体系联系在一起。亚洲的货物到了西非就变成了货币，欧洲人以此购买非洲奴隶送到种植园，在新大陆上生产的蔗糖和棉花又被运送到欧洲和亚洲的市场进行销售。此后，海贝也被用来购买西非的棕榈油，以“润滑”、加速欧洲的机器，推动工业革命的进程，欧洲人从而生产大量的工业制品，并将之销售到全世界。在英国人那里，海贝贸易与全球殖民体系联系在一起，整个 18 世纪正是海贝奴隶贸易的黄金时期。在这个时期，贝币经过欧洲连接南亚和非洲，但因为大量的贝币被输送到了非洲，东南亚地区很少能够获得这些海贝，所以云南地区越来越少地使用海贝，海贝遂消失殆尽。另外，从 18 世纪下半叶开始，英国人开始统治孟加拉地区，并设立以加尔各答为中心的管辖区域，孟加拉地区成为最早的、最重要的财政和军事基地，也是英国对亚洲地区扩张的基地。他们于 19 世纪在马六甲、中国香港建立殖民地，开始建立他们自己的殖民帝国。从这个意义上说，海贝在他们的殖民体系建立中也起到了非常重要的作用，成为他们早期的一种支付和交易的手段。但是美洲废奴运动之后，奴隶贸易在 18 世纪末到 19 世纪初被逐渐废除，因为奴役的需求消失，西非对于海贝的需求量骤减，从而导致海贝贸易严重衰落，贝币开始变得不那么值钱。东印度公司要搜集、清点、运输、储藏、使用海币，需要非常高的行政成本和经济压力。从 18 世纪后期开始，英国人为了废除贝币，实施了一系列措施。1781 年，英国人开始引入铜币。19 世纪初，海贝被禁止在印度流通。但由于铜币不足，贝币依然得以在印度流通。这说明，即使贝币失去了在全球贸易中的意义，但在印度它仍然是一种便于使用和获取的货币。

直到一个世纪后，贝币才真正从印度人的日常生活中消失。迫使印度人最后放弃贝币的真正原因是它不断下降的价格。1 卢比在 1833 年可以换 6 500 枚海贝，不久之后可以换 9 000 到 10 000 枚海贝。海贝的贬值造成了地方上的严重贫困和一系列社会矛盾，直到贝币被彻底抛弃。

再看云南的案例。云南离马尔代夫非常遥远，为何贝币在这个地区也能流通呢？这是一个非常有趣的问题。在这本书中杨斌教授提出了“全球在地性”（glocal）这个概念，它强调全球化对于区域构建的影响。云南在历史上就是各个族群和文化的交流地带，它有自己的本地族群，同时又受到了中国中原地区、南亚和东南亚地区非常重要的影响。另外，他提出了我们比较熟悉的一个概念，即“中间地带”（middle ground），生活在边界地区的不同群体创造出一套新的共同惯例，以便交往。比如在边疆地区联系互动是非常多的，云南正好地处中国西南边疆地带，对外的交流联系非常多。同时，中央政府也与它产生了联系。中间地带处在中央和外部之间，这就是边疆的重要性。我们从中间地带既能看到中央政府当时的一些变化，也可以看到外部世界的变动，由此也凸显出云南研究的重要性。进一步说，为什么海贝能够在云南出现？它反映出当时中国西南边疆和东南亚世界的区域市场已经联系起来并且有很强的联系。在元代，云南的海贝主要来自缅甸和暹罗，暹罗就是今天的泰国，也有一些海贝来自江南。马尔代夫在1416年、1421年、1423年三次向明朝进贡时，很可能把海贝作为压舱物一同向明朝进贡，但是因为海贝的价值比较低，它们并没有被送到北京，而是留在了江南地区，而江南地区的一些商人把它悄悄地贩卖到云南来购买当地的金银和马。在江南地区，海贝是不太值钱的，但是到了云南地区购买力就很强，对云南当地的经济产生了非常大的冲击，于是国家开始禁止这种行为。在明代，琉球王国也曾经向明朝进贡，大量的海贝仍在流入江南，琉球王国和东南亚地区也有非常密切的贸易，琉球国王向明朝进贡的时候，很有可能也是把海贝作为压舱物送过去。明朝政府也会将海贝用作赏赐物，今天在中国东北地区、朝鲜半岛都发现了同时代的海贝，这些海贝并不是被作为货币，而是被作为一种比较贵重的装饰品使用。

以上表明，中国西南边疆同东南亚以及孟加拉湾、印度洋地区，经济上的关联是非常密切的。我们研究边疆并不只是从中央到地方的视角，还同时存在着从地方到外部的视角，甚至外部影响会更大，因为这是一个庞大的市场。云南地区的市场和中原地区相对来说是比较隔阂的，反而和南亚、东南亚地区比较紧密。这种经济上的紧密互动也给云南地区带来了文化景观的多样性。这本书对于国家与市场的关系的论述给我们提供了一个非常重要的启示。关于贝币体系在云南的崩溃，学者认为存在两个因素：一是国家干预，即中央政府对边疆的渗透和控制，造成贝币的逐渐消失，边疆地区逐渐开始使用和中央统一的货币；另外一个因素是世界贸易的变化对贝币产生的影响。在这本书中，作者杨斌教授不否认国家的影响，但他认为更重要的是世界贸易体系的变化对贝币在云南的使用产生影响。这里引用学者张彬村的研究结论："17世纪滇贝的崩溃肇因于供给不足，而供给不足的历史原因是当时的南亚次大陆乃至世界其他地区的经济局势之巨变，导致马尔代夫海贝需求的空前强烈。”我们刚刚说的经济巨变是什么？是英国开始主导全球的奴隶贸易，大量的海贝从马尔代夫开始流向西非而没有再进入东南亚地区，由于没有新的海贝货币来源，云南开始不再使用海贝。总而言之，杨斌教授强调：“贝币的出现挑战了研究亚洲互动时常常采用的政治单元及其边界……贝币的存在和使用并没有被某一个大国或庞大的国王所控制，市场才是贝币全球化的动力。”

在云南和印度的案例中，政府均未能有效限制贝币的使用，是市场变化导致了贝币最终被抛弃。正如杨斌教授所强调的，市场几乎以一己之力推动了海贝货币化以及贝币的全球化。同时，市场又在全球化进程中发挥了超越国家边界、文化、民族的联系作用。我们平常在研究边疆地区或者研究一些跨区域问题的时候，往往比较强调的是政治层面而忽视了市场因素。当地的人为了生活需要进行交换，需要进行贸易，这个市场才能把一个区域给联系起来，这也是为什么我们现在看到的全球史研究大部分是商业贸易或物资、物品、产品的流动研究。

最后，我想对这本书做一个小结。在长达 1 500 余年的时间里，贝币在亚非欧大陆的流通表明区域联系的重要性。许多重要的历史线索在过去的地方史、国别史研究中被回避、忽略。如果只看云南的历史，我们怎么会看到西非？在贝币世界中，至少存在着两张全球性网络，一张是从公元 4 世纪开始，海贝从马尔代夫及印度洋沿岸地区出发，经过印度、东南亚流入中国西南地区；另一张网络则是 16 世纪欧洲人建立殖民帝国后，将亚洲的海贝作为货物输入欧洲，再以之作为货币从非洲购买奴隶运往美洲的奴隶贸易网络。

这本书给我们提供了至少两种研究地方的思路：一种是从中央到地方，另外一种是全球到地方。从中央到地方的思路，过去我们已经比较熟悉了，很多研究中国史的学者，非常注重从中央、地方层面的文献中去找一些对于边疆管理或治理的内容。而从全球到地方就比较难，因为今天要走到全世界各个地方看当时他们跟中国是如何产生联系的难度非常大，这要求研究者具备宏观的视野，能够从局部看到整体，尤其是这本书涉及的不仅是从全球到中国，而且是从全球到不同地区之间的研究，这就对我们中国学者未来的研究提出了非常高的要求。简而言之，全球史学者既要能够从浩瀚的历史中找到零星的史料，又必须进行化零为整的工作，构建从全球到地方的完整体系。

以边疆视角呈现全球性与地方性是这本书非常重要的写作特色。正如本书对国家和市场关系的清晰阐释与呈现，从全球化视角所看到的边疆地方多样性并不会模糊国家政权的主体性。全球史或跨区域史的目的并不是让“国家”消失，而是为认识国家与地方关系提供另一种思考角度。另外，这本书所涉及的主题、内容、方法都非常丰富，时间和空间的跨度也非常大。阅读这本书能够发现非常多有价值、有意思的内容，不仅对人文社科专业的同学有益，对理工科专业的同学也会有很多的启示。

唐人的壮游

方旭东　华东师范大学哲学系教授
张箭飞　武汉大学文学院教授

方旭东：非常感谢有这样一个机会。在我看来，我们的“读书散疫，爱在华东师大”系列活动相当于国外名校流行的午餐短会或小课，“brown bag lunch”，带饭听讲、研讨。大家都知道，上海现在处在艰难时期。同学们困于校内，一日三餐保供之外，可能更需要其他的资源缓释焦虑。我们做老师的且来聊聊一些有味道的书，聊备一格，权当佐餐，为你们提劲。今天我特别请来一位嘉宾，武汉大学文学院的张箭飞教授，与我一起聊聊“唐人的壮游”。这个题目，部分与张老师的研究志趣有关。之前华东师大文明互鉴研究中心召开第一次会议，张教授参会，介绍了风景与文学这一领域的议题和进展，我觉得很有意思。平时，张老师会给我推荐一些她认为是别开生面的佳作。最近她就推荐了王敖的《中唐时期的空间想象：地理学、制图学与文学》[1]。我读后，对作者的问题意识和进入角度颇感兴趣。王敖关于地理学与

1　［美］王敖：《中唐时期的空间想象：地理学、制图学与文学》，王治田译，武汉：长江文艺出版社，2021 年。

中唐文学关系的“发见”给我不少启发。今天我特邀张老师一起来聊聊这本新近译成中文的海外汉学专著。尽管迫于疫情足不出户，但是我们可以想象远方，追随唐人山水之旅，神游祖国大地。首先，我先问张老师一个问题：“你为什么觉得这本书值得阅读？”

张箭飞：谢谢旭东教授的邀请。最近几年，随着华东师大文院硕博专业美誉度不断上涨，在武大文院名列前茅的学生中，不少已把“闵大荒”列为保研或攻博的梦之校，也许此刻正在收看这档节目的听众就有曾经的“WHUer”，珞珈伢。所以，我斗胆应承旭东教授布置的作业。这本《中唐时期的空间想象：地理学、制图学与文学》与其说是我推荐给旭东教授的，不如说是旭东教授已有的跨界兴趣牵引他注意到作者的最近研究：地理学发展与空间想象之多重互动——这一议题其实也是文史哲三大领域史学家的共同关切。只不过在具体的学科语境里，与地理学进行观念交换或循环的空间想象（spatial imaginaries）可能会切换成偏历史的空间建构（spatial construction）或偏哲学的空间思维（spatial thinking）。自上古以来，一度协同发展的文史哲一直受惠于人类地理知识的扩容和更新，以及文学家、历史学家、哲学家群体所拥有的空间敏感和地方经验。英国地理学家尼古拉斯·克兰有个精彩的说法：“无论我们是谁、来自哪里，我们都必须与人、地点和环境发生关系。……自人类从变得干燥的森林走向大草原，开始直立行走和奔跑、使用棍棒石头等工具、在社会群体中共同工作，开始驯化火种来管理景观、标记地点和编纂自己心中的地图，地理就一直与我们在一起。”[1]“地理让我们成

1 ［英］尼古拉斯·克兰：《地理的时空：写给未来世界的简明指南》，王静译，北京：中信出版集团，2019年，第69页。

为人类。”[1]

旭东教授多年深耕道德哲学和中国思想史，就借用“位置”（location）、“边界”（boundary）等空间性概念展开引申层面的思考。毫不意外，一本旨在论述中唐时期“两大重要思想领域之间的类同和互动之关系”的著作必然会与旭东教授的学科疆域发生接触和交集——比如，“地图”（map），还有“制图”（mapping）、“制图学”（cartography）、“定位”（orientation）等地理学概念总是会被不同领域的史家借用、挪用、化用，转换生成更有学科针对性的诠释工具。所以，李零会说地理也有思想史，反过来，思想史当然也有地理。这就意味着在讲述或建构中国思想史的时候，自然会像一个制图师那样，标记出广为人知、鲜为人知、不为人知的重要点，插入细节，对一些思想家进行选择性的强调等。实际上，即使是不做学术工作的普通人，同样可能拥有地理学禀赋或兴趣，并在自己的日常生活中实践制图的技艺，比如顺手为问路人画一个前往某处的路线图，或通过使用应用软件绘制自己的跑步、骑行运动轨迹，或可视化外卖移动的路况、距离等。

王敖的这本书主要研究的就是中唐诗人制图学之眼和地理意识如何成就了他们包罗万象又细及毫厘的空间想象。他以翔实的历史材料和文本分析证明：这一时期两大领域的大师通常就是一个人或属于同一群体。所以，之前常被文学课和文学史单列在“田园诗”“闲适诗”“山水记”“贬谪文学”名目之下的“诗圣”“诗鬼”“元白”“韩柳”等显露出一度为我们这些后人所忽略的侧影：作为制图学家的诗人或兼具制图学之眼的诗人。透过中唐作家笔下的行旅轨迹、地理经验、空间想象的滤镜，王敖重新发现了中国文学的伟大传统：文地贯

1 ［英］尼古拉斯·克兰：《地理的时空：写给未来世界的简明指南》，王静译，第133页。

通。随着西方近现代地理学东渐，知识生产不断趋于专业化和细分，这一伟大传统沦为历史现象，文学的地理和地理的文学不再为一个人或一群人同时拥有。对于习惯甚至欣赏两种文化鸿沟的读者而言，很难想象身为政治家的贾耽（730—805）绘制《海内华夷图》体现了当时文人制图学最高成就，而作为边疆逐臣的柳宗元创造性地借用“四至八到”制图学术语精准地呈现南荒边地的风景……总之，仅凭其中的第二章“大图：诗学视野和制图学之眼”，王敖的这本书就值得推荐。它启发我们深究作为制图学家的唐代诗人这一历史事实或文化现象，为方兴未艾的文学地理学或地理诗学发掘更多的中国学术资源。

方旭东：谢谢张老师非常专业的介绍。刚才我一边在听一边看到聊天室里有朋友打出一个信息，说这个书在豆瓣里评分不高。实际上，对于豆瓣评分，我并不关心，毕竟普通读者和专业读者的关注和诉求会有所不同。我个人觉得这个书有不少亮点，比如，关于中唐的“图经”（map-guides）的分析就给人耳目一新之感。这里，我想简单地介绍几句作者。1995 年到 1999 年，王敖在北京大学读本科；1998 年，我在北大读博。所以，我和他有些交集。印象中，他是个瘦瘦的小年轻，留着长发，还记得他摆个地摊卖他的诗集《朋克猫》。王敖是著名的校园诗人，还会弹吉他。那些年常有一些校外音乐人到北大活动，他们这些人就在静园草坪上弹唱起来。

后来王敖留学耶鲁，跟着孙康宜教授读博，现在在美国的卫斯理大学（Wesleyan University）教书。和箭飞教授商量谈谈他这本书的时候，我专门给他发了一封邮件，问他可有兴趣一起参与我们华东师大的读书活动。其实我本来计划鼓动他带着吉他上线，锵锵三人，边谈边弹，如果这样，这个活动就好玩多了。可惜我们之间的时差相错 12

个小时，周四他还得全天上课，所以，只好放弃这个计划。至于此书的学术水平，大家不妨听听内行的看法。这里，我推荐马鸣谦发表在《上海书评》的一篇评论《新视野的发现》，我认为写得非常内行。箭飞教授特别欣赏王敖关于中唐诗人的“制图学之眼”的发现，马鸣谦也是对这一章的第一节格外动心。作为小说家的马鸣谦在细读“杜甫与阅图（map-reading）经验的诗学化”之后，决定给正在写的“杜甫三部曲”里加入展阅地图的细节。一本书的好坏，专业读者和普通读者都有权利打分，仁者见仁，智者见智。针对刚才有朋友提及的豆瓣评分，我做个回应，并对作者王敖略做一个说明。

《中唐时期的空间想象：地理学、制图学与文学》是一个非常典型的跨学科研究。我本人是做中国哲学、中国思想史研究的，一直有个深切的感受：像我们这种传统的文史哲学科，要想创新非常不易。看到王敖正在进行交叉学科实践或实验，我自然非常有兴趣了解他的路径、方法、材料。

这就是为什么看到箭飞教授在她的朋友圈推荐这本书，我会眼前一亮。我们今天主题是“唐人的壮游”，实际上“壮游”这个词不仅是学术概念，还指一种历史悠久的旅行传统，中西文化里都有它的表现。箭飞教授曾就壮游传统写过一篇论文。接下来，还是请张老师谈下“壮游”。

张箭飞：谢谢旭东教授对我的研究的引介。当年在翻译马尔科姆·安德鲁斯（Malcolm Andrews）教授的《寻找如画美：英国的风景美学与旅游，1760—1800》一书时，“grand tour”屡屡出现，它主要指的是始于文艺复兴，渐渐盛行于 17、18、19 世纪的英国上流社会的旅行时尚。历史地来看，壮游是伴随着地理大发现、西方的东方想象和英国的海外探险而蔚为时尚的，后来又被中产阶级模仿。在某种意义上，以提升审美品位为目标的壮游是当下全球博物馆之旅的早期形式。我将它翻译成修业旅行，主要因为在《寻找如画美》的语境里，它特指牛津、剑桥两所大学的贵族学生毕业之后，一般要到欧洲大陆壮游一番，旅行时间短则一年、两年，长则七年、八年。希腊、意大利、法国属于常规目的地，当然，有些人也会远行到土耳其、埃及一带，美名其曰补上课堂上浅尝辄止的古典学。实际上，游着游着，就开始“血拼”名画古董，不少还属于高仿赝品。到了 18 世纪末期和 19 世纪初期，英法开战，拿破仑封锁了英吉利海峡，等于是熔断了英国贵族的传统壮游。这种情况，再加上英国浪漫主义诗歌的推力，倒逼着英国人发现本土风景，曾为穷乡僻壤的苏格兰高地、威尔士乡村和英格兰湖区取代巴黎、威尼斯、雅典、阿尔卑斯山，成为人们趋之若鹜的画境和崇高美圣地。因为是在本国旅行，之前昂贵的出国壮游成本降级，下移为中产阶级有能力模仿的时尚，甚至带动了工人阶级徒步湖区、峰区的休闲运动。正是通过速度比较缓慢的旅行，很多英国人对于英苏合并之后的英帝国本部疆域和凯尔特边界有了空间感知和地方意识，完成了文化的自我定义。非常有意思的是，王敖在他的书中也细描了类似现象：安史之乱期间和之后，巨大的社会动乱驱使北方贵族和官员徙居“幽遐瑰诡”的南荒地带。作为补偿，他们扩大了原有的地理视野，更新了山水游记的表达方式，激活了新的景观。更重要的是，他们的写作收入地理类书，“而成为地理学发展不可或缺的资源”。不同的是，前者的壮游出于主动选择，后者长距离移动和贬谪性质的长期旅行迫于险恶的时局。就这点而言，我们的中唐和 18 世纪后期的英国是有文化对话关系的，至少在风景审美的层面，会有不少共通之处。壮游之人都具有良好的教育背景，通常会写会画。旅行途中，他们既会借助现成的地图，也会动手修改地图的错误和绘制新地图。就以杜甫为例，我建议大家去读洪业的《杜甫：中国最伟大的诗人》，仅仅从章节标题就能看出安史之乱期间和之后的杜甫，志意宏远，心性桀倔，一如努力回家的奥德修斯，被严酷的命运从一个地方驱逐到另一个地方。他的一生就是壮游和漂泊的空间叙事。早年的“快意八九年，西归到咸阳”的青春之旅，非常像拜伦的壮游，有着青春作伴、一掷千金的豪迈。拜伦是贵族子弟，他的壮游都是负债前行，反正家有祖传地产可以抵押借钱。从始于1809年的数年壮游中诞生了伟大的浪漫主义长篇叙事诗《恰尔德·哈洛尔德游记》。如果说，通过杜甫旅程日志性质的诗歌我们会对中唐时期的政治地理获得细节性知识，那么，通过拜伦的《恰尔德·哈洛尔德游记》，我们也会对拿破仑战争期间和前后的欧洲政治地理有个全景的了解。

讲到这里，我也回应下豆瓣评分的问题。富有创见的学术写作总有一些亮点或火花，要么照亮一些隐匿的文学现象，要么引燃更多的文学想象。一本专著的优点如何自行显露，的确取决于某个时刻的需要、某个读者的眼力。我最感兴趣的是王敖书中那些有待后期丰富的议题，比如李贺的宇宙视野，他从太空俯视地球，仿佛使用了卫星摄影或者遥感技术，对大地影像推近和拉远。王敖并未明确使用“遥感眼”，但是他的“外太空视角”一说启发我去丰富这一思路。武汉大学遥感学院秦昆教授领衔的一门GIS（地理信息系统）人文学通识课，我在其中承担一讲“GIS文学地图”，涉及太空飞船鸟瞰下的地球景观。

方旭东：箭飞教授刚才主要结合她自己的研究，讲了西方的贵族教育，壮游是其内容之一。我最近几年经常教戏剧与哲学，就我的阅读所及，我想介绍一位诺贝尔文学奖获得者、剧作家贝克特。贝克特是爱尔兰人，长期在法国巴黎生活和写作，后来也用法语写作。贝克特就是非常典型的那种喜欢壮游的西方精英。他是都柏林三一学院的毕业生。在中学的时候他就有一个壮游，读本科的时候他又去壮游。我想到贝克特的例子，是因为刚才张老师提到贵族教育式的壮游，我做一个补充吧。

其实，壮游还可以从中国的角度来讲。除了以增长阅历为目的壮游，中国思想史上还有一种壮游，就是讲学家的壮游，是把游和讲学结合在一起。我们可以举一个典型的例子，就是明代的王阳明。

我们都知道王阳明是明代哲学家，有一个通俗的说法，说他是“明代一哥”，他是所谓的“立功”“立德”“立言”儒家三个标准都达到的人物。王阳明平时非常喜欢遍游名山大川。那么，他“好壮游”好到什么程度呢？在他晚年的时候，朝廷让他去广西平叛当地的少数民族起义。他 9 月份从当时住地绍兴出发，一直到 11 月份才到广西，沿途大会师友，见他的粉丝、学生，光是在桐庐、在富春江，他就游了好几天，包括严滩，严滩是在严子陵钓台，他在那里游了之后还写了诗。后来，当地陪他游的县官把诗刻在石头上。解封之后，大家有机会去富春江严子陵钓台一带，一定要去找找王阳明的诗。他从浙江经过江西再到肇庆。在江西常山的时候，他又写了一首诗，从这首诗就看得出来他平生的壮游之好，他说：“长生徒有慕，苦乏大药资。名山遍探历，悠悠鬓生丝。微躯一系念，去道日远而。中岁忽有觉，九还乃在兹。”这诗讲的就是他自己的这种经历。

除了游山玩水，他最重要的一个工作，就是为各地的朋友讲学，包括他的学生和所谓的道友。所以，从中国思想史的角度，我们可以看到，虽然没像欧洲那样将壮游作为人生必修课，但是东海西海人同此心，心同此理，中国这些文人或者思想家同样推崇壮游：读万卷书，行万里路。像王阳明，他在中国的山山水水当中畅游的同时，也将自己的学问沿途播撒。如果我们考察王阳明的生平，可以画出一幅地图，那就是王阳明讲学地图。

包括像朱熹，因为我也研究朱子，据我所知，研究朱子的学者有一条“朱子之路”，就是沿着朱熹当年生活过的地方、出生的地方、做官的地方、讲学的地方游历，非常有意思，每年报名的人非常之多。我从自己专业的角度为张老师刚刚讲的做一个补证。

张箭飞：旭东教授的补充、补证讲得特别好，给我又是一个启发。我刚刚看到有同学留言，说读书不要那么功利。太令人欣慰了。因为旭东教授给我这个机会与他对谈，共同聊聊我们都感兴趣的这本书。为此，我又重读了一遍，再次发现王敖的可贵：他没有像一些学者那样，对自己发现的研究对象竭泽而渔，穷尽可能地阐释，不给他人趁隙深入的机会。就我个人而言，我是很喜欢这类点到而止、适可而止的学术写作。作为读者的我们，不至于被他这个前驱影响得断了“接着讲”或“对着讲”的念想。书中的有些议题，王敖是做了开创性的前期工作，给我们预留了很大的空间。

方旭东：非常感谢，我听得津津有味。我最后就想再讲一点。我们今天实际上是借王敖的书来讨论人类壮游的现象。刚才我跟张老师都有一些叙述，其实它除了娱乐的功能之外，我觉得我们更加重视的可能是它对人类精神自我成长的意义。所以无论是欧洲贵族，还是我提到的中国思想史上的这些文人，他们都把壮游作为自己修炼的一种方式。

我们回到一开始讲的主题。现在上海是在非常困难的时期，我相信很多同学、老师憋在屋里已经很长时间了。我们今天选择讲唐人的壮游，是我们坚信足不出户的阶段一定会过去。那么，我们就先约起来，做个壮游的计划。一旦等到那个时候，我们就可以“放飞自我”，这也是我们想给大家提供的一点精神支持吧。

读斯考切波《国家与社会革命》

王向民　华东师范大学政治与国际关系学院教授

各位老师，各位同学，今天我和大家一起讨论美国社会学家、政治学家斯考切波（Theda Skocpol）的《国家与社会革命：对法国、俄国和中国的比较分析》（简称《国家与社会革命》）。我主要和大家讨论三方面内容：第一个是作者斯考切波本人以及与她生活相关的事情；第二个是这本书的主要内容；第三个是对这本书一些核心观点的简要评价。

首先是斯考切波本人。她于1947年出生于美国密歇根州，是美国著名的社会学家、政治学家，目前在哈佛大学任教，曾当选过美国三大跨学科荣誉协会的成员，包括美国艺术和科学院、美国哲学学会和美国科学院。她年龄并不是非常大，但她在美国社会科学界的地位很高。

我从三个方面来对她做一个介绍。第一，斯考切波是一位女权斗士。她的父母都是老师。她从小就是一个学霸，学霸其实有另外一个词叫“书呆子”，她自己也认为上高中的时候在同学当中并不是一个很受欢迎的人，别人只有想要“借鉴”作业的时候才会真正地接近她。

所以在这样的状况下，斯考切波就发奋读书，因为只有具有这个优势才能够在同学中获取一点地位。在高考的时候，她申报了密歇根州立大学，一方面是因为州立大学的学费相对比较便宜，另外一个原因就是州立大学距离她家足够远，她和我们现在年轻人一样希望就读的大学离父母稍远一点。同时斯考切波也获得了这所大学给她的奖学金，这让她爸爸很高兴，因此她就去了州立大学读书。20 世纪 60 年代是美国反战的一代，斯考切波也和其他人一样参加了反战运动，但是斯考切波认为民权运动对自己影响并不是特别大，她只是远观了运动。后来她在循道宗青年组织中与一个男孩相爱了。1967 年，斯考切波 20 岁，在大学二年级时就结婚了。当时最担心的事就是男性被征召入伍，这件事使他们两个人下定决心要待在大学里，这样可以避免应征入伍。随后，斯考切波去哈佛大学念了研究生，她的博士论文大概完成了三分之二就被哈佛大学社会学系聘为教员。等到她的博士论文《国家与社会革命》，就是我们今天要读的这本书出版后，她由此赢得了该领域的最高奖项，很多部门都希望斯考切波去他们那里工作。这是斯考切波人生的高光时刻！ 1981 年，她在哈佛社会学系待了六七年后，哈佛并没有给斯考切波终身教职，因为投票结果是平局而被否决终身教职。这使斯考切波非常生气，她认为这是性别歧视，并选择了与之斗争，提出了激烈的申诉，然而并没有用，一气之下，她去了芝加哥大学。五年后，哈佛大学终于给了她终身教职，她重新回到了哈佛大学。斯考切波对这件事一直耿耿于怀，所以说她有女权意识。由于斯考切波所有的学习都是在象牙塔里完成的，因此她是个典型的学院派学者，不像前辈老师的研究那样具有很强的社会影响力、社会实践力。从高中开始，一直到后来成为一个标准的社会科学家，她一直都是学院派的身份代表。

我想介绍的第二部分，是斯考切波为美国社会政治领域设置了非常重要的研究议程。什么是研究议程？就像我们开会时一项一项的会议议程一样，即安排好谁先讲话、谁后讲话，研究议程就是某个学科的重点领域与重要方法的排布，决定着某个时段内或者某个领域内哪些议题是重要的，是值得研究的。斯考切波为美国社会政治领域设定研究议程，说明她是一个开创性人物，是开宗立派式的研究者。斯考切波的研究议程是通过她的博士论文实现的，这篇博士论文有两个研究方向：一个是她的国家自主性研究，使得美国的社会中心主义研究转向了国家中心主义研究；另外一个是她的方法论，她的比较历史分析法成为一个的热门研究方法。在这两个研究议程上，斯考切波可以说是一个旗手、宗主。很有趣的是，斯考切波对其研究成果的议程设置意义似乎非常敏感，因此，当博士论文（也是她的成名作《国家与社会革命》）出版之后，她有意识地做了一些组织活动。她和另一些年轻学者联合开展了一些研讨会，写了一些文章结成文集，其角色是写一篇打头文章，阐明文集的编撰意图与学术意义，由此形成议程设置。她带着青年学者开了两个会，编了两本书，设置了两个研究议程。1984 年，斯考切波编了一本《历史社会学的视野与方法》，这本书全面评述了以往历史社会学界的九位名家，确立了她在历史社会学领域的地位。1985 年，她组织出版了《找回国家》，这本书使得她在博士论文《国家与社会革命》里所讨论的“国家自主性”含义进一步被年轻学者所接受。在一些访谈录里，斯考切波很是得意，她说《找回国家》这本书是她做过的最有条理、最细致、最周密的议程设置工作。她很清楚她在做什么。这三本书出版之后，斯考切波就几乎毫无疑问地成为新一代革命理论研究的掌门人。也是在这些工作完成之后，斯考切波从比较政治研究领域转向了美国国内政治研究，她围绕政策分析展开研究，发表了一系列著作。

斯考切波个人生平介绍的第三部分，是她激烈的个人性格。斯考切波在评价她一辈子的学术导师巴林顿·摩尔（Barrington Moore）（摩尔是《专制与民主的社会起源》的作者，是一个非常重要的历史社会学的研究者）的时候，说她的老师智力超群，但是冷酷无情。斯考切波在哈佛念博士的时候，觉得摩尔没有对她青睐有加。不过摩尔确实是这样的一个人，在一个访谈录里，访谈的组织者给摩尔的采访起的标题是《批判精神与比较历史分析》，也就是说摩尔是一个批判主义者。有人认为摩尔的好友寥寥无几，因为摩尔的脾气很大，他经常面对采访者说："你问了一个错误的问题，我拒绝回答你的问题。"摩尔对别人的批评似乎也安之若素，因为他自己经常泡图书馆，其他因素或评价对他来说似乎没那么重要。斯考切波和她这个老师很像，我们如果静心地读《国家与社会革命》这本书，你能感受到它的预设敌人与滔滔雄辩，这本书充满着对话。她与各家革命理论、学说进行辩论，我们会发现这本书全篇几乎是通过提问、质疑的方式来写作的，你能感受到研究者在写这本书的时候心情是不平静的，你甚至能够感受到她的心怀激荡、情绪激烈。这本书出版后在学术界有很大的影响，在史学界当然也遭受了一些批评，据说雄辩的斯考切波单枪匹马硬闯哈佛历史学系。当时历史学系的研究者认为，斯考切波关于法国、俄国、中国的研究都不是从第一手材料出发，一个好的研究怎么能够全部从二手材料出发呢？即使对于现在国内历史研究者来说，大概都不会接受这样一个著作。同时，斯考切波对自己的学生也很严厉，她几乎偏执地要求这些学生必须采取自己的国家中心主义分析，或比较历史分析。所以她的学生，像我们现在认为非常棒的唐宁（Brain Downing）所写的《军事革命与政治改革》、埃特曼（Thomas

Ertman）的《利维坦的诞生》（这些书都有翻译版），从中都能够看出斯考切波在这些作品上的烙印。只有戈德斯通（Jack Goldstone）有和斯考切波不一样的分析方法，但据说这两个人的私交不太好。在一篇评述历史社会学的文献里，戈德斯通怀着无限的崇敬回忆了他的祖师爷摩尔，顺便把他的老师斯考切波批判了一番。当然学术界认为斯考切波使得摩尔开创的历史社会学走上了顶点，但从此之后开始走向保守。

接下来，我们来看看斯考切波的《国家与社会革命》这本书主要讲的是什么。首先我想说明这本书是一个对话之作，它在和既有的研究理论进行对话。革命学说是20世纪美国社会学界非常热门的一个研究领域，对中国来说也是一个非常重要的研究领域。在《国家与社会革命》这本书里，斯考切波主要对话了四个革命学说：一个是马克思和马克思主义革命学说，另外三个是斯考切波的老师辈、师兄辈的理论，包括心理学的聚合理论、价值共识理论和政治冲突理论。这四个学说分别是讲什么的呢？其一，马克思将革命视为生产方式所导致的阶级分裂的产物，所以革命通过阶级冲突，把一种生产方式改变为另一种生产方式，这是一个社会中心的讨论。其二，从心理学理论来看，它认为革命是因人们的观点和心理发生变化而形成的大规模政治暴力，比如代表人物特德·格尔（Ted Gurr）的代表著作《人们为何造反》，提出了“相对剥夺感”概念。我经常用形象的方式说，大家现在都有红烧肉吃，从绝对意义上说大家是平等的，物质是丰富的，但有的人吃的红烧肉没那么好，有的人吃的红烧肉却非常精致，两种红烧肉之间就形成了比较，这就是一种相对剥夺感。第三种理论认为相对剥夺感只是一种可能状态，它走向政治实际、走向街头还依赖另外一些条件，即政治冲突。“政治冲突”理论是摩尔的另外一个学生，斯考切波的师兄查尔斯·蒂利（Charles Tilly）所创造的理论，他在《从动员到革命》这本书里认为革命是一种暴力的集体行动，若要变成一个实际的行动就需要将革命力量组织起来。同时它也依赖政权对待革命的态度。比如说，如果把革命镇压下去了，革命就不存在了；如果镇压没有实现，那么革命就有可能会成功。因此蒂利分析了组织起来的社会和政治统治的情况，他运用的概念是"政体模式"和"动员模式"。在社会运动或集体行动研究中，我们经常讨论动员模式，蒂利认为革命动员就像唱戏一样，有各种剧目，这是一种政治冲突的理论。价值共识理论〔以卡尔梅斯·詹森（Chalmers Johnson）的《革命性变迁》为代表〕和马克思的理论比较接近，它是从社会整合和变迁的角度来进行讨论的，认为任何一个社会的经验与意识形态都是相匹配的，也就是说有什么样的社会存在，就会有什么样的社会意识形态，如果社会形态发生变化，那么意识形态也会发生相应的变化，而如果意识形态发生变化，社会存在也会随之发生变化。换句话说，革命的意识形态形成之后，必然会要求政权发生相应的变化以使它们能够匹配。因此詹森认为，革命的意识形成后，会迫使政治当局妥协，如果政治当局不妥协的话，就会发生暴力性的替代，而暴力性的替代就是革命。当然詹森这里强调的革命起点有可能是一些偶然性的因素（"偶尔形成的因素"），比如一件或许并不重要的小事件，它削弱了当局诉诸强制性手段的能力，就会以暴力形式替代当局，并实现政治系统的变迁。

在这样的理论综述基础上，斯考切波对以往的革命理论持批判态度。她把以往的革命学说归类为一种唯意志论的思维方式，也就是认为革命是一个"目的论"的发生过程，革命是由有意识的目标所引导的运动。比如对于格尔的相对剥夺理论，斯考切波认为只有当领袖精心地组织群众，将他们不满的观点表达出来时，革命才会发生。詹森的意识形态理论研究认为，革命的意识形态和现存权威发生冲突时，革命就会发生。蒂利政治冲突理论则认为，革命前期发展实际上并没多重要，但是后期有组织的革命就重要了，在这个阶段被组织起来的力量进行集体抗争，组织的过程就是一个有意识的发展过程。至于马克思主义，斯考切波认为，阶级从自发到自为的转变过程就是一个意识形态过程，这是一个目的论的分析。“目的论”的分析会带来什么结果呢？斯考切波认为，目的论把革命理解为一种启发的过程，革命并不是自然而然发生的，而是通过规劝或启发那些被剥夺的人而形成的。这个思路必然会带来另外一个结果，即革命先锋队是非常重要的。斯考切波认为，以往的这四种研究具有唯意志论的特征，这种特征在某种程度上是不符合她的研究需要的，因此她要重构革命理论。

斯考切波从非意志论的结构性视角来重构革命理论。在《国家与社会革命》这本书中，我们大致可以发现三种结构性视角。第一种是国家与世界历史的视角，也就是说，国际战争导致国家政权无法维持下去。比如在这种视角下，法国大革命就是由法国、英国、欧洲国家以及反法联盟之间的争霸战促成的；俄国在“一战”前后在国际战争中的失败导致了政权的崩溃；而中国则是因为近代所遭受的帝国主义列强侵略和瓜分而使革命成为现实。

第二种是，在现有的政权内部结构中，农民起义、阶级斗争应该得到充分的重视，因为正是国内的农民起义和阶级斗争为革命塑造了起点。比如在法国大革命中，由于地主贵族发生裂变，在贵族群体中不断发生政权易手，因此形成了高潮迭起的大革命。“高潮迭起的大革命”并不是一个褒义的说法，因为不断有新的革命对象被送上断头台，断头台在不断地易主。我们也能在俄国的农民革命中看到这样的状况。斯考切波认为，在中国的农民革命中，绅士和地方的崛起造成了传统清王朝的权力式微。

第三个是，斯考切波认为国家是有潜在自主性的。斯考切波把国家理解为行政组织和强制性的组织。什么是行政组织和强制性组织？行政组织意味着国家的官僚结构和赋税财政体制。行政与滥权相关，财政体制与农民起义、阶级斗争相关，因为阶级斗争和农民起义往往是由赋税造成的，比如法国大革命三级会议的召开就是以新加的赋税为起点。强制性意味着国家必须有自己的军队，军队往往和军制、军队的组织方式联系在一起，因此强制性一方面会影响国内治安、镇压能力，即国家政权面对农民起义是否有镇压能力，另一方面，强制性也意味着国际竞争，而国际竞争、战争的成败也会影响国家政权是否能够得到维持。斯考切波所讨论的"国家自主性"中的"国家"在某种程度上是马克斯·韦伯（Max Weber）观点中的"国家"，也是她的师兄蒂利所讲的军事财政国家，在这部分她接续了两个前行者的研究结论。

斯考切波在这本书中用的是比较历史分析法，所论辩的对象分别是比较政治研究和区域历史研究。比较政治研究偏向抽象模型和普遍性理论，由于其建构的理论太宏观、太理想化，故而无法反映具体的历史情境或历史个案；区域历史研究强调单个个案，对语言有一定的要求，比如你懂中文才能做中国研究，否则研究便无法开展。同时，斯考切波认为，如果个案研究无法上升到一般逻辑（general logic），其研究结果只会走向碎片化。斯考切波认为，以上两种极端的研究方法都不适合她的研究，她要建立一个介于二者之间的研究方法，这种方法既能呈现出一般规律，又能够立足于历史细节，而比较历史研究就是这样的一种方法。因此，她强调历史感，强调从大量的历史材料出发，同时她的研究目的并不是呈现一个完整的历史过程，而是建构社会科学的一般逻辑。

这就是这本书的主要内容。这是一本非常严谨的学术化著作，在阅读这本书的时候，你甚至会感到琐碎。在某种程度上，我认为她的写作并不轻松，而不轻松的写作就会带来一些写作上的不清晰。一些纯粹学术上的细节性纠缠，反而影响了其宏大命题的清晰与方向。但她讨论的这两个方向非常重要，具有宏大命题的清晰感，这本书也确实是美国社会政治理论研究中的范式性著作。

介绍了这本书的内容后，我们再来讨论她的两个贡献，我们怎么评价这本书，以及对于中国读者而言，它的边界又在哪里。

我们前面讲到，斯考切波是在国家视角和比较历史分析这两个维度实现了创新。但是，我们也要知道斯考切波创新的语境是什么，是否和中国的语境一样。从比较的角度来看，斯考切波的学术创新是美国学术“去欧洲化”的反动。正如 20 世纪上半叶美国的例外论从学术上看是独立于欧洲的，独立于欧洲的方法便是欧洲做什么我就尽可能不做什么。欧洲的社会政治研究有两个特征：一个是在研究领域上是国家中心主义的，就像近代启蒙思想家留给我们的思想都是关于国家起源和国家性质的；另一个是它的研究方法往往适用于历史学、法学、社会学，到现在为止欧洲的学术依然是这样。既然美国想表明它的学术是独立的，就必须去国家、去历史。因此，20 世纪 40 年代之后，尤其是在冷战的背景下，美国的研究都是社会中心主义的，都是社会科学化的，更多强调的是自然科学化。这也是欧洲称政治学为“politics”，而美国称之为政治科学“political science”的原因。在长期社会中心主义、去历史化的理论脉络里，斯考切波重新回到国家、回到历史分析显然是一个非常大的创举。但是，这对中国学者来说是否创举呢，或者说在什么样的程度上算是一个创举？这是我们中国学者需要思考的问题。国家中心主义对中国的社会政治研究来说并不新鲜，它几乎是中国的一个传统研究领域，而且在很大程度上正是因为无法跨越，我们只能够停留在这个领域内，因此，我们去做其他研究，比如从经验政治分析转向思想史、转向历史研究，也是不得已而为之。二十世纪八九十年代以来，中国开始引进西方社会中心主义理论，社会中心主义对中国来说是新鲜的、有吸引力的，所以我们看到九十年代“国家—社会”分析框架在中国研究中的各种变体，如史学界的市民社会理论、政治学界的公民社会理论、公共管理研究中的“多中心治道”理论，大行其道，但这些理论在西方学术语境下显然不是新鲜的。

我们同样也能看到，斯考切波的国家分析与韦伯分析的差别之处在于，尽管斯考切波也讲国家的世界历史背景，但她并没有区分国家的古今之别，她把国家理解为权力的保存，因此她的国家是一个工具化的国家。然而，《国家与社会革命》要讨论的是现代国家。现代国家意味着权力是大众参与政治过程、从权力出发获得合法性论证的结果，而不是纯粹为保持政权而存在的权力，即它并不是纯粹的暴力机构，而是一个需要合法性论证的政治权力。这一点在斯考切波的讨论里，显然是不存在的。第二，对中国的学者来说，谈到历史分析必然不会陌生，因为政治史向来是中国政治研究的核心传统。但斯考切波的比较历史分析多加了两个字“比较”，“比较”意味着它是一种社会科学。在这本书中，我们看到斯考切波对话的是区域历史研究，就是我们刚才所讲的传统的政治史研究，这是一个纯粹历史领域的研究，而比较历史研究是一种社会科学的历史研究。社会科学的历史研究与纯粹的历史研究的区别就在于：社会科学的历史研究强调理论属性、因果论证，它最后的目标是要走向理论；而传统的史学研究不强调理论，反而要贬斥理论，认为理论往往会带来对于历史事实的裁剪。

因为比较历史分析具有社会科学的特征，斯考切波的研究又关于国家，所以她不仅是哈佛大学社会学系的教授，同时也是政府系的教授。斯考切波的研究并不是一个传统史学的研究，而是一个社会科学化的历史研究。关于斯考切波的《国家与社会革命》这本书，我们从作者的人生经历、这本书的主要内容，以及对她的评价三方面做了分享，这就是今天的内容。

塞巴尔德作品《移民》导读

金　雯　华东师范大学中文系和国际汉语文化学院联聘教授

今天给大家推荐的是德裔小说家塞巴尔德的小说《移民》（*Die Ausgewanderten*），德语原著出版于 1992 年，1996 年出版了英文译本。作者成年后常年在英国居住，从 1970 年开始在英国东安吉利亚大学讲授文学和创意写作，所以与这本书的英文译者有很多合作。

在他创作高峰期间，塞巴尔德是获得诺贝尔奖呼声很高的作家，被认为是同时代水平最杰出的小说作者之一。只可惜英年早逝，2001 年他在城市诺维奇附近驾车时突发心脏疾病去世。2010 年，译林出版社出版过塞巴尔德小说《奥斯特利茨》（2001）的译本。近几年来，广西师范大学出版社富有远见地将塞巴尔德的其他著作也做了翻译，其中就包括《移民》，译者就是《奥斯特利茨》的译者刁承俊。

这部作品分成四个部分，描写的都是 20 世纪欧洲犹太人移民的经历，每一章以一个人物的名字命名，在形式上类似回忆录。实际上这四部分描写的人物和事件都是虚构的。我们在 2015 年一部有关塞巴尔德的文学传记（*Sebald's Vision*）中可以发现，亨利・塞尔温大夫（就是小说第一部分的主人公）的确有一个原型，但原型并不是犹太人，是作者对其身份经历做了改动。

所以我们可以说，这部作品是由四个故事构成的故事集，每一个故事在笔法上都很像散文回忆录。这些故事的叙述者往往是主人公的亲属、朋友或房客，让他们接近主人公，从他们口中获取有关他们生平经历的信息，或者从他们那里获取记载了他们本人或家族成员历史的书面材料，由此重构主人公的人生历程。这种重构只是将人物生活中的不同事件串联起来，叙事者特意不加选择，不试图将这些事件组织成有悬念有谜团的故事，故事的结尾也并不意在揭示某事件的真实起因、人物的真实身份，或者使人物经历正面的人生转变。而且小说也使用了纪实写作中回忆录的标志性手法，在叙述中插入似乎能印证所描述事件的照片和手绘图，这样就更加模糊了作品的属性。

然而，这些故事仍然是有戏剧性悬念的，悬念就是这些人物的过往能否被旁人所知，更重要的是能否被自己所知，记忆何以可能，记忆有着什么样的黑洞或空白。故事中的主人公无一例外地表现出难以描绘、非常压抑的精神状况，其中两位自杀身亡，一位因为患抑郁症住进疗养院，只有一位坚持生活，用绘画的方式不断填补自己心中的巨大空洞。他们的精神状况往往与其记忆模式有关，部分压抑有关过往经历的记忆，但最终总是要被苏醒的记忆吞噬，但所谓“苏醒”的记忆也不可能真正清晰地浮现出来，被当事人自己或旁观者把握。

当然，即便是这个记忆和情感的悬念也不断被作者的文字所冲淡。作为旁观者的叙事者在追溯主人公过往的时候会夹杂自己的经历和见闻，也会加进很多对于各类建筑和自然景物的描写，展现主人公或其家人曾经生活的地方。这些描写往往使读者不能紧紧跟随主人公的内心戏，使得叙事者所要表达的意义更加缥缈，不容易被捕捉。

当然，当我们今天听到上述描绘的时候并不觉得陌生。各种现代主义和后现代小说已经充分解构了“情节”和“人物”这些写实小说的传统标志。小说的散文化倾向至少从契诃夫开始就已经非常明显，也成为随后大多数文艺小说的标准形式。而打乱真实与虚构的写法，塞巴尔德可以说是师从彼得·汉德克的“新写实”小说（《通往第九王国》），领悟了将虚构故事写成纪实风格的巨大艺术价值。而有关“记忆”问题的讨论并非塞巴尔德独创，这个主题在移民文学和大屠杀文学中也不断出现，从石黑一雄到汤婷婷到列维莫不如是。但塞巴尔德作品的艺术造诣仍然是非常不同寻常的。

他并没有使用拼贴、跳跃、魔幻和幻觉这些后现代小说用来设置认知难题的技法，所以读起来并不过度艰涩，可以说体现了后现代之后西方小说的一个转向。作者比较温和地使用现代主义以来小说中出现的新写实或深度写实的叙事技巧，用看似“不加剪裁”的叙事手法，并广泛使用景物和建筑物的描写，更深刻地描摹日常经验。这样的作品重新与读者建立了情感关联，对读者有一定的认知要求，但并不过分。作品没有彻底摧毁符号体系的雄心，并不是要将“人”彻底掰碎。我们从解构主义以来的理论中看到，人之为人，是将被给予的感官体验演绎出连贯性和同一性，在语言符号的引领下构建出主体性，也因此构建出主体所处的完整“世界”。后现代小说就是要将连贯性和主体性打碎。

塞巴尔德当然像所有生活在后现代中的人一样，非常清晰地知道自己作为后人类的处境，但他要向我们揭示一个后现代小说不想面对的问题，那就是纯粹后人类的处境是无法被书写的，如果脱离了人性（人类意识）的羁绊，那么后人类这个概念是没有意义的。因此可以说，他从后现代回撤，在人与非人的交接地带书写小说。也就是说，在重构人生历程和解构这些历程，在不断搜寻记忆和展现记忆的不可靠之间反复徘徊。这可以说是后后现代小说的面貌，是西方小说从古希腊开始不断摸索写实技法，不断与“人”的经验对话的历史发展到今天的情况。

作者选用的主题与小说的后后现代精神有着深度契合。我们刚才已经介绍了，小说主要是描写犹太人意识的碎裂，他们无法清晰地回忆起过往经历，但又无法完全压抑这些经历，而这种若隐若现的记忆给他们带来了极度的痛苦，带来了难以言明的羞耻和罪感，最终迫使他们走向悲剧。与他们相知的人只能凭借不完整的口述和阅读日记、书信、走访实地等方式进行揣测，拼凑起一个可能的过往，对这些人物的人生悲剧做出一个不那么确定的解释。

比如小说第一部分出现的亨利·塞尔温大夫，他在 20 世纪初就从东欧移民到英国，一生并没有显著的精神疾患，但时刻被晦暗不明的自暴自弃所缠绕，最终在自己的园子里吞枪自尽。而他的房客，就是叙事者，只能描绘他与塞尔温大夫交往的片段，描绘塞尔温大夫是如何突然开始回忆二战前后犹太人的痛苦经历，无法真正参透医生悲剧的缘由。

为什么记忆若隐若现是一个非常有趣的问题，没有单一的答案。所有人都有大片的记忆被抹去，对此并不介意，有时候被抹去的记忆恰恰保证了我们的心理健康。然而，小说告诉我们，有些记忆既不能以清晰的方式显现自身，也不能完全消散进虚无，而且它们会源源不断地制造情感压迫的作用，这就是我们说的“创伤记忆”。所谓创伤记忆，就是有关创伤事件的记忆。创伤事件不是一般可以承受的痛苦事件，而是超出了这个限度的事件，因此有关创伤的记忆不是常规意义上的记忆，不能用语言清晰地勾勒。但它仍然是一种记忆，会以梦境和闪回的方式出现，由此从无意识溢出而冲击意识，以激发主观感受的方式影响个体。一个人在经受了创伤之后，会将这段记忆封存，但又不能完全封存它，人会意识到有一部分自己不那么开心，时刻生活在惊惧之中，永远无法达到自信自洽的内在整合性。也就是说，在创伤记忆控制下的人不仅分裂了，还意识到自己的内在分裂，产生了深深的痛苦。

创伤理论（包括创伤记忆的理论）在弗洛伊德精神分析学之前就开始被提出，弗洛伊德在《超越唯乐原则》一文中对创伤做出了更为经典的描绘，认为创伤就是冲破意识外层防御机制的过度刺激，无法被恰当地约束，因此会不断以梦境和闪回的方式重现。一战之后，创伤理论兴盛，随后又在拉康笔下发生了转折。在拉康的理论体系中，创伤与主体和自我的建构发生了更紧密的连接。正在形成自我意识的个体遭受到分离、被冷落、被伤害或更为深重的打击。这种打击使得彻底的主体没有办法建立起来，人们都有一种内在缺乏感。这种缺乏感往往会引发无穷无尽、无法满足的欲望，不完整才是现实主体的根本和普遍特征。创伤也因此成为人普遍的存在困境。

当代创伤理论〔以凯西·卡鲁斯（Cathy Caruth）和霍丝·雷斯（Ruth Leys）为代表〕也包含一个内在分歧。延续弗洛伊德的看法，创伤是一个完整的人受到打击后产生的精神状况，创伤记忆被压抑，因此需要不断构建和召唤缺失的记忆，由此抚平创伤的情感效应。但是也有理论家指出，我们生来便不完整，创伤影响的并不是一个本来完整的人。所谓创伤实际上正是自我构建的基本特征，自我在与更强大的力量互动时就像被控制了一样，总有那么一部分不属于自己，记不起来但又时时让人感到沮丧无助，每个人都生活在一定程度的内在分裂中。当这种无法自控和自主的痛苦达到非常尖锐的程度，甚至引起生理和器官病变的时候，也就是悲剧降临的时刻。

当然谁也不真正了解创伤和记忆的奥秘，悲剧的来临也总是出乎意料，难以被完全照亮。

所以塞巴尔德想说什么？他一方面是在说明犹太人非常特殊的经历，他们面对欧洲各国漫长的反犹传统，变成政体和社会有机体随时排异的入侵性病菌，他们意识到内在的分裂是不可弥合的。塞巴尔德也将犹太人的经历变成了有普遍意义的语言，说明每个人都可能面对这样的经历。他故事中的叙事者“我”是一个旁观者，但也经常叙述自己移民和流浪的经历，成为犹太人物的弱化的影子，成为每一个读者在书中的代言人。

有人认为，塞巴尔德作为一个局外人、非犹太人，书写犹太人的故事是盗用了他者的经历，使其商品化或庸俗化。我想这些批评也没错，文学作品当然与利益和商品是纠结在一起的，然而人不仅是机器中的一个铆钉，人是有意识的，也就是会反观体验，构成一个自我观念的，因此人类读者也的确有不断审视“自我”问题的需要。不论是何种消费，对他们来说永远是自我的省思。这就是文学给我们带来的没有收益的收益。